新编大学美育

主　编　萧　烽　韩佳峻

吉林大学出版社

·长春·

图书在版编目（CIP）数据

新编大学美育／萧烽，韩佳峻主编. —长春：吉林大学出版社，2021.6
ISBN 978-7-5692-8383-9

Ⅰ.①新… Ⅱ.①萧…②韩… Ⅲ.①美育-高等学校-教材 Ⅳ.①G40-014

中国版本图书馆CIP数据核字（2021）第099042号

新编大学美育

XINBIAN DAXUE MEIYU

作　　者	萧烽　韩佳峻　主编
策划编辑	吴亚杰
责任编辑	吴亚杰
责任校对	付晶淼
装帧设计	英智信雅文化
出版发行	吉林大学出版社
社　　址	长春市人民大街4059号
邮政编码	130021
发行电话	0431-89580028/29/21
网　　址	http：//www.jlup.com.cn
电子邮箱	jdcbs@jlu.edu.cn
印　　刷	天津市蓟县宏图印务有限公司
开　　本	787mm×1092mm　1/16
印　　张	13.5
字　　数	300千字
版　　次	2021年6月第1版
印　　次	2021年6月第1次
书　　号	ISBN 978-7-5692-8383-9
定　　价	49.80元

版权所有　翻印必究

前言

  所谓美育,也可以称之为美感教育或审美教育,是在鉴赏自然美、艺术美和社会美的过程中确立自身的审美理念、审美素养,以便进一步提升感知美、欣赏美、创造美的教育。从某种意义上讲,美育相当于一种特殊的情感教育,其首要任务就是帮助人们确立科学的审美理念、审美素养。

  长期以来,党和政府始终坚持"五育并举"的教育政策。在这"五育"当中,美育自应占有一席之地。但因受到各种因素的影响,美育的地位总是趋于边缘化。尽管有些学校开设了美育课,但始终没有解决好美育师资问题。由于严重缺乏美育专业教师,很多学校的美育课实际上是由其他课程教师兼任的。除了师资问题,还存在美育资源整合问题、美育设施更新问题、美育教材创新问题。

  近年来,党和政府开始高度重视美育工作。早在2018年,习近平总书记专门给中央美术学院的几位老教授回信,明确指出:"你们提出加强美育工作,很有必要。做好美育工作,要坚持立德树人,扎根时代生活,遵循美育特点,弘扬中华美育精神,让祖国青年一代身心都健康成长。发扬爱国为民、崇德尚艺的优良传统,以大爱之心育莘莘学子,以大美之艺绘传世之作。"

  为了适应知识经济时代、市场经济社会对现代人才的新要求,为了满足大学美育课程的开设需求,我们在系统剖析传统美育得失的基础上,合理吸纳国内外最新的理论研究成果和实践探索经验,精心编写了《新编大学美育》这一通识教材。

  《新编大学美育》详尽地阐释了各种审美活动,引导大学生更新审美理念、培养审美习惯、掌握审美方法、提升审美能力,以积极的生活情趣与合理的审美追求,促使人格不断走向完美。

全书结构严谨,共由四篇组成:

第一篇"大美无言",围绕"美""美育""大学生与美育",集中论述相关知识与相关理念;

第二篇"自然美与美育",介绍自然美的基本特征、重要形态、审美指导;

第三篇"社会美与美育",介绍社会美的基本类别、主要特征、具体实践;

第四篇"艺术美与美育",具体诠释文学美、音乐美、绘画美、书法美、舞蹈美、戏曲美、影视美、雕塑美、饮食美、服饰美的特点与方法。

在体例上,每篇有"本篇导读",每章有"学习目标"与"思考练习",便于学生更好地把握教材内容,更好地修正审美理念、提高审美素养。为了拓宽学生视野,丰富学生的人文知识,同时使学生获得更多的美感体验,本书配有动感微课视频,图文并茂,对知识重点、难点进行了讲解和归纳,提高了学生学习兴趣,提升了想象拓展空间。本书装帧精致,内文双色印刷,以不同的色块突出重点,视觉上给人清新的感觉。

作为大学美育通识教材,本书对教师备课、学生自学都颇有助益。本书针对性强、普适性广,既可作为通识教材使用,也可供关注美育的社会各界人士研读。

本书由衡阳幼儿师范高等专科学校萧烽和天津滨海汽车职业学院韩佳峻担任主编,其中萧烽负责编写第一篇和第四篇,韩佳峻负责编写第二篇和第三篇。

在编撰过程中,我们潜心研究、充分借鉴了专家学者有关美育的真知灼见,在此一并表示由衷的感谢。限于水平、时间等方面的原因,本教材可能还存在一些错谬之处。恳请广大读者批评指正,以便再版时予以完善。

编　者

目录 Contents

第一篇　大美无言

第一章　美 ……………………………………………………………… 3
　　第一节　美的本质与特征 …………………………………………… 3
　　第二节　美的形式与内容 …………………………………………… 8
　　第三节　美的欣赏与创造 …………………………………………… 12

第二章　美　育 ………………………………………………………… 16
　　第一节　美育的产生与发展 ………………………………………… 16
　　第二节　美育的意义与任务 ………………………………………… 21
　　第三节　美育的原则与途径 ………………………………………… 23

第三章　大学生与美育 ………………………………………………… 28
　　第一节　大学生审美修养 …………………………………………… 28
　　第二节　大学生审美实践 …………………………………………… 31

第二篇　自然美与美育

第一章　自然美的基本特征 …………………………………………… 37
　　第一节　自然美的自然性 …………………………………………… 37
　　第二节　自然美的多面性 …………………………………………… 38

            第三节 自然美的变易性 ·· 39

第二章 自然美的重要形态 ·· 41

            第一节 自然美的雄 ·· 41
            第二节 自然美的秀 ·· 43
            第三节 自然美的奇 ·· 45
            第四节 自然美的险 ·· 47
            第五节 自然美的幽 ·· 48
            第六节 自然美的旷 ·· 50

第三章 自然美的审美指导 ·· 53

            第一节 自然美的审美意义 ·· 53
            第二节 自然美的审美方法 ·· 57
            第三节 自然美的审美境界 ·· 61

第三篇 社会美与美育

第一章 社会美的基本类别 ·· 67

            第一节 社会生活之美 ··· 67
            第二节 日常生活之美 ··· 72
            第三节 人的身心之美 ··· 76

第二章 社会美的主要特征 ·· 80

            第一节 社会美的真善兼备性 ······································ 80
            第二节 社会美的历史发展性 ······································ 82
            第三节 社会美的纷繁复杂性 ······································ 84

第三章 社会美的具体实践 ·· 88

            第一节 躯体美 ··· 88
            第二节 行为美 ··· 91
            第三节 心灵美 ··· 103

第四篇 艺术美与美育

第一章 文 学 美 ·· 112

            第一节 文学之美 ·· 112

目 录

  第二节 文学审美的特点 …………………………………………… 117
  第三节 文学审美的方法 …………………………………………… 119

第二章 音 乐 美 ……………………………………………………… 121
  第一节 音乐之美 …………………………………………………… 121
  第二节 音乐审美的特点 …………………………………………… 123
  第三节 音乐审美的方法 …………………………………………… 125

第三章 绘 画 美 ……………………………………………………… 128
  第一节 绘画之美 …………………………………………………… 128
  第二节 绘画审美的特点 …………………………………………… 131
  第三节 绘画审美的方法 …………………………………………… 133

第四章 书 法 美 ……………………………………………………… 136
  第一节 书法之美 …………………………………………………… 136
  第二节 书法审美的特点 …………………………………………… 140
  第三节 书法审美的方法 …………………………………………… 142

第五章 舞 蹈 美 ……………………………………………………… 147
  第一节 舞蹈之美 …………………………………………………… 147
  第二节 舞蹈审美的特点 …………………………………………… 150
  第三节 舞蹈审美的方法 …………………………………………… 152

第六章 戏 曲 美 ……………………………………………………… 156
  第一节 戏曲之美 …………………………………………………… 156
  第二节 戏曲审美的特点 …………………………………………… 160
  第三节 戏曲审美的方法 …………………………………………… 162

第七章 影 视 美 ……………………………………………………… 166
  第一节 影视之美 …………………………………………………… 166
  第二节 影视审美的特点 …………………………………………… 170
  第三节 影视审美的方法 …………………………………………… 172

第八章 雕 塑 美 ……………………………………………………… 175
  第一节 雕塑之美 …………………………………………………… 175
  第二节 雕塑审美的特点 …………………………………………… 180
  第三节 雕塑审美的方法 …………………………………………… 182

第九章 饮 食 美 ……………………………………………………… 185
  第一节 饮食之美 …………………………………………………… 185

第二节　饮食审美的特点 …………………………………… 188
　　第三节　饮食审美的方法 …………………………………… 191
第十章　服　饰　美 ……………………………………………… 195
　　第一节　服饰之美 …………………………………………… 195
　　第二节　服饰审美的特点 …………………………………… 197
　　第三节　服饰审美的方法 …………………………………… 200
参考文献 ………………………………………………………… 204

第一篇　大美无言

本篇导读

1. 本篇由三章组成：第一章"美"；第二章"美育"；第三章"大学生与美育"。

2. 关于美的定义，传统观点有五种，分别是"美在客观说""美在主观说""主客观关系说""超自然说""社会实践说"。

3. 美的特征主要有四个，分别是客观社会性、个别形象性、熏陶感染性、社会功利性。

4. 美既是主客观的统一，也是美的形式与美的内容的统一。

5. 美育的根本任务是培养感知美、欣赏美、创造美的能力。

6. 美育的六大基本原则包括：一是抓住灵魂；二是抓好统筹；三是抓好关键；四是抓好布局；五是抓好整合；六是抓好评价。这六大基本原则也可概括为"六个结合"：一是思想性和艺术性相结合；二是美育内容和实际生活相结合；三是情绪体验和逻辑思维相结合；四是艺术内容和表现方法相结合；五是统一要求和因材施教相结合；六是多样性和渐进性相结合。

7. 美育的主要途径有五个，即家庭美育、学校美育、社会美育、自然美育、艺术美育。

8. 大学生应当通过确立奋斗目标、端正人生理念、强化心理素质来提升审美修养。

第一章 美

学习目标

1. 素质层面
初步认识"美",增进感知、欣赏、创造美的自觉。

2. 知识层面
(1) 了解美的特征。
(2) 认识美的形式与内容。

3. 能力层面
(1) 正确区分美的形式与形式美。
(2) 学会美的欣赏。

4. 思政层面
把握美的社会时代属性,自觉发展感知美、欣赏美、创造美的能力和素质。

第一节 美的本质与特征

一、什么是美

什么是"美"?如果在网上搜索,至少能搜索到1亿个与"美"有关的结果。从表面上看,美似乎属于感官刺激的范畴。但显而易见,人的审美感受要比动物的那种感官愉悦丰富得多、深刻得多。道理很简单,人的审美观念中包含了大量的观念、想象。

说到"美",就不能不研究美的内涵。事实上,美是一种极为特殊的主观感受。虽然人们都能感受美、识别美,但在回答"究竟什么是美"的问题时,却众说纷纭。

关于美的内涵,前人进行了不懈的研究。概括起来,大致分为以下几种:美是形式的和谐(古典主义);美是上帝的属性(新柏拉图派);美是完善(理性主义);美是愉快(经验主义);美是关系(启蒙主义);美是理念的感性显现(德国古典美学);美是生活(车尔尼雪夫斯基)等。

总结这些典型观点,我们可以将"美"的定义归纳为以下五个方面。

一是美在客观说。人们在研究美的自然属性的过程中,逐渐总结出美的外观形式法则,涉及和谐、比例、对称、多样统一等论题。在此基础上，又着重对社会美进行更加广泛、深入的研究，尤其是高度关注美与生活之间的关系。这一理论的代表人物有狄德罗、车尔尼雪夫斯基等。

二是美在主观说。该理论认为，美实际上折射出人的意识，因而是人的情感活动的产物。为此，休谟、康德、柯罗齐等人重点在审美意识、审美心理、审美感情方面进行了潜心研究。

三是主客观关系说。该理论坚持认为，不能将美视为纯粹的客观，也不能将美视为纯粹的主观，而应关注客观与主观的有机结合。当然，在具体论述中，既可以倾向于客观，也可以倾向于主观。

四是超自然说。该理论认为，美不是人自身产生的，而是得益于上帝、神或"第三力量"的创造。

五是社会实践说。该理论认为，研究美的本质不能脱离社会实践。所谓美，本质上是人性的外化、是自然的人化，是真与善的有机统一。

上述各种理论产生以来，既彼此对立，又彼此影响，呈现出一种你中有我、我中有你的复杂态势。在此基础上，各种美学流派粉墨登场，令人应接不暇，如实验美学、游戏说、快乐说、移情说、距离说、表现说、心理分析、格式塔等。毫无疑问，这些美学流派从不同侧面、不同层次进行了深入的研究，也取得了可喜的研究成果。但美中不足的是，普遍存在神秘化、非理性化的倾向。事实上，要想真正研究清楚美的本质，必须紧密联系现代心理学、生理学、数学、信息论、系统论、社会学、经济学、考古学等学科的学科理念与学科成果，才有可能开拓一些新的研究路径。

二、美的本质

美究竟是什么？作为美学研究中最基本的理论问题，这个问题通常被表达为"美的本质"。

（一）美的词义分析

人们发现一个有趣的现象：外语中的"美"都来源于拉丁语 bellus，如英语的 beauty、意大利语的 bello、西班牙语的 bel-lo、法语的 beau 等，而且其含义都与"美好""愉快""可爱"有关。这就充分表明，美的属性之一就是对人类生活有意义、有价值。

在现代汉语中，"美"字的最早来源很可能是甲骨文。具体说来，"美"字是由"羊"与"大"两部分组成的。《说文解字》对"美"的定义是："大羊，谓之为美也。"所谓"大羊"，有的说是指肥羊，有的说是指古人的装饰，有的甚至认为与中国人最早的"羊崇拜"有关。此外，"美"还有其他词义。例如，"大"由"火"演变而来，所以"美"也可指火烧羊，进而强调味美。无论是肥美、饰美、羊崇拜，还是味美，都体现出美的社会价值。

(二)美的历史考察

1.西方美学史对美的本质的探讨

西方美学思想的主要奠基人是古希腊哲学家柏拉图。在学术界,他率先站在哲学的高度去研究"美是什么"这个美学问题,并构建出一整套美学思想体系。

柏拉图在《大希庇阿斯》中,巧妙地借助苏格拉底的疑问,提出了"美是什么"这个经典问题。对此,诡辩派学者希庇阿斯提出了三个相关概念,苏格拉底则进行了相应的反驳。

第一,希庇阿斯认为:"美就是一位漂亮小姐。"苏格拉底反驳道:"如果说凡是美的东西都是美,那是否意味着有一个美客观存在?如果是这样,漂亮小姐身上的美就是这种客观存在的美,而这种美还可以表现在任何地方。所以,我也可以说,一匹漂亮的母马、一个美的竖琴、一个美的汤罐都是美的。但是,赫拉克里特说过,即使是最美的猴子、最美的汤罐都要比年轻小姐丑。实际上,最美的年轻小姐在真正的女神面前恐怕也是丑的。如果这一结论正确,那岂不是说,上面提到的美又美又丑?我关心的是美本身,这种美能将自身的特质赋予某一事物,使之成其为美。"

第二,希庇阿斯认为:"美是黄金。"苏格拉底反驳道:"如果黄金才是最美的,那为什么菲狄阿斯不用黄金而用象牙来做雅典娜的手足?而且雅典娜的两个眼珠用的是云石,也不是黄金。"

第三,希庇阿斯认为:"美是恰当。"苏格拉底反驳道:"所谓美丽的外表,其实是虚假的,因为它隐藏了美的本质。要知道,外在与本质是迥然不同的,不能混为一谈。因此,不能将美理解为美丽的外表。如果你所说的恰当能让人感觉美,那这种美也是一种错觉,并非美本身。事实上,真正的美理应体现在任何一个时代,而且被所有的人所公认。"

那么,苏格拉底自己是如何定义"美"的呢?对此,他有三个理念:第一,"美就是有用的";第二,"有益就是美的";第三,"美就是视觉和听觉所产生的快感。"

柏拉图认为,美本身存在各种悖论,所以很难诠释清楚。在《大希庇阿斯》中,柏拉图分析并驳斥了有关"美"的一些流行观念。在驳斥中,柏拉图采用了"假定"的思维方式,借助于普遍的事物去否定特殊的事物,借助于永恒的事物去否定暂时的事物,借助于理性去否定感性,进而提出了"美是理念"这样一个重要命题。

普洛丁是古罗马时代的唯心主义哲学家,也是新柏拉图主义的创始人。他在充分继承柏拉图美学思想的基础上,提出了"美的分有说",又称"美的分享说"。他认为,美的理念是绝对的、神圣的,世界万事万物的美都是由于表现和分享了美的理念。普洛丁的这一学说具有极为鲜明的宗教色彩,客观上开启了中世纪唯心主义神学美学思想。

斯宾诺莎是17世纪荷兰哲学家,率先提出了"美是主观"这一美学思想。

在文艺复兴时期,人们的思想受到极大的冲击,进而形成了人文主义思想解放运动。当时的人们普遍认为:应当以人为中心,而不应以神为中心;要大力倡导科学与理性,而不能迷信宗教、崇拜权威;要肯定今生的幸福,而不是寄希望于来世;要注重感官享受,而不能实行禁欲主义。

与之相呼应,这个时期的美学理念也发生了明显的变化:第一,充分关注现实社会的美,充分关注人性之美;第二,高度重视古典美学,强调在观察、分析客观事物中去寻求美的特质;第三,崇尚自然美,特别强调"自然"。

达·芬奇、莎士比亚是典型的人文主义者,他们都肯定自然美,都追求美的乐趣。达·芬奇在《画论》中强调:"所谓美感,就体现在各部分之间的比例关系上。"他将古希腊的毕达哥拉斯学派提出的"黄金分割率"视为艺术美的重要法则之一。

18世纪英国经验主义美学和西欧启蒙主义美学的发展,促成了美学体系的逐步完善。哲学家休谟认为:"美并非事物本身的特质,而是存在于观赏者的心中……在本质上,快感和痛感形成了美与丑。"哲学家博克认为:"所谓美,实际上是指物体中能引起人的爱的情感的某种性质。任何一种美的外形都能引发我们对某一事物的爱,这就好比冰会让我们感觉冷、火会让我们感觉热一样。"

狄德罗是法国启蒙思想家、唯物主义哲学家,他认为"美在关系":"我们之所以感觉一个物体美,是因为我们觉察到了它身上的各种关系。我这里所说的各种关系,并非我们想象中的或推理中的各种关系,而是事物自身真实存在的各种关系。"

康德是德国古典哲学创始人,他认为:"所谓美,就是一个对象的合目的性的形式。美往往与主观的感受有关,并不存在于事物之中。"因此,他提出"美只涉及形式"的理念。

黑格尔是德国哲学家,是客观唯心主义者的集大成者。他认为:"美是理念的感性显现。追根溯源,美来源于绝对精神。至于我们的感性,只不过是这种绝对精神的产物。因此,理念就是艺术的内容,而感官形象就是艺术的形式。所谓艺术,就是要综合这两个方面,使之成为一种自由的统一体。"毫无疑问,尽管黑格尔的美学思想偏于客观唯心主义,却包含着极为深刻的辩证法思想。

车尔尼雪夫斯基是俄国哲学家,他认为:"美就是生活。任何事物,只要是我们能够感受到的、客观存在的、符合我们的认知的,都是美的。"

2. 我国当代美学界对美的本质的看法

早在20世纪50年代,我国美学界就开展了一次美学大讨论,参与者包括朱光潜、蔡仪、吕荧、高尔太、李泽厚等,谈论的核心就是美的本质问题。概括起来,当时的中国美学界在美的本质这个问题上存在四种观点。

第一,"美是观念。"吕荧认为:"美就是一种主观的观念。"高尔太认为:"不存在所谓的客观的美。美是否存在,取决于它是否被人们感知到。如果感知不到,就不能算是美。"

第二,"美是典型。"蔡仪认为:"客观事物的美取决于美的特质本身,而不是鉴赏者的主观感知。真正意义上的美是不依赖于鉴赏者而存在的,与鉴赏者的理念、见解毫无关系。"

第三,"美是主客观的统一。"朱光潜认为:"美既是主观的,也是客观的。也就是说,美是主客观的统一。美感的对象是'物的形象',而不是'物'本身。"

第一篇　大美无言

第四,"美是客观性与社会性的统一。"李泽厚认为:"美是客观存在的,不依存于人类的主观意识。从本质上看,美有两个基本特性:一是客观社会性;二是具体形象性。"

三、美的特征

对于人类历史的发展过程,马克思一针见血地指出:"整个所谓世界历史不外是人通过人的劳动而诞生的过程,是自然界对人来说的生成过程。所以,一切关于他通过自身而诞生、关于他们产生过程,他有直观的、无可驳辩的证明。因为人和自然界的实在性,即人对人来说作为自然界的存在以及自然界对人来说作为人的存在,已经变成实践的,可以通过感觉直观的。所以,关于某种异己的存在物,关于凌驾于自然界和人之上的存在物的问题,即包含着对自然界和人的非实在性的承认问题,在实践上已经成为不可能的事。"

马克思的这段话明白无误地告诉我们,从动物界到人类社会,必须经历两次提升:一是在物种关系上,人从动物中提升出来,这主要得益于一般生产;二是在社会关系上,人从其余的动物中提升出来,这主要得益于有计划的生产和分配的自觉的社会生产。

那么,动物究竟有没有美感?达尔文经过长期的系统观察与科学分析,得出了自己的结论:"无论是禽兽还是昆虫,它们都有自己的审美活动。一只雄鸟会在雌鸟面前展示自己的漂亮羽毛,而不具备这种漂亮的羽毛的雄鸟则不会进行这类表演。这就证明,雌鸟对雄鸟的美好是心领神会的。否则,面对毫无欣赏能力的雌鸟,雄鸟的这番努力又有什么意义?"

伏尔泰认为:"如果可以说话,一只雄癞蛤蟆眼中的美就是雌癞蛤蟆的形象:两眼又大又圆,颈项平滑,肚皮呈现黄色,脊背呈现褐色。对于日内瓦的黑人来说,美就是皮肤漆黑发亮,两眼深凹,鼻子短而宽。至于魔鬼,他会认为美就是头顶两角、四只蹄爪、一个尾巴。"

对此,庄子的见解也令人深思。他在《齐物论第二》中说:"毛嫱丽姬,人之所美也;鱼见之深入,鸟见之高飞,麋鹿见之决骤。"他在《至乐第十八》中说:"《咸池》《九韶》之乐,张之洞庭之野,鸟闻之而飞,兽闻之而走,鱼闻之而下入,人卒闻之,相与还而观之。"

当然,需要指出的是,动物的这种所谓的审美活动,还不是人类关注的那种真正意义上的美,两者之间存在本质的区别。只不过,两者之间确实在表象上存在某些相似之处,能够给予我们一些有益的启发。一般说来,动物的审美活动更偏重于生理的、自然的、本能的,人类的审美活动更偏重于心理的、社会的、有意识的。对于这种人们所独有的社会实践活动,我们可以简明地概括为感知美、欣赏美、创造美。正是从这个意义上说,我们所说的美是专指人类的一种价值属性。一旦离开人,离开了人类社会,这种美就不可能真实存在了。当然,这种美必须具备一定的物质基础,但关键在于,这种美必须与人类社会生活密切联系。因此,美是一种典型的、特殊的社会现象，其类别与级别都是社会历史发展到一定阶段的必然产物。

有了以上的认识铺垫，我们再来研究美的特征就相对容易了。所谓美的特征，是指美的特性和美的品格。总结起来，美的特征主要包括以下四个：

一是客观社会性。美是客观的，不会无中生有。同时，美又是社会的，与人的社会生活密切相关。

二是个别形象性。要想顺利地进入审美领域，就要关注美的个别形象性。简单地说，美必须经由人们的感觉、知觉、直觉才能产生一系列审美心理活动。

三是熏陶感染性。美具有熏陶性，具有感染性。美的事物本身就是社会实践的产物，因而必然蕴含着人的智慧、才能、情感，在愉悦我们的同时，也能愉悦他人。

四是社会功利性。在社会功利方面，美的确具有两面性：美既有非功利、超功利的一面，也有社会功利性的一面。只不过，美的功利性往往是隐蔽的、曲折的，很难觉察到。

第二节　美的形式与内容

一、美的形式与美的内容

美是主客观的有机统一。一方面，美是一种客观的存在，并非人们所虚构的。另一方面，美又是客观事物在人心或人脑中的主观反映。如果偏重于客观的角度，就会发现，美是不以人的主观意志转移的。如果偏重于主观的角度，就会发现，同样一个美的事物可以给予不同的人不同的审美感受。长期以来，科学家、哲学家、美学家都在潜心研究美的真谛，也收获了累累硕果。为了便于理解，我们不妨用"美的内容与美的形式"来解释审美过程中存在着的差异性和趋同性。

人生天地之间，任何外在的事物都会影响人的生理和心理。相对而言，那些主要对人的生理感觉器官施加影响的部分，可以称之为"形式"，往往可以被看到、被听到、被闻到、被尝到、被触摸到；那些主要对人的精神活动和心理反应施加影响的部分，可以称之为"内容"。根据这一思路，所谓"美的形式"，就是能够给予我们的生理感觉器官舒适、愉悦的形式；所谓"美的内容"，就是能够在精神上、心理上引发我们接受、认同的内容。

由此可见，事物的美是由"形式美"与"内容美"这两部分组成的。如果从时间顺序方面考虑，我们对美的形式的感知往往要先于我们对美的内容的感知。从这个意义上说，美的形式是美的内容产生的必要基础。

（一）美的形式

美的形式是与美的内容相提并论的，它是指那些能够唤起人们美感的事物的感性形式。美的形式是美的内容的存在方式，主要涉及两方面的内涵：第一，美的事物的内容诸要素的表现方式可称为"内形式"，它主要体现美的事物内在要素之间的构成关系，与美的内容联系密切;第二,美的事物与外部相关联的风貌或装饰成分可称为"外形式",与美的内容相对疏远。在美的形式与美的内容这一对哲学概念的对立统一关系中,美的形式具备以下特点:第一,具有相对独立的审美价值与发展历史;第二,能够积极影响美的内容的表达;第三,可以成为生产与消费之间、创造与欣赏之间的桥梁与纽带。毫不夸张地说,美的形式是人类对于美的事物的存在形式及其规律的一种创造性的成果。

(二)美的内容

所谓美的内容,是指构成美的事物中可以激发人们的审美意识的思想、理念、情感、价值、意义等一切内在要素的总和。美的内容是人的社会实践的必然产物,体现了人类在社会实践活动中所能展示出来的认识世界与改造世界的本质力量,决定着美的性质、美的特征和美的价值。美的内容具有明显的时代性、民族性、地域性,不同时代之间、不同民族之间、不同地域之间,人们在社会实践中发现的美、欣赏的美、认识的美、创造的美往往各具特色,但又具备基本的共性。美的社会性、历史性、新颖性、合目的性和审美价值首先表现在它的内容上。美的内容与形式的结合在具体事物中有不同表现,有的内容、形式俱美,有的内容美而形式粗糙简陋,有的内容平淡、空虚而形式精致,有的内容丑、形式也丑,两者是历史的具体的相对统一。美的内容在美的不同形态、领域中有不同的内涵。现实美的内容是人化了的具有社会性的真善统一的内容。艺术美的内容是现实生活内容的集中、概括、典型化,体现了人的审美意识、审美理想,具体表现为艺术所描绘的生活图景的思想意义、情感特征,艺术家对他所反映的社会生活所做出的合规律的审美评价,以及所创造的形象、意境的真实性、典型性、深广性、感染性。

二、美的形式与美的内容的关系

(一)美的形式基于生理和心理的群体特质

究竟哪些形式是美的?或者说,哪些形式是不美的?对此,经过长期的研究之后,科学界、哲学界、美学界已经形成了共识:凡是对称、均衡的,凡是富有节奏、韵律的,凡是注重比例、秩序的,凡是完整、和谐的,都是美的。也可以这样表述:美是一元化与多元化的有机统一,美是对比和统一的平衡。需要注意的是,形式美不等同于内容美,它不像内容美那样容易受到个体心理差异的干扰,而是充分体现了人类群体的某些共性,能够给予人类相同或相似的审美感受。

(二)美的内容基于生理和心理的个体差异

如果说美的形式更倾向于客观的话,那么美的内容则更倾向于主观。事实上,美的内容是美的形式给予审美主体的审美感受,是人感知到美的形式之后才产生一系列的联想或想象。由于每个人的联想或想象的习惯、能力、偏好,这就直接形成不同人之间在审美上的差异。而联想或想象的习惯、能力、偏好是与每个人的家庭背景、成长经历、教育素养、思维方式息息相关的。因此，我们可以认定，人们对美的内容的发现、欣赏、认识、创造是因人而异的。

（三）美的内容与美的形式共同作用于生理和心理

如果把美的形式与美的内容视为两股力量的话，那么这两股力量都会影响我们的生理和心理。当然，这两股力量之间也会产生某些冲突，而且往往是强者为王。在一般情况下，美的形式属于浅层力量，美的内容则属于深层力量。打个不太恰当的比方，美的形式就像一个蜘蛛网，而美的内容就像一朵玫瑰花。蜘蛛网本身的信息量偏少，能够为人们提供的联想或想象的空间也偏小。玫瑰花则不同，它不仅具备丰富的信息量，而且也能为人们提供极为广阔的联想或想象的空间。

三、美的形式与形式美的区别与联系

在审美活动中，审美对象可能是纷繁复杂的，但总是具体可感的。江南的杏花春雨，塞北的大漠孤烟，都是非常具体的，都是非常感性的。审美对象可以是红花绿草，可以是蓝天白云，可以是风雨雷电，可以是飞禽走兽。这些看似繁杂的审美对象都以其具体的美的感性形象出现在审美者的眼里、心里。普通人从中感受到愉悦与舒适，艺术家则由此感悟到美的精灵。在这里，我们自然会关注这样一个问题：美的形式与形式美究竟有什么区别与联系？

在美学界，通常会把美的形式与形式美归到与美的内容相对应的范畴，也习惯将二者结合起来进行研究。毋庸讳言，美的形式与形式美在美学研究中具有不同的地位。一般说来，美的形式并不是真正意义上的美学研究对象，因为它并不是一种独立的审美形态。在讨论美的形式时，必然要牵涉美的内容，很少有人会抛开美的内容与单独研究美的形式。但是，形式美则完全不同，它是一种独立的审美形态，往往成为一个独立的研究课题。

（一）美的形式与形式美的区别

美的形式与形式美的重大区别表现在：

首先，美的形式与形式美的体现内容不同。美的形式体现了事物本身确定的、特定的美的内容，并且与美的内容形成了对立统一关系，二者须臾不可分离。而形式美体现了美的形式所包容的丰富内容，它不等同于美的形式所表现的美的内容，具有极强的独特性和独立型，适合进行单独的课题研究。

其次，美的形式与形式美的存在方式不同。美的形式是美的外观形态，是美的有机统一体的不可缺少的组成部分。美的形式始终与美的内容相提并论、如影随形，它本身不是一个独立的审美对象。形式美却是一个独立存在的审美对象，具有独立的审美特性。

下面，我们具体分析两者的区别。

1. 内涵不同

美的形式是指美的事物的一个组成部分，属于美的感性外观形态。美的形式与美的内容共同组成了美的事物这个有机体。美的形式能够被人感知、被人把握，是遵循合规律性、合目的性的本质内容的外在感性形式。

作为相对独立的审美对象，形式美体现的审美特性主要有两部分：一是美的事物的自然属性，诸如色彩、形状等；二是美的事物的组合规律，诸如节奏、韵律等。可以说，真正具有形式美的事物，它与事物的内容并无密切的联系。在这个时候，形式美中的形式是胜于内容的，具有相当的独立性。所谓独立性，是指形式美可以以一种独立的审美对象出现在人们面前。例如，侧重表现身体旋动的舞蹈就具有形式美。人们在欣赏时，一般不会去考虑其中的内容，而是更多地去关注这种形式美所表现出来的姿态美、力度美。又如，人们在欣赏富于装饰性的花边、图案、线条时，同样关注的是它的形式上的对称与变化，而不是追问其内容。

2. 方式不同

美的形式不是一种独立的审美对象，而是美的有机统一体中不可缺少的组成部分。形式美则是可以独立存在的审美对象，因而具有独立的审美特性。

3. 组成不同

美的形式主要有两种：一是内在形式，它是美的创造者试图表现的真与善的内容；二是外在形式，它主要包括美的事物的外观形态，如色彩、材质、形状、气味等。形式美也由两部分组成：一是直接构成形式美的感性质料；二是必须遵循有关形式美的法则。就质料而言，都蕴含一定的意味。例如，红色体现热烈、活泼、振作，直线体现沉稳、坚硬、力量，方形体现公正、大方、固执；高音激昂高亢，低音凝重深沉，强音振奋进取，轻音柔和亲切。就形式美的法则而言，都是人类在感知美、欣赏美、认识美、创造美的活动中逐步发现、总结出来的规律性的法则。例如，整齐与参差、对称与平衡、比例与尺度、黄金分割律、主从与重点、过渡与照应、稳定与轻巧、节奏与韵律、渗透与层次、质感与肌理、调和与对比、多样与统一等。

4. 特性不同

美的形式不具有独立性，而是具有依附性。形式美具有独立性，进而具有相对的抽象性、意象性、含蓄性，呈现出一种"只可意会，难以言传"的朦胧的审美意味。

（二）美的形式与形式美的联系

相对而言，那些失去具体社会内容制约的形式美，往往更具有表现性、装饰性、抽象性、单纯性、象征性。但在一定条件下，美的形式完全可以演变为形式美。其基本前提是社会实践发展到一定高度，促使美的形式中积淀了大量的既涵盖社会生活内容的美的感性材料，又遵循形式美的组合规律。尽管美的形式与形式美的形态、状貌、特征各有相同，但蕴含其中的美的本质却是同一的。因此，美的形式与形式美既有区别又有联系，是一般与个别、共性与个性的联系。

一言以蔽之，形式美是从各种美的形式中高度抽象了的"共同的美"，因而更具有抽象性、概括性、符号性，符合人类的共同的审美心理和普遍的审美情感。从形式美的表现形式来看,它又表现为具体的美的形式,具有一定的客观性。可以说,形式美本身就是抽象与具体的统一、主观与客观的统一。

第三节 美的欣赏与创造

一、美的欣赏

(一)音乐美

春秋时代,有一位著名的琴师,名叫俞伯牙。他琴艺高超,名闻遐迩。早在年轻时,他就拜高人为师。几十年来,他始终刻苦钻研,琴技出类拔萃。不过,他自我感觉并不良好,总觉得还没达到想象中的那种出神入化的境界。

俞伯牙遭遇到艺术上的瓶颈,非常苦恼,就去请教自己的师傅。师傅就带他一起乘船,来到东海的蓬莱岛上,引导他欣赏绝美的自然景色,倾听大海的波涛声。举目四望,只见波涛汹涌,跌宕起伏;闭目凝听,只闻浪花飞溅,海鸟时鸣。眼前的这一切宛如仙境,耳中的这一切又恰似天籁。于是,一种奇妙的灵感油然而生。俞伯牙情不自禁地取出琴来,肆意弹奏。音随意转,境随心牵。一旁的师傅聆听着他的琴声,满意地点点头:"你已经学成了!"

从此以后,俞伯牙的琴技又提升了一大截。有一天晚上,俞伯牙独自乘船外出。面对清风明月,他兴致大发,就开始弹起琴来。琴声悠扬,渐入佳境。就在这时,岸边有人在拍手叫绝。俞伯牙闻声一看,原来是个樵夫。居然有人欣赏自己,他非常开心,立刻将樵夫请上船,继续演奏起来。俞伯牙用琴声表现高山,樵夫便赞叹道:"雄伟庄重,好像高耸入云的泰山!"俞伯牙用琴声表现波涛,樵夫又赞叹道:"宽广浩荡,好像滚滚的流水、无边的大海!"伯牙兴奋极了:"知音!你真是我的知音!"这个樵夫就是钟子期。

俞伯牙和钟子期约定,明年此时此刻一定再来相聚。第二年,俞伯牙如期赴会,钟子期却不见踪影。俞伯牙四处打听,才得知,钟子期家境贫寒,每天既要砍柴又要读书,积劳成疾,不幸去世了。俞伯牙痛失知音,悲痛欲绝。他来到钟子期的坟前,再次抚琴一曲,哀悼知己。然后,俞伯牙将琴摔碎,发誓终生不再抚琴。这就是"高山流水遇知音,伯牙摔琴谢知音"的典故。

(二)绘画美

说到绘画,中西方的差异是十分显著的。

西方文化是以"神"为中心的文化。在西方文化中,"神"与"人"是完全分离的。如果说"人"能与"神"平起平坐,那简直是大逆不道。所以,在思维方式上,他们习惯于将人与自然、人与社会对立起来,去研究各个领域中的逻辑关系,去总结体现这些逻辑关系的客观秩序。在这方面,西方的写实绘画就非常典型:他们采用的焦点透视,恰似一位独眼巨人透过锁孔看世界。因此,看得见的才画出来,看不见的就挡起来。如果他们画的安琪尔要展翅高飞,就会添上一双翅膀;如果要传递爱的信息,就添一把有形的弓箭。

中国文化则与之相反,是以"人"为中心的文化。以绘画为例,中国绘画讲究的是多点透视,是在游动中、变化中看世界。而且,所看的东西既可以是眼前的实在之物,也可以是心中的虚拟之物。既然突出"人"的眼光与心气,那么万物皆可入画,没有时空限制。我们的飞天不需要安装沉重的翅膀,便能"乘天地之正,而御六气之辩,以游无穷"。至于传递爱的信息,也同样是"身无彩凤双飞翼,心有灵犀一点通"。

一个是"无翼而翔",一个是"有翼而飞",哪个更高?

(三)书法美

中国的书法之美,具有独特的中国色彩。中国的书法所追求的并不是整齐划一、均衡对称,而是行云流水、阴柔阳刚。每一个字都恰似一幅画,充满了生机,充满了禅意。每一幅书法作品,既有共性,又有个性;既注重状物,又注重抒情。从某种意义上说,书法与绘画、音乐、雕刻、舞蹈均有着千丝万缕的密切联系。一方面,书法可以从绘画、音乐、雕刻、舞蹈中吸取经验、技巧;另一方面,绘画、音乐、雕刻、舞蹈也可以从书法中领悟神韵、借鉴心法。毫不夸张地说,一个成功的书法作品就是一幅画、一首歌、一座雕刻、一组舞蹈。

在此基础上,书法还借助于运笔的俯仰向背、迟速轻重、疾涩虚实、绞转翻折、顿挫腾挪,全方位地展示了生命的律动与生活的情调。那种"奔蛇走虺势入座,骤雨旋风声满堂"的运笔气势,那种"忽然绝叫三五声,满壁纵横千万字"的激情宣泄,都是"生命情调最直接、最实质、最强烈、最尖锐、最单纯而又最充足的表现"。有人说,中国的书法是中国传统文化最好的载体。这真是一语中的。书法积淀着中国文化,蕴含着中国精神,体现着中国力量,充满着中国智慧。

(四)建筑美

中国传统建筑之美,堪称无与伦比。下面,简要介绍中国传统建筑的特点。

一是大气。中国传统建筑既关注微观,也关注宏观。体现于后者,就是讲究大门、大窗、大进深、大屋檐,给予观赏者舒展、开阔之感。例如,大屋檐下为什么会形成半封闭的空间?这有两个好处:一是遮阳避雨;二是开阔通透。从某种意义上说,中国建筑的大气这一特质与中国传统文化的"天人合一"的思想是密不可分的。

二是生气。与西方建筑相比,中国建筑更具生机、活力、人气。例如,四角飞檐翘起,或扑朔欲飞,或站立欲飘,这就在很大程度上化解了建筑物的沉重感,也让凝固的建筑艺术具备一种灵动的特质。如果说"大气"主要侧重于理的话,那么"生气"主要侧重于情。在这一点上,中国传统建筑的"生气"是任何其他民族都难以比拟的。

三是富丽。中国传统建筑非常注重建筑的材质,尤其喜欢使用琉璃材料。琉璃材料色泽鲜艳,在阳光下耀眼夺目、在月光下倍感神秘,都显得富丽堂皇,具有绵长的艺术生命。中国建筑凭借其较高的建筑成本与深厚的艺术底蕴，象征着非凡的名望和特殊的地位。

四是注重山林风水。这一特点主要体现在两个方面。一方面，追求自然的山林风水。依山傍水之处的建筑，一定要巧取其势，视野开阔，排水顺畅。另一方面，追求人为的山林风水。自然的巧夺天工与人为的和谐相融，营造出"天上人间"的绝美之境，使人产生"此中有真意，欲辨已忘言"的顿悟之感。

（五）诗词美

诗词最美还在盛唐时期。张若虚的《春江花月夜》美妙绝伦，令人心驰神往："春江潮水连海平，海上明月共潮生。滟滟随波千万里，何处春江无月明！江流宛转绕芳甸，月照花林皆似霰；空里流霜不觉飞，汀上白沙看不见。江天一色无纤尘，皎皎空中孤月轮。江畔何人初见月？江月何年初照人？人生代代无穷已，江月年年只相似。不知江月待何人，但见长江送流水。白云一片去悠悠，青枫浦上不胜愁。谁家今夜扁舟子？何处相思明月楼？可怜楼上月徘徊，应照离人妆镜台。玉户帘中卷不去，捣衣砧上拂还来。此时相望不相闻，愿逐月华流照君。鸿雁长飞光不度，鱼龙潜跃水成文。昨夜闲潭梦落花，可怜春半不还家。江水流春去欲尽，江潭落月复西斜。斜月沉沉藏海雾，碣石潇湘无限路。不知乘月几人归，落月摇情满江树。"春、江、花、月、夜，这五种事物集中体现了人生最动人的良辰美景，构成了诱人探寻的奇妙艺术境界。这首诗被闻一多先生誉为"诗中的诗，顶峰上的顶峰"，一千多年来使无数读者倾倒。一生仅留下两首诗的张若虚，也因这一首诗，"孤篇横绝，竟为大家"。

二、美的创造

俗话说得好："只有真正懂得美的民族，才是真正伟大的民族。"我们所理解、所崇尚的美，是感性与理性的统一，是形式与内容的统一，是合规律性与合目的性的统一。这种美不仅有助于人格塑造、人性锤炼，而且有助于心能激发、心智提升。

随着年龄的增长和阅历的丰富，我们对美的认知会越来越丰富、越来越深刻。作为学生，我们不仅感知美、欣赏美，还要认识美、创造美。我们要通过不懈的追求，逐步具备适应时代发展、推动社会进步的感知美、欣赏美、认识美、创造美的能力和素质。这当然需要一个相对漫长的过程，需要付出艰辛的努力。下面，我们以绘画为例，谈谈绘画美的创造问题，帮助大家举一反三，触类旁通。

绘画欣赏是一种极为特殊、极为复杂、极为高雅的精神活动。人们在对优秀的绘画作品进行欣赏的过程中，能够有效地提高自身的艺术素养、陶冶自身的思想情操、优化自身的思维方式。

作为一种典型的视觉艺术，绘画中的美的艺术形象和艺术技巧，不仅能使观赏者得到视觉上的愉悦感，而且可以从中感悟到绘画作品自身所蕴含的思想感情。在此基础上，我们很容易在情感上产生共鸣，激发道德情感，提高对艺术美的感受能力，唤起创造美的意愿。那么，如何深化自己对绘画美的创造力呢？下面提供一些基本思路。

一是选好题材与内容,这是创造绘画美的前提。要注意选择与自身的生活实际相贴近、与自身的认知水平相接近,能激发自身兴趣的绘画作品。这就需要进行相应的甄别与选择。有了具体的方向,就能进行实际的训练。

二是敢于尝试与训练,这是创造绘画美的关键。创造绘画美以欣赏绘画美为基础,这是不言而喻的,但如果始终停留在欣赏绘画美的阶段,不可能真正具备创造绘画美的能力。要制订科学的训练计划,不能心血来潮似的短暂尝试。

三是注重感悟与总结,既要注重感性的认识,又要进行理性的分析。尝试与训练固然重要,感悟与总结往往更加关键。只有不断加深对创造绘画美的感悟、对创造绘画美的总结,才能逐步提升层次,最终登堂入室,达到较高的境界。

实践证明,长期在欣赏绘画美、创造绘画美上下苦功,不仅可以感知、欣赏到古今中外各种风格的绘画作品,而且能开阔艺术视野,积累审美经验。这不仅有助于提升创造绘画的能力,而且有助于情感的熏陶、个性的完善,对自己的生活、学习、工作、事业都具有强大的促进作用。

思考练习

1. 美究竟是主观的还是客观的?为什么?
2. 美的形式与形式美有什么区别与联系?
3. 在音乐美、绘画美、书法美、建筑美、诗词美中,哪一种让你感悟深刻?

第二章 美 育

学习目标

1. 素质层面

在正确理解美育意义的基础上增进学习本课程的自觉,努力提升审美修养。

2. 知识层面

(1)了解美育的产生与发展。

(2)了解美育的意义与任务。

3. 能力层面

掌握美育的实现途径,不断发展审美能力。

4. 思政层面

深刻认识新时代加强大学生美育的重要性和社会主义美育的基本任务,不断提升"美"的素养与能力,努力成为德智体美劳全面发展的新时代青年。

第一节 美育的产生与发展

美育不是凭空产生的天外之物,而是在人们的社会实践、劳动过程、审美活动中逐步产生、发展和完善的。对于原始人来说,劳动时喊的号子就相当于最初的歌唱。实际上,原始人的舞蹈、壁画、雕像等都是原始部落生活与劳动的再现,只不过可能会有一些主观的设计和美化在里面。可以肯定地说,早在原始社会就有了最原始的审美活动。于是,这种审美活动所形成的审美经验就会一代代地传承下来。这种传承就是美育的雏形。

一、中国美育的产生与发展

早在先秦时期,就基本奠定了中国古代美育思想的基础。其中,孔子的美育思想是构成这一时期美育思想的重要组成部分。与原始社会不同,奴隶制社会逐渐出现了各种学校,而学校教育的重要内容之一就是美育。西周时期,"乐"已经成为学校"六艺"之一。孔子认为:"安上治民,莫善于礼;移风易俗,莫善于乐……兴于诗,立于礼,成于乐。"孔子经过不懈的努力,形成了独具特色的美育思想体系,深刻地影响着后世的中国美育思想的发展。在孔子的美育思想体系中,自然美、艺术美、社会美都是值得高度重视的。在孔子看来,自然美具有显著的陶冶功能,正所谓"仁者乐山,智者乐水";艺术美具有显著的感化作用;社会美具有显著的教化作用。

战国时期,儒家的美学思想得到进一步的发展与完善。孟子推崇"性善论",并以此为基础,进一步提出了"德教"。在孟子看来,教育的根本目的就是为整个社会培养有道德、有地位、有才学的"君子"和"富贵不能淫,贫贱不能移,威武不能屈"的"大丈夫"。他始终坚持"保民而王"的立场,提倡借助德育来培养"正心诚意修正齐家治国平天下"的优秀人才,为维护社会秩序、追求社会目标服务。孟子的这种美育思想被后世称为"乐教""诗教",其特点就是注重德才兼备,注重伦理与审美的有机结合,引导人们以丰富的道德情感去体验深刻的美育境界后人称为"诗教"。

如果我们仔细研究中国古代美育史,就会发现两大各具特色的美学流派。一是以孔子、孟子为代表的儒家美学派,其基本特点是以"仁"为核心、以"乐"为手段、以服务社会为根本目的。二是以老子、庄子为代表的道家美学派,其基本特点是以"自然"为核心、以"反观内省"为手段、以颐养天年为根本目的。道家的美育思想非常独特,它是建立在体验、审美超越、境界生成这三大支柱之上的,对中国当代美育体系的构建具有非同凡响的借鉴作用。毋庸讳言,道家美学不像儒家美学那样功利,缺乏一种积极的入世精神。这既是它的优点,也是它的缺点。事实上,道家对审美活动、审美境界的深刻理解极大地丰富了儒家美学的内涵,尤其在不断追逐理想、超脱现实功利方面更具活力。总体而言,儒家美学与道家美学构成了中国古代美学的理论基础。

在墨家代表墨子看来,审美活动、审美艺术并不具有社会价值。因此,他反对进行审美活动、反对发展审美艺术,提出了独特的"非乐"思想。这种"非乐"思想其实就是一种"反美学"思想,与法家代表韩非子的美学思想极为相似,也都显得较为极端。韩非子认为,凡是与社会政治对立的东西,更具体地说,凡是与法背离的东西,都要被彻底否定。所以,文学艺术及一切构成美的东西都应予以抛弃。

从某种意义上说,儒家的第三位代表荀子进一步发展了儒家思想、儒家美学。在《乐论》中,荀子系统地阐释了乐的产生、乐的本质、乐的功能、乐的价值。在荀子看来,就如同礼是圣人创造的一样,乐也是圣人创造的。无论是礼还是乐,都具有促进人际和谐、推动道德教化、提升艺术修养的价值。

战国晚期的《吕氏春秋》是杂家的集大成之作,但也因此形成了极具个性的美育思想。我们以音乐为例,看看《吕氏春秋》是怎样诠释的。首先,强调音乐本体论,这显然是汲取了道家宇宙本体论的素养,属于典型的纯艺术论。其次,注重音乐教化论,这显然是汲取了儒家礼乐教化论的素养。最后,潜心研究音乐的审美心理、养生效能,这显然汲取了道家的阴阳五行学说的某些内容。可以毫不夸张地说,《吕氏春秋》充分体现出儒家美育思想与道家美育思想的相辅相成与融会贯通。

汉武帝接受董仲舒的"罢黜百家,独尊儒术"的治国方略,给予儒家至高无上的尊崇地位。于是，在整个封建社会，儒家思想就成了最核心的精神支柱，儒家经典就成了最经典的美育教材。特别是四书五经中的《诗经》与《乐经》，开始受到社会各个阶层的高度关注。东汉末期创设的鸿都门学，是世界上最早的研究文学艺术的专门学校。从总体上看，两汉时期进一步发展了先秦美学。例如，《淮南子》就极为鲜明地体现了汉代美学的新特色：不再局限于传统的儒家与道家所强调的内在精神世界，而是进一步扩展到外在物质世界，充分显示出征服外部世界的强大信心。

汉末魏初建安文学时期的曹丕开始对文章风格进行专业化的研究。在《典论·论文》中，他深刻而辩证地阐释了作者才气与文章风格之间的关系。之所以会产生这样一种高度关注个性特质的美学思想，主要还是源于汉末的社会大动乱和国家大解体对于传统儒家思想的巨大冲击，当时的人们面临意识形态的严重危机，进而展现出文艺美学上的"人的自觉"和"文的自觉"。

在中国古代美学发展史上，魏晋南北朝是一个非常特殊的转折期、过渡期。如果说先秦以来的美学家更多地关注艺术与政治、艺术与伦理、艺术与道德的关系的话，那么魏晋南北朝时期的美学家已开始具体化、专业化地研究美与艺术自身的特征。在这方面，《世说新语》与《人物志》是典型代表。《世说新语》就像一幅历史画卷，生动地展示了魏晋南北朝时期整个社会的全貌，尤其是突出了魏晋名士的价值取向、审美追求、思维特质、行为模式。至于《人物志》，则明确提出了"精于择而用适其能"的人才理念。

南朝梁代的刘勰写了一本文艺美学的专著，这就是蕴含着深刻的美育思想的《文心雕龙》。刘勰将文章的"德"提升到至高无上的位置，从而为文章教化天下奠定了理论基础。他的美学思想内涵丰富：既有先秦儒家、道家的美学思想，也有魏晋时期曹丕、陆机等人的新的美学思想的影子。这与南朝宋齐时代追求声色享乐的浮靡文风形成了鲜明的反差。此外，钟嵘的《诗品》也借助于对诗歌与诗人的鉴赏，进一步发展了自己的美育思想。

隋朝由于存在时间短暂，文学艺术上的成果很少。但是，这一时期出现的《颜氏家训》却在历史上占据一席之地。时至今日，《颜氏家训》依然被视为我国古代最著名、最成熟的家庭教育著作之一。

中唐时期，随着诗歌艺术的繁荣，与诗歌有关的美学研究也越来越普遍。其中，皎然的诗史观、诗道观就极具代表性，其关注的内容极为宽泛，如韩愈文艺思想与庄学的关系、白居易的诗乐合一观、柳宗元的文章鉴赏观、刘禹锡的中道观等。

北宋时期，伦理美育受到社会各界的高度关注。例如，周敦颐强调以诚为本，邵雍主张借助"反观"来"明心见性"，张载推崇"大其心"的修养方法，二程倡导"存理灭欲"，朱熹注重"文从道中流出"等。除了重视伦理美育，北宋时期还重视艺术美育。欧阳修强调经世致用，主张重道而不轻文。苏轼则倡导美育"三论"：一是"寓意于物"则乐的美育心胸论；二是诗中有画、画中有诗的美育鉴赏论；三是有道有艺、辞达的美育表现论。

明代的王阳明提出了心学美育，其核心理念就是：有心即理，知行合一，良知与致良知。

明代的袁宏道提出了通俗文学美育,认为真实是艺术最大的生命。明末清初的王夫之提出美论、音乐论和审美教育论。

小说界也不甘示弱。叶昼追求"逼真""欲活"的美育观;金圣叹关注人物性格和审美教育的价值;曹雪芹在小说创作中呈现自己的审美理想与审美人格。在戏曲界,李渔崇尚真实性与通俗化,提出了"贵奇创新""寓教于乐"的戏剧美育理念。

到了近代,随着帝国主义的军事侵略与文化输入,中国近代属于资产阶级范畴的美学思想开始萌芽。崇奉康德哲学并深受叔本华哲学影响的王国维最早在中国传播西方美学。1904年至1910年,他将西方美学理论用于文学欣赏,创作出《红楼梦评论》《古雅之在美学上之位置》《人间词话》等一批美学论著。

与王国维同时的蔡元培,也是传播西方美学思想的关键人物。今天我们耳熟能详的"美育"一词,就是蔡元培从德语翻译过来的。他还率先提出了"德、智、体、美、劳",将原本不被关注的美育同德育、智育、体育、劳动并举。他在临终之前,反复念叨的依然是"科学救国、美育救国"。在美学领域,蔡元培最大的贡献就是将美学与社会教育有机地结合在一起。他主张"以美育代宗教",认为很多宗教都存在着"扩张己教,攻击异教"的严重弊端,因而"失其陶养之作用"。为此,他主张用现实世界的人性信仰来代替对幻想世界的神性信仰。

近代学制在中国出现以后,很多学校开设了唱歌、图画、劳作等课程。早在1912年,蔡元培担任临时国民政府教育总长时,教育部就公布了"注重道德教育,以实利教育、军国民教育辅之,更以美感教育完成其道德"的教育宗旨,高度关注美育的特殊作用。

从总体上看,现代美学的研究大致可分为以下三个派别:

蔡仪主张美是客观的。他认为,美的根源存在于客观事物的各种属性特征之中,与人没有本质的联系。因此,美的本质就是事物的典型性。

朱光潜主张美是主观与客观的统一。他认为,美是一个融合体:一部分是客观的事物及其性质;另一部分是人的主观意识。两者有机融合,才产生了真正意义上的美。

李泽厚主张美是客观性与社会性的统一。他认为,就像善是人类社会实践的产物,美也是人类社会实践的产物。因此,美只对人有意义,只对人类社会有意义。

1996年,中国召开了第三次全国教育工作会议。正是在这次会议上,"美育"正式进入素质教育体系,正式列为国家教育方针。

二、西方美育的产生与发展

西方很早就开展了艺术教育。例如,在古希腊时期,城邦保卫者所接受的系统教育中就有类似于艺术教育的内容。斯巴达致力于将奴隶主的子弟培养成优秀人才,为此有意识地将音乐、舞蹈、宗教与体育活动、军事训练结合在一起。雅典明确规定,必须为7至14岁的儿童设立弦琴学校,以便对他们进行音乐、朗诵等的专业训练。在古罗马,出现了一些修辞学校,也同样开设了音乐教程。毫无疑问,当时的美育完全是为巩固奴隶主的统治而服务的。

新编大学美育

可以肯定地说,西方美学是从古希腊、罗马时代就开始了。但是,真正对美学进行专业化、系统化的哲学思考还是柏拉图和亚里士多德。他们通过不懈的努力,构建起完整的美学体系,成为西方美学思想的奠基者。柏拉图习惯于将美学思想与哲学思想融会贯通。在《理想国》与《会饮篇》中,他广泛而深入地探讨了美与艺术的问题。在他看来,现实世界来源于理念世界,事物的美也来源于美的理念。总之,美的理念就是美本身。

到了中世纪,美学思想变得极为复杂而矛盾。一方面,它毫无疑问是神学的附庸。但另一方面,它又有许多反神学的理念。在欧洲的中世纪,传统的骑士教育强调"七技",其中的吟诗就是为了向领主歌功颂德的。教会学校中也有"七艺",其中的音乐就是用于教会做礼拜和赞美上帝。

在封建社会,美育是服务于封建统治的。到了资本主义社会,美育的领域进一步扩展,就连一些小学也开设了音乐、美术、手工等课程。尤其在资产阶级上升时期,美育成为开展启蒙运动的一种手段,因而具有反封建的进步意义。随着意大利文艺复兴和法国启蒙运动的出现,美学逐渐摆脱了神学的束缚,开始关注现实社会的现实人,歌颂人的理性与欢乐。

启蒙运动的代表人物很多,最重要的就是伏尔泰和卢梭。在德国,以莱布尼茨、沃尔夫、鲍姆嘉通为代表的美学家崇尚理性主义美学。莱布尼茨认为,人的认识是从"混乱的认识"逐步发展到"明确的认识"的,也就是从感性认识逐步发展到理性认识。沃尔夫在莱布尼茨的美学理论基础上,进行了通俗化,提出了"完满性"的美学概念。他认为,美之所以能够引起人们的快感,就是因为美代表了事物的完满。鲍姆嘉通认为,可从三个视角去研究人的心理活动。一是知。知就是理性认识,可借助于逻辑学来开展研究。二是意。意就是道德活动,可借助于伦理学来开展研究。三是情。情就是感性认识,也应当借助于一门学科来开展研究。他将第三门学科称之为"感性学",也就是"美学"。1750年,他出版了《美学》一书,全面阐释了成立"美学"学科的必要性,并从10个方面驳斥了反对意见。因此,鲍姆嘉通就成为西方美学学科的创始人。

最早提出"美育"这一概念并进行独立研究的是18世纪末的德国美学家席勒。席勒曾与丹麦王通过书信探讨美育问题,后将这27封相关书信结集成《美育书简》。可以说,《美育书简》的出版正式拉开了近代美育发展的帷幕。在《美育书简》中,席勒明确提出:"为了在经验中解决政治问题,就必须通过美育的途径,因为正是通过美,人们才可以达到自由。"席勒还明确提出德、智、体、美的四育概念,认为教育可促进健康、可促进认识、可促进道德、可促进鉴赏力和美的教育。在他看来,美育的目的就是培养感性,引导精神力量趋于和谐。作为资产阶级的唯心主义者,席勒未能科学地论述美育。但是,他的历史贡献是显而易见的:率先提出"美育"概念;率先将美育界定为"情感教育";致力于构建美育理论;为马克思主义关于人的全面发展的观点提供重要思想来源。

综上所述,美育是一个近代的概念,属于近代教育的范畴,有助于解决近代工业化社会带来的诸多挑战性的课题。

第二节　美育的意义与任务

一、美育的意义

总体而言,美育主要包括以下内容:一是开展艺术教育,具体包括文学、音乐、图画、戏剧、电影、舞蹈等;二是组织学生观察和欣赏自然美;三是引导学生体验生活美和劳动美;四是培养学生创造艺术美的兴趣和才能。

事实证明,美育能积极影响德育、智育、体育。美育可以借助生动的艺术形象,引导学生更好地去认识生活、追求理想,促使学生不断锻造提高政治品质、不断优化道德面貌、不断丰富思想感情。美育不仅能显著提升学生的智力,如注意力、观察力、想象力、记忆力、理解力,而且能显著提升学生的非智力,如状态、目标、方法、习惯、毅力。经常接受美育熏陶的学生,往往衣着整齐、注重清洁、爱护环境。这也有利于健康,有助于体育的开展。

社会主义社会的美育具有社会主义的特质,是服务于建设社会主义精神文明的,是服务于培育学生的心灵美、行为美的。美育借助生活中的美好事物和艺术中的先进人物来潜移默化地影响被教育者,有助于对学生的情感、想象、思想、意志、性格进行优化。

(一)教育哲学角度

从哲学上看,世界有两个方面,一是现象世界,二是实体世界。所谓现象世界,就是物质世界;所谓实体世界,就是精神世界。与其他动物相比,人最大的特质就是:不仅在物质世界生存并具有物质需求,而且在精神世界生存并具有精神需求。所谓美育,实际上是实施世界观教育,以达到精神世界的桥梁与纽带,这是由美育的本质和特点所决定的。人人都有喜怒忧思悲恐惊,这些往往随着生死、祸福、利害、得失而改变。但是,真正意义上的美感是无功利的,是超脱的,是普遍的。因此,这种美感是极其纯洁而无杂念的。这就很容易促使我们忘记人我差别,进而与美浑然一体,顺利进入实体世界。

从教育的角度来看,美育之所以对我们的人生有意义,就在于美育可以提升人的精神境界,进入一种超越功利、超越人我、超越生死的境界。在这样一种境界中,人就很容易体验和感悟生命的真谛。

(二)美育价值角度

从美育价值角度看,美育有助于培养超越功利的心态,有助于化解人我对立的偏见,有助于保持崇尚平和的境界。换句话说,美育能够消弭人的卑劣欲望,能够消除人的自私贪念,能够自然而然地进入真善美的境界。

蔡元培认为:"美育者,应用美学之理论于教育,以陶养感情为目的者也。人生不外乎意志;人与人相互关系,莫大乎行为;故教育之目的,在使人人有适当之行为,即以德育为中心是也。顾欲求行为之适当，必有两方面之准备。一方面，计较利害，考察因果，以冷静之头脑判定之；凡保身卫国之德，属于此类，赖智育之助者也。又一方面，不顾祸福，不计生死，以热烈之感情奔赴之；凡与人同乐，舍己为群之德，属于此类；赖美育之助者也。所以美育者，与智育相辅而行，以图德育之完成者也。美育之目的，在陶冶活泼敏锐之性灵，养成高尚纯洁之人格。"

由此可见，美育的真正目的就在于陶冶情操、净化心灵，培养一种积极进取、追求完美的高尚人格。在这个过程中，陶冶情操是美育的直接目的，净化心灵则是美育的根本目的。

(三) 心理感受角度

从心理感受角度来看，人的精神大致可以分为三种：一是知识，属于科学的范畴；二是意志，属于理论学的范畴；三是情感，属于美育的范畴。人人都有感情，却不是人人都有高尚的行为。究其原因，关键还是感情推动力的强弱问题。事实上，美育培养的正是感情推动力。这就从心理感受角度圆满地揭示了美育对人的高尚行为的促进作用。从这个意义上说，美育有助于引导人形成勇敢、无私、进取等优秀品质。

此外，美育还能显著地增强人的同情心。美育为什么能增强人的同情心呢？道理很简单，因为美育具有"感情移入"的作用。例如，欣赏石壁上的山水图画，就很容易神游其中；观看悲剧时，往往会因感动而流泪。这就是"感情移入"的具体表现。

(四) 美感本质角度

美学家在研究中会产生一个疑问：美育究竟是如何陶冶情操、激发善行的？这还得从美感的本质说起。

那些美的对象之所以能够陶冶情操，是源于它所具有的两种特性：一是普遍性；二是超脱性。一瓢之水，一人饮了，别人就无法分享；立锥之地，一人占了，别人就无法立足。这种不相融合的现象往往强化人我之分，甚至引发自私自利。而美的对象则迥然不同：名江大川，人人可游；夕阳明月，人人可赏。孟子所谓"独乐乐不若与人乐乐""与少乐乐不若与众乐乐"与陶渊明所谓"奇文共欣赏"，都强调了美的普遍性。以植物的花为例，它原本只是为将来结果做准备。但在诗人的笔下，那些梅花、杏花、桃花、李花就俨然构建一个奇妙的心灵家园。再以动物的毛羽为例，它原本只是用来御寒。但是，在人的手里，白鹭之羽、孔雀之尾就成了绝佳的装饰。我们不妨想一想，那些宫室原本只要避风遮雨就好，为什么还要增补雕刻与彩画？那些器具原本只要能用就好，为什么还要设计图案？事实上，真正意义上的美是超越功利的。在这里，其普遍性有助于打破人我之见，其超脱性有助于化解得失之心。

实践证明，美育可以在熏陶渐染中培养宁静平和而又强毅不屈的精神。说到美感，大致有两种：一为优雅之美；二为崇高之美。美感的影响是有目共睹的：能促使人超越利害得失，能促使人化解二元对立。例如，真正游览名胜时，就不会想到去伐木制器；真正欣赏音乐时，就不会想到去唱歌挣钱。这就是优雅之美。至于崇高之美,可以再细分为两种:一是伟大之美;二是坚强之美。观想大千世界,自然会感叹小我的渺小;关注火山爆发,自然会感叹人力的脆薄。事实上,当你与美的事物合二为一时,对象伟大,你就伟大;对象坚强,你就坚强。经过这样一种系统的训练,人就会变得更加成熟、更加健康、更加文明。

二、美育的任务

美育的目标大致有两个面层:一是培养和提高人对美的感知力、欣赏力、创造力;二是美化人自身,即树立美的理想、发展美的品格、培育美的情操、形成美的人格。一言以蔽之,美育的根本宗旨就是培育美的人格和美的心灵。

一般而言,美育的主要任务包括:一是培养和提高感受美的能力;二是培养和提高鉴赏美的能力;三是培养和提高表现美、创造美的能力;四是培养和提高追求人生趣味和人生理想的能力。

更具体地说,社会主义美育的基本任务是:

第一,引导学生既充分感受现实美,又充分感受艺术美。在这个过程中,要不断发展学生高尚的审美情感;要逐步培养学生的审美比较能力与审美分析能力;要注意提升学生的审美想象能力与审美联想能力。

第二,引导学生既正确理解现实美,又善于欣赏艺术美。为了促使学生爱好美,为了促使学生具备艺术修养,应当鼓励学生全面掌握各门艺术的基本知识;应当帮助学生逐步形成马克思主义的文艺观点和审美标准;应当组织学生经常评析艺术作品和社会善行;应当引导学生热爱主流艺术、抵制精神污染。

第三,引导学生既创造现实美,又创造艺术美。在这方面,必须要求学生按照美的法则去美化环境、美化居室;必须组织学生参加各种艺术实践活动;必须关注学生在艺术方面的兴趣、特长。

第三节 美育的原则与途径

一、美育的原则

所谓美育,就是审美教育。简单地说,美育就是审美和教育的有机融合。具体来说,美育是在特定的美学理念和教育理念的指导下,借助美的事物和相应的审美活动来激发情感、强化体验,最终促使被教育者全面发展。

从整个社会的角度来看,大学生群体的特点之一就是具有明显的知识背景。这就为大学生具备一定程度的审美能力、审美情感、审美心理打下坚实的基础。但是,由于不同的大学生的兴趣爱好不同、他们所掌握的知识的类别与级别、广度与深度不同,导致他们的审美心理往往存在不稳定性，具有较大的可塑性。在实施大学生美育时，必须重视大学生的这一特点，既紧跟时代步伐，又坚持对症下药。

关于学校美育，教育部曾明确提出6个基本原则。2017年6月30日，教育部在北京召开第二批学校美育改革发展备忘录签署暨全国学校美育工作推进会，与天津、河北、内蒙古、辽宁、吉林、黑龙江、浙江、安徽、江西、河南、湖北、广东、陕西13个省（区、市）签署学校美育改革发展备忘录，交流各地经验做法，并部署下一阶段的学校美育改革发展任务。

在会上，教育部副部长田学军指出，要立足于贯彻党的教育方针、促进青少年全面发展，立足于加强思想政治工作、落实立德树人根本任务，立足于传承和弘扬中华文化、增强文化自信，高度重视和不断加强美育。为此，必须严格遵循六个基本原则。

一是抓住灵魂，准确把握美育改革发展方向。这个灵魂就是社会主义核心价值观，要引导学生在接受优秀传统文化的过程中去体验、笃信、践行社会主义核心价值观。

二是抓好统筹，推动省域内美育协调发展。统筹的重点是设施配备、人员培训、条件保障、工作考评，尤其要加大对农村地区和薄弱学校的支持。

三是抓好关键，加强美育教师队伍建设。既要优化存量，又要强化增量。要重点补充农村、边远、贫困和民族地区镇（乡）的学校美育教师，借助培训来提升美育师资水平。

四是抓好布局，提升专业艺术院校办学水平。要优化艺术院校在人才培养、科学研究、社会服务、文化创新各方面的作用，优化学科专业布局，创新人才培养模式。

五是抓好整合，形成协同育人合力。要巧妙整合各种社会资源，有效调控各个部门，多形式地联合和依托相关部门和单位。进一步优化网络资源和平台，推进学校美育发展。

六是抓好评价，促进学校美育科学发展。要完善美育工作评价标准，积极开展艺术素质测评，大力实施美育工作自评制度，主动接受社会监督。

根据以上指导精神，我们也可以将社会主义美育的主要原则概括为"六个结合"：第一，思想性与艺术性有机结合；第二，美育内容与现实生活有机结合；第三，情绪体验与逻辑思维有机结合；第四，艺术内容与表现方法有机结合；第五，统一要求与因材施教有机结合；第六，多样性与渐进性有机结合。

上面提及的市中小学的美育问题，实施大学生美育也大同小异。尽管审美教育的媒介丰富多彩，但必须根据大学生的特质，对症下药、因材施教，从而给予大学生多层面、多角度、多渠道的积极影响。这对于激发大学生的审美兴趣、培养大学生的审美能力，都是至关重要的。除了注重审美教育的多样性，还要注重审美教育的渐进性。如果说审美教育的多样性旨在促使大学生审美能力全面发展而又不失个性的话，那么审美教育的渐进性就旨在促使审美陶冶进一步深化，引导大学生不断提升自己的审美感受层次，从初级的悦耳、悦目到中级的悦心、悦意，再到高级的悦志、悦神。

二、美育的途径

美育的途径很多,但主要的有三种:一是家庭美育;二是学校美育;三是社会美育。与此同时,在这三种美育中也在一定程度上渗透了自然美育和艺术美育。

(一)家庭美育

在所有的美育当中,家庭美育堪称美育的起点。社会是由一个个家庭组成的,一个个家庭相当于社会的一个个细胞。对于孩子来说,人生的起点就是家庭,最早的老师就是父母。事实上,任何一个人所接受的美育,最早都是从家庭开始的。家庭美育对于孩子的成长产生巨大的影响,甚至可能影响孩子的一生。当然,这种巨大而深远的影响既可能是积极的正面的影响,也可能是消极的负面的影响。这就意味着,我们必须高度重视家庭美育,因为这种美育开始最早、持续最久、影响最深。从实施途径来看,家庭美育又可以细分为三种:一是家庭环境美育;二是家庭游戏美育;三是家庭艺术美育等。

(二)学校美育

在所有的美育中,学校美育堪称美育的重点。从家庭到社会,存在一个中间过渡环节,这就是学校。与家庭美育、社会美育相比,学校美育在理论上更加系统、在实施上更加专业、在时间上更加充足、在条件上更加优越、在效果上更加显著。尤其在当前,学校美育已经成为学校素质教育的重要组成部分。

《教育部关于切实加强新时代高等学校美育工作的意见》(教体艺〔2019〕2号)中指出:学校美育是培根铸魂的工作,提高学生的审美和人文素养,全面加强和改进美育是高等教育当前和今后一个时期的重要任务。文件中提出高校美育工作的主要举措:

1.建强美育教师队伍

配齐配好美育教师。要把提高美育教师思想政治素质和职业道德水平摆在首要位置,全面提高美育教师教育教学能力和质量。要按照在校学生总数合理安排普及艺术教育教师,鼓励高校探索实施公共艺术课特聘教授制度。要优化专业艺术教育教师结构,搭建院系、校际合作交流平台。要加强艺术师范专业教师队伍建设,鼓励高校建立与中小学艺术教师互聘和双向交流等长效机制。要建设一批高校美育名师工作室,汇聚培养一批美育名家名师。要加大教师教学岗位激励力度,鼓励高校建立符合美育特点的教师职称评审制度和考核评价机制,为美育教师职称晋升、职业发展、教学科研成果评定等提供支撑。

2.深化美育教学改革

推进美育教学改革与创新。促进高校美育与德育、智育、体育和劳动教育相融合,与各学科专业教学、社会实践和创新创业教育相结合。充分运用现代化信息技术手段,探索构建网络化、数字化、智能化、线上线下相结合的课程教学模式,规划建设一批高质量美育慕课,扩大优质课程覆盖面。成立全国高校美育教学指导委员会,提高面向全体大学生的美育教育质量,发挥高校艺术学类专业教学指导委员会的作用,加强专业艺术人才培养。提升高校美育科学研究水平,打造一批美育综合研究的高地和决策咨询的重地,建设一批美育高端智库,重点研究高校美育的课程和教材体系、教学规律和模式、考核评价标准、教师队伍建设等,深入研究中华美育精神。推动美育协同创新,促使高校美育联盟发挥实质性作用,探索建设一批校校协同、校所协同、校企协同、校地协同创新培养模式,逐步完善高校与文化宣传部门、文艺团体、中小学校等协同育人机制。

3. 推进文化传承创新

推动中华优秀传统文化的创造性转化和创新性发展。把中华优秀传统文化教育作为学校美育培根铸魂的基础,弘扬中华美育精神,要在传统文化艺术的提炼、转化、融合上下功夫,让收藏在馆所里的文物、陈列在大地上的文化艺术遗产成为学校美育的丰厚资源,让广大青年学生在艺术学习的过程中了解中华文化变迁,触摸中华文化脉络,汲取中华文化艺术的精髓。持续深入开展高雅艺术进校园、戏曲进校园、全国大学生艺术展演、中华优秀传统文化传承基地建设、"传承的力量""五月的鲜花"等品牌活动,组织原创校园歌曲、舞台剧、舞蹈、影视、校园景观设计等作品的展示与推广,营造格调高雅、富有美感、充满朝气的校园文化。艺术专业院校要大力推进主题性艺术创作活动,实施高校原创文化精品推广行动计划,以弘扬主旋律为己任,深入生活,扎根人民,用情用心用功抒写人民,以精品奉献人民,为时代画像、为时代讴歌、为时代立传、为时代明德。

4. 增强服务社会的能力水平

高校美育要主动融入国家和区域发展战略服务经济社会发展。引导高校美育教师和学生强化服务社会意识,提升服务社会能力,支持高校参与基础教育的美育教学改革、课程教材建设等工作。实施高校美育浸润行动计划,依托"结对子,种文化""校园文艺轻骑兵"等项目,积极开展对口定点帮扶、支教扶贫、社区服务等美育志愿服务和社会实践活动。充分挖掘高校艺术场馆的社会服务功能,推动高校艺术场馆纳入国家公共文化服务机构免费开放政策实施范围,鼓励有条件的高校将博物馆、美术馆向社会有序开放。深化国际人文交流合作,借助国际和国内、政府和民间多种对外交流渠道和活动平台,发挥专业艺术院校和高水平学生艺术社团的重要作用,积极参与共建"一带一路"教育行动和中外人文交流项目。

(三)社会美育

社会美育堪称美育的大课堂。所谓社会美育,是指借助社会上现有的各种美育设施和美育环境所施行的美育。毫无疑问,社会美育要比起家庭美育和学校美育宽泛得多。学校美育中的课外活动也强调走进社会,但其专业性、深广度远远不如真正的社会美育。一般说来,社会美育主要包括社会设施的美育、社会环境的美育、社会生活的美育。

(四)自然美育

自然美育是美育的重要组成部分。所谓自然美,既可以指具体的自然事物的美,也可以指整体的自然界的美。自然美的最大特点,就是形式美,其形式往往胜于内容。学生置身于千变万化、精巧绝妙的自然中,充分感受到仙境般的自然美,便很容易引发对美的追求,不但能增长相关知识,而且有益于身心健康。

(五)艺术美育

艺术美育是美育的特殊手段。在审美教育中,艺术美育的专业化、系统化的作用是难以替代的。学生在接受了成功的艺术美育之后,就会在思维方式、行为方式和表达方式上产生令人瞩目的积极变化。

综上所述,美育的途径包括家庭美育、学校美育、社会美育、自然美育、艺术美育。这些途径都有一个共同的目标,那就是将学生培养成全面发展的高素质人才。

思考练习

1. 中国美育和西方美育的产生与发展各有什么特点?
2. 与德育、智育、体育相比,美育的价值是什么?
3. 尝试用自己的语言,概括美育的三个基本原则。

第三章　大学生与美育

学习目标

1. 素质层面
(1)端正审美态度,走出审美误区。
(2)增强发展审美修养的自觉性,积极参与审美实践。
2. 知识层面
(1)认识审美教育的重要性。
(2)了解大学生审美修养的提升途径。
3. 能力层面
掌握提升审美修养的方法。
4. 思政层面
理解提升审美修养是大学生的必修课,在审美实践中陶冶性情、完善人格,形成正确"三观",成为道德情操高尚、健康向上的新时代青年。

第一节　大学生审美修养

一、大学生的审美修养

拥有健康的审美修养,有助于大学生在美的净化中得到和谐、全面的发展,陶冶心情、愉悦精神,调控情感、开启智慧,从而促进社会的进步与人类的发展。因此,自觉学习美学知识,积极注重审美修养,既是大学生的主观愿望,也是新时代对大学生的客观要求。

一个道德高尚的人,他的审美观念、审美趣味也是健康向上的。他能够自觉地去欣赏那些健康的、向上的文艺作品。反之,一个道德沦丧的人,不但与真正美的东西格格不入,反而视美为丑。大学生在各方面走向成熟的同时,审美观念往往呈现敏感性、憧憬性、丰富性和独特性。这就意味着,他们更需要这一方面的科学引导。作为新时代的接班人,当代大学生必须加强这方面的教育。大学生自己也应当在提高思想道德素质、塑造美的心灵、丰富审美知识、培养审美情趣等方面做出不懈的努力。

大学生要注重自身的道德建设,使道德情感成为一种自觉行为,以遵守道德为美,反之为丑;以遵守道德为荣,反之为耻。只有这样,道德情感才能顺利地转化为审美情感,审美情感才能与道德行为完美地结合起来,形成健康的审美修养。

塑造美的心灵对大学生的审美修养极为关键。心灵的美与丑直接影响着大学生对各种人事物理的看法,直接影响着大学生的审美观念。大学生在学校读书时,处处可展现自己的心灵美,如刻苦学习、乐于奉献、增长见识、关心集体、帮助同学、乐于吃苦、严于律己等。大学生通过道德实践,为未来的人生大厦打下坚实的基础,使心灵更加美好;通过审美修养,培养高尚的思想和优美的情操,实现语言美和行为美。

人们的审美观念、审美修养不是与生俱来的,而是长期生产和社会实践的产物。培养审美修养,可以在审美想象力和审美感受力方面着手。李白的《秋浦歌》中的"白发三千丈,缘愁似个长"便充分体现了丰富的审美想象力,以"三千丈"来表现"愁"的悠长,淋漓尽致地揭示了诗人的心理状态,极具文学效果。他的《望庐山瀑布》中的"飞流直下三千尺,疑是银河落九天",这里的"三千尺"却是一种澎湃的胸怀。审美领悟力是渗透在审美感知和想象过程中的一种直觉领悟能力。在接触美或丑的事物的过程中,人们可以通过个人的理解和情感倾向,将从中领悟的尚未被人们发现的美发掘出来。例如:日常生活中的普通画面,在马致远手中就可以提炼出"枯藤老树昏鸦,小桥流水人家,古道西风瘦马"的经典美学画面,在李商隐诗中就可以提出"夕阳无限好,只是近黄昏"的人生哲思。

审美想象力和审美感悟力的提高可以通过博文广志和接触自然来实现。丰富的知识不仅是学习和工作的需要,也有助于个人品位与修养的提升。与自然亲密接触,更是使人受益匪浅。美国电学家富兰克林除了在电学方面的造诣,还在气象、地质、化学等方面有着突出贡献。他的诗和散文也令人称赞。究其原因,除了他的努力,还和他与自然的接触分不开。小时候,他吃过晚饭后,总是在林子里面散步,亲近自然。这些在潜移默化中培养了他的审美修养,奠定了他多才多艺的基础。由此可见,开阔大学生的美学理论与艺术知识的视野,并促使他们多亲近自然,是极为必要的。

二、大学生审美修养的提升

人的一生是否幸福快乐,最终取决于他的世界观、人生观和价值观,取决于他为什么活着、怎样活着、活着干什么。大学生不仅要注重审美修养,还要有意识地提升自己的审美修养。换句话说,审美修养的提升不是大学生的选修课,而是大学生受益终身的必修课。那么,大学生该如何提升自己的审美修养呢?

(一)确立奋斗目标

有位名人曾经说过:"兴趣是最好的老师。"的确,有了浓厚的兴趣,我们就有了学习、探索的奋斗目标与无穷动力。从本质上说,提高审美修养,事关大学生一生的成功与幸福,不可等闲视之。

兴趣当然很重要,但与兴趣相对应的奋斗目标往往更为关键。在这里,兴趣主要解决动力问题,目标则要解决方向问题。兴趣可以培养,目标可以调整,这里边的灵活度就很大。

这就好像每个人的饮食习惯各不相同，难怪不同的人拥有各具特色、极难重复的人生了。

因此，在学习《大学美育》这门课程时，我们应当扪心自问：对于《大学美育》，我们是当作一门课程随随便便走个流程，还是作为一生的功课去孜孜不倦地学习？换句话说，我们学习这门课程的目的，究竟是为了"分数"还是为了"修养"？在这方面，我们理应确定自己的奋斗目标，眼光必须放长远一些。很多人的人生失败有很多原因，但关键还是缺乏系统、科学的人生规划。

即使有了自己的人生目标，我们也得学会付出更多的努力和汗水。但前提是，你首先得确立自己的奋斗目标。只有确立了奋斗目标，你才有成功的希望。

(二) 端正人生理念

市场经济的发展，价值观念的更新，使大学生的价值取向趋于多元化。义与利的平衡，个人价值与社会价值的冲突，促使大学生的世界观、人生观、价值观变得异常复杂。如何正确定位人生价值，完善自我？这就需要大学生端正自己的人生理念。

平常我们总听人说某人"三观不正"。在这方面，很多大学生有一个认识误区。在他们看来，确立"三观"是中小学生的事情，即将踏入社会的自己不存在这个问题。其实不然。如果宏观地审视中国的素质教育，我们会发现，不同的阶段有着不同的侧重点。在小学阶段，最关键的是习惯的养成。好习惯受益终生，坏习惯贻误终生。在初中阶段，最关键的是知识的积累。一般教师和家长强调的"多学点知识"就是这个阶段。在高中阶段，最关键的是方法掌握。很多初中的优等生一上高中就成绩退步，究其原因，就是停留于"知识"而忽视了"方法"，自然无法适应繁重的高中学习。在大学阶段，最关键的是思维。在结束求学阶段、进入谋职阶段时，最关键的则是德行的端正。

由此可见，"三观"的改造其实是持续终生的。相对而言，求学阶段比较简单，谋职阶段异常复杂。所以，对于大学生来说，"三观"的改造不仅可能，而且十分迫切。从这个意义上讲，确立正确的人生理念就是大学生的当务之急。具体到审美修养上来说，也是如此。很难想象，一个"三观"不正的人却能具备非凡的审美修养。你连基本的真善美都认识不清，又如何去感知美、欣赏美、创造美呢？

(三) 强化心理素质

如今的大学生心理压力非常大，有的已经处于"亚健康"甚至心理崩溃的边缘。在这种情况下，强化自身的心理素质就成为大学生的必由之路。面对复杂的社会，面对形形色色的人与事，心理脆弱的人不可能拥有理想的人生。

具体到审美修养的问题上，大学生同样需要强化心理素质。我们要培养情趣，积极参与各项有益活动；我们要培养良好的性格，成为严于律己、宽以待人，闻过必究、从善如流的人。毫无疑问，在这个过程中，一个人随时都会遭遇他人的误解、猜疑、讽刺，随时都会遭遇自身的"心流感""心灵感冒"，如果没有强大的心理素质，就根本谈不上什么审美修养。想提升自己的审美修养,与做学问、搞研究一样,都需要付出艰辛的努力,才能一步一步地提升自己的审美修养。

那么,大学生该如何强化自己的心理素质呢?你可以潜心研读心理学方面的专著,可以向不同年龄段中的佼佼者求教,也可以自行设计一些训练。有些人在海边感受大海的博大胸襟,有些人在山巅感受高山的非凡气度,都是极为有益的经验,值得借鉴。当然,强化心理素质绝不是将自己变成冷血动物、无情机器。任何时候,你都要记住三个原则:一是不做伤天害理之事;二是不做违法乱纪之事;三是不做损人毁己之事。

第二节 大学生审美实践

一、什么是审美实践

美,作为一种表现形态,客观地存在于现实生活的各个领域。不论是自然美、艺术美还是社会美,都能引起人们的共鸣、启发人们的智慧,培养气质、陶冶性情、养成品德、美化人生。

审美是审美主体对于客观存在的审美对象在头脑中的一种能动的特殊反映方式,并对该事物是否美的一种情感性的评价和判断。例如:我们听到贝多芬的《英雄交响曲》,胸间自有万马千军在奔腾、疾进,从而激起我们对自己所熟悉的英雄人物的历史功业的向往和崇敬。观一处盛景,听一曲音乐,赏一幅国画,人们会情不自禁地称奇叫好,这是欣赏者情感的自然流露,也是对观赏对象的美的一种主动的肯定性判断。

人的生活时刻离不开美,更离不开审美。如果说一个人缺乏对美的感知,那么,即使是在一幅令人叹为观止的传世之作面前,或是在自然界让人目眩神迷的日落景象面前,或是在生活中无处不有的惊世之美面前,他都会无动于衷,感受不到那种发自心灵深处的震撼。这样的人生无疑是残缺不全的。

苏霍姆林斯基说过:"美是一种心灵的体操——它使我们精神正直,良心纯洁。情感和心念端正,健康积极的审美情趣,有助于形成高尚的道德情操;低劣、庸俗、消极的审美情趣,只能降低乃至败坏人的道德情操。"我们只有注重审美实践、提升审美修养,才能更好地辨别真假、善恶、美丑,才能更好地感知美、欣赏美、创造美。通过审美实践来提升审美修养,是人才基本素质的集中体现,是通向成功之路、幸福之途的阶梯和桥梁,更是大学生开启自我发展、自我完善大门的金钥匙。

二、当代大学生的审美误区

(一)学校审美教育弱化

由于应试教育的影响,从小学开始,许多学校把艺术类科目排除在主要功课之外,当作可有可无的"豆芽科"。由于不计入升学成绩,专业教师得不到重视,年轻的美育教师纷纷改行,转而从事费时少、效益高的工作,艺术教育面临空白,越到高年级越明显。到了大学阶段,艺术教育更是少之又少、弱之又弱,训练大多是为了庆典和节日。学校不重视美育,大学生缺乏美育教育,则不知真假、不识善恶、不辨美丑。奇装异服、流行时尚,大多缺少文化内涵,大学生却趋之若鹜;一些流行歌曲,浮躁轻薄,"追星族"却津津乐道,如痴如醉。这足以证明我国一部分大学生的艺术水准偏低,审美素养欠缺。

(二)校园文化功能单一

很多学校每年都要举办篮球赛、排球赛、文艺汇演等活动,这本身是件好事。但这种校园文化活动形式过于单一,美育功能严重失位。文化活动还没有从"吹拉弹唱型"向"终身学习型"转化。再加上校园周边环境日益复杂化,各种娱乐场所日益增多,相当数量的大学生被吸引过去。他们成天沉迷于其中,不思进取,荒废学业。究其原因,关键还是校园文化功能单一。

(三)新闻媒体舆论误导

近年来,我国新闻业发展迅速。但由于受外来文化的负面影响,有些新闻媒体表现出低俗倾向,部分大学生陷入迷茫与困惑之中。很多大学生对娱乐界的逸闻趣事津津乐道,有的甚至随时关注,成了这方面的"百事通"。娱乐圈成了一些大学生心目中的人生圣殿,他们羡慕那些一夜暴富、挥金如土的人与事。相关调查表明,立志成为科学家、教师、军人的大学生堪称凤毛麟角,很多大学生的真实想法就是出名、当官、挣大钱。毫无疑问,这既与大学生自身的审美实践缺失、审美修养低下有关,也与新闻媒体舆论的误导存在千丝万缕的联系。

三、完善大学生审美实践的基本思路

(一)开设相关课程

大学应增设美育课程。美育是研究人与现实审美关系及其规律的科学,其中美的本质、形态、审美意识、审美过程等是美学的基本研究内容。大学生美育就是通过对大学生进行美的感知、教育与熏陶,进行心灵、行为的教育,使大学生理解什么是美,怎样感知美、欣赏美、创造美。德国诗人席勒在《美育书简》一书中指出,欣赏美的能力和创造美的能力是使人成为理性的、个性完美的人的重要途径。为此,可以在教学中增设美育课程,介绍自然美、社会美、艺术美等各种不同美的特点、分类及欣赏标准。这一课程将有利于促进大学生的全面发展。

大学应开设艺术理论基础与鉴赏课。实践证明,对大学生进行艺术素质教育是非常必要的。它可以帮助大学生树立正确的审美观,提升其审美情趣、文化品位和人文素养,训练其感知美、欣赏美、创造美的能力。事实上,只要课程开设、教师讲解出色,大学生反而是更容易对艺术产生浓厚兴趣的群体。学校可以通过艺术理论基础与鉴赏课这种审美教育形式,设置音乐、舞蹈、绘画、书法、摄影、建筑、园林、雕塑、戏剧、影视、文学等欣赏课程。最简单的方法就是从音乐欣赏课入手,由浅入深地讲解一些音乐专业理论知识并让学生欣赏部分中外名曲,教会大学生鉴赏高雅音乐艺术。同时,教师应突出作品分析,引导大学生从本质上认识艺术、欣赏艺术。在艺术欣赏与实践教育中,大学生的感情在愉悦中得到升华,精神在欢乐中得到陶冶,最终起到净化道德的作用,从低级趣味中脱离,达到一个高尚的人格境界。学校可以利用合唱训练来巩固和提升音乐欣赏课所形成的音乐能力,不仅陶情养性,而且培养了学生合作互助的团队精神;还可以将所学的音乐知识应用于校园文化生活的实践,即登台演讲、演唱、编排、制作音乐节目,学生的校园文化生活也随之活跃起来。

大学在体育课教学中增加健美操和艺术体操课程。健美操是一项融体操、舞蹈、音乐为一体,以身体练习为对象,以塑造外部形态的健、力、美为主要特征,以增进健康、塑造形体、改善心肺功能和提升人体的有氧代谢能力为主要目的的新兴体育运动项目。在音乐伴奏下,人们可以轻松愉快地达到改善身体曲线,使外形更加匀称和谐,体态更加刚健美丽的目的。国家体育总局对全国参与锻炼人群进行的十个最受欢迎的体育锻炼项目的调查结果显示,健美操居于亚军之座。另外,健美操不受场地、器材、季节的限制,方便易行,适合长期坚持。在条件具备的情况下,学校还可以开设艺术体操课程。这对培养大学生高雅的气质,陶冶其情操,增强其审美意识,树立其正确的审美观,都极有助益。

(二) 注重人文教育

要培养审美能力,一个人必须具备一定的人文素质,包括具有一定的知识储备、文化修养及生活阅历等。可是,如今的大学生普遍缺乏文化素养,又如何去谈审美修养?为此,学校必须注重人文素质的教育。如果大学生除了自身的专业,其他一无所知或所知甚少,是不可取的,更是非常危险的。在这方面,大学生既要"博采群芳",又要"一枝独秀"。学校可以加强课堂教学,举办文化素质教育讲座、科普知识竞赛,通过对大学生文学、历史、哲学、艺术等人文社会科学和自然科学方面的教育,提升大学生的文化品位、审美情趣、人文素养和科学素质。对于文科生而言,可以增设一些自然科学方面的教育。而对于理科生,就要多增加一些社会科学方面的教育。同时,人文素质教育要渗透在专业课的教学中,贯穿专业教育始终，使人文素质教育和专业教育交融渗透。教师也要不断提升自身人文素质，了解本民族文化的优长、缺失及发展趋势，营造浓郁的文化氛围，提升大学生的审美素养。

（三）增强师资力量

学校要引进并培养专业教师，美育教学要有配套的基础设施及专项经费支持。当前，美育教育的一个突出的薄弱环节就是师资力量不足。要想妥善解决这个问题，应当明确以下思路：一是招进一批高素质的艺术类大学毕业生或硕士生；二是每年选拔一批本校原有的具备艺术功底的教师，对他们进行专业培训，并提升艺术类教师的学历、学位；三是成立艺术教研室，自行开设本校的艺术类教育课程；四是要有配套的基础设施，建立舞蹈训练厅、画室、健身房、体操房等；五是要有专项经费给予支持；六是利用利益机制和政策导向，使现有艺术师资力量留得住、用得上。

（四）扩大审美视野

充分利用资源，把审美延伸到校外，扩大到整个社会，抓住身边无数的"美"。如美术馆、音乐厅、博物馆以及自然风光、名胜古迹、历史文物、人文景观等，都是大学生开展审美实践的好去处。从中体验美好、体验崇高，升华审美高度，拓宽审美广度，潜移默化地培养大学生感受美、鉴赏美的能力，树立正确的审美观，塑造有趣的灵魂，播下审美理想的种子，诱发创造美的能力，自觉抵制不良文化的影响。积极拥抱科技高速发展下的世界新形势和大趋势，如关注新时代下网络艺术美育开放互动、沉浸体验中的审美特质，"营造全社会共同促进学校美育发展的良好社会氛围"，帮助大学生成长为新时代"内在美"的高素质人才。

思考练习

1. 如何理解大学生的审美修养？
2. 如何提升大学生的审美修养？
3. 如何走出大学生的审美误区？

第二篇　自然美与美育

本篇导读

1. 自然美的基本特征主要有三个,分别是自然性、多面性、变易性。

2. 自然美的形态多种多样。本篇选择"雄""秀""奇""险""幽""旷"六个方面,结合"泰山天下雄""峨眉天下秀""黄山天下奇""华山天下险""青城天下幽""八百里洞庭天下旷"进行对应诠释。

3. 自然审美具有主观性和客观性,其意义主要是健身怡心、生爱向善、返璞归真。

4. 自然美的审美方法主要包括:一是注重自然审美的准备;二是注重自然审美的心境;三是注重自然审美的时空;四是注重自然审美的顺序。

5. 根据人对自然物改造的程度,自然审美分为两种基本类型:一是对未经人类改造的自然物的审美,具体包括天体审美、气象审美、山水审美、生物审美;二是对经受人类改造的自然物的审美。

6. 自然审美的层级主要有两个:一是从悦耳悦目到悦心悦志;二是从至真至善到至美至乐。

第一章　自然美的基本特征

> **学习目标**
>
> **1. 素质层面**
> 懂得要热爱自然,爱护自然。
> **2. 知识层面**
> 认识自然美的自然性、多面性、变易性特征。
> **3. 能力层面**
> 学习欣赏自然美。
> **4. 思政层面**
> 明确自然美不是征服自然而是人与自然的和谐美。

第一节　自然美的自然性

要想构成自然美,必须具备一些先决条件。这里所说的先决条件主要是指自然事物本身的质料、色彩、形状等自然特征。可以毫不夸张地说,离开了这些自然属性,自然美也就成了空中楼阁和镜花水月。

客观世界是时刻都在变化的,而且这种变化遵循一定的规律。人类虽然能在一定程度上影响客观世界,但在本质上说,这种影响还是微乎其微的。因此,所谓的自然美往往是自然形成的美,是不依赖于人类社会而存在的自在之物。人类对自然美的感知、欣赏、认识是完全可以理解的,但如果离开了自然界自身的自然物质属性,就谈不上真正意义上的自然美。

在审美活动中,自然美是与社会美相提并论的,它也是人类不可或缺的审美对象。无论是有机物的自然美,还是无机物的自然美,都能引发人的审美愉悦。在自然界中,宇宙星辰、山川草木、花鸟虫鱼、江河湖海、雨露虹霓、风霜雪雾、云霞雷电、奇峰巨石、园林梯田、牧场草原等都是构成审美对象的自然景物,都属于自然

美的范围。正因为如此,古往今来的无数文人墨客都发自内心地讴歌自然之美。苏轼的"横看成岭侧成峰,远近高低各不同"、韩愈的"天街小雨润如酥,草色遥看近却无"、王维的"明月松间照,清泉石上流"、贺知章的"碧玉妆成一树高,万条垂下绿丝绦"、王之涣的"白日依山尽,黄河入海流"、张志和的"西塞山前白鹭飞,桃花流水鳜鱼肥"等,就生动地勾勒出奇峰峻岭、细雨润物、明月泉流、碧树垂绦、飞鹭鳜鱼等绝佳的自然美景。

  自然美的表现形式是非常直接的,给予人的冲击是非常巨大的。人们在欣赏自然美时,很自然地会忽视其内容,而将审美的注意力集中在形状、色彩、声音、质地等形式上。因此,这些形状、色彩、声音、质地就成为自然美的最重要的成分。判断自然事物究竟美不美,往往是以形式而非内容来进行的。那些公认的自然美的共同点,就是具备比例、对称、和谐、统一等形式上的审美价值。例如,一向为中外游客所称道的杭州西湖、桂林山水、青岛海滨、泰山日出等,都毫无例外地具有超凡脱俗的形式上的审美价值。

  自然美是自然形成的,是天然之美。这与能工巧匠创造的所谓"巧夺天工"的那种美不是一个层次。大自然的鬼斧神工是人力永远无法展现和超越的,这也正是自然美的永恒之处、绝妙之处。

第二节　自然美的多面性

  古代知识分子素以菊花比隐逸,以莲花比君子,以牡丹比富贵。现在的人们看见月亮自然想到团圆,看见太阳想到光明和温暖,看见大海想到人的宽广心胸,看到梅竹想到人的高风亮节。由此可见,古今一理,人同此心。

  自然美不仅具有自然性,而且具有多面性。自然美的这种多面性在客观上为人类提供了异常丰富的审美对象,成为取之不尽的美的素材宝库。

  首先,自然事物具有多个方面的属性,因而会在人们面前呈现出多个方面的美。即使是某一个具体的自然事物,它的形式美的展现也是多个方面的。这就需要人们有一双发现美、欣赏美的眼睛,真正去探寻、感悟不同意味的美,引发、寄寓不同偏好的审美情感。苏轼有两句咏庐山的诗:"横看成岭侧成峰,远近高低各不同。"我们可从中感悟到自然美的多面性。

  其次,自然物与人的关系是非常微妙的,存在各种各样的情形。因此,自然物的美会在一定条件下呈现出不同的样貌。以梅花为例,在不同的诗人的眼里、心中和笔下,它的美是各不相同的。陆游的《卜算子·咏梅》突出了梅花的端庄、华贵,王安石的《梅花》则突出了梅花的清秀、洁白。

  再次,审美主体的文化背景、审美修养直接赋予自然美的多样性。以荷花为例,在中国始终被视为"出淤泥而不染,濯清涟而不妖"的洁身自爱的象征,但在日本却被视为一种忌讳。

  最后,即使处在同一时间和同一境况,由于欣赏者的境遇不同、心绪不同,自然物也会呈现出截然不同的审美效果。

随着社会的发展,自然物作为审美对象,其范围正在日益扩大。如当今的海底、宇宙太空,也已成为人们的审美对象。人们的思维能力也在不断发展,可以更广泛地把自然物的某些形状、色彩、声音、性质等特点和社会生活内容、理想直接或间接地联系起来,也能引起喜悦般的美感。

实际上,大自然的美集中体现了天人合一的和谐美。天人合一体现了最高层次的自然和谐美,也是中国古代宇宙观、人生观的重要体现。各种自然美琳琅满目,无论是蓝天白云、鸟语花香、山清水秀、月朗星稀、雪飞梅红、电闪雷鸣,还是杨柳依依、小溪潺潺、江南水乡、塞北沙漠,堪称千姿百态、美不胜收。

面对自然美,人们很容易拓展审美视野,充分体验审美的多样性和丰富性,进而产生多元化的人生智慧。林深山高、白云生烟的高远之美,闲云野鹤、竹林疏放的雅致之美,小溪潺潺、泉水叮咚的灵动之美,长江黄河、狂涛巨浪的豪壮之美,都能给予人们不同的审美感受,从而净化心灵、陶冶情感、激发智慧。

第三节 自然美的变易性

从总体上看,自然美具有相对的稳定性和持久性。但如果关注特定的时空,就会发现自然美是时时、处处都在发生变化的。即使是同一个自然事物,在不同的时空条件下也会显现出不同的景象。大自然的这种变易性进一步强化了自然美的变易性。

所谓自然美的变易性,是指自然美具有千变万化的特点。这是一种变动的美,而不是一种静止的美。事实上,即使是在同一个时空,只要观赏者的角度有所变化,也会感受到自然美的不同侧面。这也属于广义的自然美的变易性。

自然堪称万物的主宰,它不仅创造了地球上的各种无机物,而且创造了地球上的有机物,尤其是孕育了身为万物之灵的人类。面对渺小的人类,自然始终宽容大度。然而,狂妄自大的人类却试图"征服自然",实在是荒谬。

春夏秋冬四季,都是自然美的体现、爱的体现。从春天的百花齐放,到夏天的绿草如茵,又到秋天的累累硕果,再到冬天的白雪皑皑,自然正是用这种特殊的方式延续着我们的生命。因此,我们必须深刻地认识到,破坏、浪费自然资源就是破坏、浪费我们人类的生命根基。

走进自然,你会发现,海比天蓝。走进自然,你会发现,每一棵树、每一片草,都是那么纯洁。这是一个宁静的世界,也是一个喧闹的世界。欢快的行走在林间小路上,就连风声都会清晰可闻。成千上万种鸟儿栖息在树林里,在自然的怀抱中合唱一首清脆悦耳的大自然的赞歌。小溪舞动着轻灵的步伐,奔向遥远的大海;花儿则姹紫嫣红,争奇斗艳,营造出一个美轮美奂的童话般的梦中花园。

思考练习

1. 古代诗歌中,哪些诗句描写了自然美?
2. 菊花、莲花、梅花、牡丹各有何象征?
3. 对于春夏秋冬这四季,你有什么感悟?

第二章 自然美的重要形态

学习目标

1. **素质层面**
能有意识地在自然美中陶冶情操。
2. **知识层面**
通过举例,了解自然美"雄""秀""奇""险""幽""旷"美的形态。
3. **能力层面**
具备基本的对自然美的感受能力、鉴赏能力。
4. **思政层面**
主动亲近自然、尊重自然,热爱祖国大好河山。

自然美的形态各异:有奇险美,如悬崖峭壁、古树参天、惊涛骇浪、电闪雷鸣;有壮丽美,如辽阔大海、浩瀚沙漠、无边草原、起伏林海;有幽静美,如幽谷溪流、清潭印月、空山鸟鸣、月明星稀;有秀丽美,如花红柳绿、彩蝶翩翩、小溪叮咚、山清水秀……

在这里,我们不妨选择"雄""秀""奇""险""幽""旷"六个方面,去感悟自然美的重要形态。

第一节 自然美的雄

自古以来,泰山就有"泰山天下雄"的美誉。因此,如果想要真切感受自然美的"雄美",就不能不提到泰山之雄。

在中国的名山中,首先被提及的就是五岳,而五岳之中又以古称"岱宗"的泰山为首。泰山位于山东省中部,海拔1545米,东临沧海,西镇大河。泰山一向拥有"五岳独尊,雄镇天下"的美誉,既是华夏文化的一个典型缩影,又是"天人合一"思想的寄托之地。千百年来,无数帝王在泰山盛典登封,无数名人在泰山留言存迹,更不用说那来自五湖四海的如云游客。

1982年,泰山被国务院列为第一批国家重点风景名胜区。1987年,泰山被联合国教科文组织列为世界自然与文化遗产。1992年,泰山荣登全国旅游胜地40佳金榜。时至今日,泰山依然有22处古建筑群保存完好,总建筑面积超过14万平方米。在这22处古建筑群之间,还有12处石坊、6座石桥、7座石亭、1座铜亭和1座铁塔。据统计,泰山刻石超过2200处,泰山已经成为名副其实的"中国摩崖刻石博物馆"。在这里,有中国碑制最早的刻石——泰山秦刻石;有珍贵的汉代张迁碑、衡方碑和晋孙夫人碑;有被誉为"大字鼻祖""榜书之宗"的北齐经石峪刻石;有唐玄宗《纪泰山铭》和唐代双束碑等。

泰山被誉为"活着的世界自然遗产"。泰山百年以上的古树名木超过3万株,其中包括2100年前的汉柏、1300年前的唐槐、500年前的"望人松""五大夫松"、被誉为国宝的600年前的"小六朝松"。整个泰山景区内共有著名山峰12座、崖岭78座、岩洞18处、奇石58块、溪谷12条、潭池瀑布56处、山泉64处。

泰山位于中国陆地的最东方,太阳从这里升起。古人认为,这里是万物交替、初春发生之地。于是,地处东方的泰山便成为中国人心目中的"吉祥之山""神灵之宅"。至于那些自认为受命于天的天子们,更是把泰山视为自身权力的特殊象征。于是,为答谢上苍的"授命"之恩,很多帝王都会到泰山封神祭祀。

据史书记载,商王相土曾在泰山脚下建立东都,周天子则以泰山为界建立齐鲁。传说中,秦汉以前到泰山封神的君王就有72家。在此之后,秦始皇、秦二世、西汉武帝、东汉光武帝、汉章帝、汉安帝、隋文帝、唐高宗、武则天、唐玄宗、宋真宗、清帝康熙、乾隆等,都到泰山封禅致祭,刻石纪功。历代帝王试图借助泰山的神威来进一步巩固自己的统治,这就促使泰山被置于至高无上的神圣地位。与此同时,泰山也成为各种宗教的重要活动场所。

当然,泰山封禅也不是永无止境的。事实上,从明朝朱元璋去掉泰山封号那一刻起,真正意义上的泰山封禅就宣告结束了。这就意味着,泰山不再专属于帝王了,而是回归民间。古往今来,无数文人志士都热衷于攀登泰山,并视之为风雅之事。这些文人志士朝山览胜,赋诗撰文,留下了异常丰富的文化瑰宝。孔子、管仲、司马迁、张衡、诸葛亮、曹植、李白、杜甫、刘禹锡、苏东坡、欧阳修、范仲淹、王世贞、姚鼐、郭沫若等都给后人留下浩如烟海的颂岱诗文,引导后世游人从山神崇拜走向山体审美。孔子有"登泰山而小天下"之叹,杜甫则有"会当凌绝顶,一览众山小"之感。泰山的每一个景点都布满各种题刻,既有诗歌,也有颂文。著名的诗刻有杜甫的《望岳》、苏轼的《题黄茅岗》、苏辙的《题灵岩寺》、于慎行的《登岱六首》、崔应麒的《题晒经石水帘》。

在中国人的心目中,泰山代表着伟岸、高尚、坚毅的形象。司马迁在《报任少卿书》中写道:"人固有一死,或重于泰山,或轻于鸿毛。"毛主席则教导人们:"为人民利益而死,就比泰山还重。"这就将泰山精神与人生意义紧密地联系在一起。

说到泰山之美,不能不提"十八盘"。泰山一向有三个"十八盘"之说,当地还有"紧十八,慢十八,不紧不慢又十八"的顺口溜。仰望泰山,只见南天门立在山谷之间,"十八盘"就像一架长梯,挂在南天门口。正所谓"拔地五千丈,冲霄十八盘",令游客心生畏惧。

从对松山至龙门为"慢十八",共393级石阶,坡度较缓。一路缓步而行,不仅轻松自在,而且能尽情欣赏周围的绝佳景致。

从龙门至升仙坊,共767级石阶,为"不紧不慢又十八"。从这一段开始,游客就会逐渐感觉疲劳。这一段是"十八盘"中最长的,坡度达到50度。游客登山速度明显变慢,每上一个平台,就要休息一下。山道两侧都有铁栏杆扶手,便于游客借力。前方就是升仙坊,这是一个两柱单门式的石坊。这里山势陡峻,上临岱顶,给人咫尺仙境之感,故名"升仙坊"。回视山下,游客顿生腾云驾雾之感。

从升仙坊再到南天门,就是最险要的"紧十八"。对于游客来说,这一段才是整个泰山攀登的最大考验。连接天门的盘道,如天梯倒挂,如银河下泄,沟通了人间与仙境。坡度已高达80度,不到1公里的距离,海拔骤升400米,共有石阶1827级。

南天门又名三天门,位于十八盘的尽头。由下仰视南天门,恰似天上宫阙。南天门创建于1264年,明清多次重修,现代又翻修两次。城门上书写着:"门辟九霄,仰步三天胜迹;阶崇万级,俯临千嶂奇观。"这时,游客回首被自己征服的十八盘,一股壮志豪情油然而生。

第二节 自然美的秀

自古以来,峨眉山就有"峨眉天下秀"的美誉。因此,如果想要真切感受自然美的"秀美",就不能不提到峨眉山之秀。

峨眉山位于四川省乐山市峨眉山市境内,地势陡峭,风景秀丽。最高处是万佛顶,海拔3099米,高出峨眉平原2700多米。《峨眉郡志》云:"云鬟凝翠,鬓黛遥妆,真如蟠首蛾眉,细而长,美而艳也,故名峨眉山。"

峨眉山具有得天独厚的地理位置,集自然风光与佛教文化于一体,被誉为"植物国""动物乐园""地质博物馆""仙山佛国"等。明朝诗人周洪谟咏叹道:"三峨秀色甲天下,何须涉海寻蓬莱。"1996年12月6日,作为中国国家级山岳型风景名胜区的峨眉山被列入《世界自然与文化遗产名录》。

峨眉山是中国"四大佛教名山"之一,为普贤菩萨道场。公元1世纪,佛教传入峨眉山。2000多年来,峨眉山留存了异常丰富的佛教文化遗产,成为具有世界影响的佛教圣地。

峨眉山的主峰叫金顶。在这里,有世界最高的金佛——四面十方普贤;有世界最大的金属建筑群——金殿、银殿、铜殿;有世界最美的自然观景台,可尽情欣赏云海、日出、佛光、圣灯、金殿、金佛六大奇观。《杂华经·佛授记》中说:"震旦国中,峨眉者,山之领袖。"唐代大诗人李白的诗中,也有"蜀国多仙山,峨眉邈难匹"的千古绝唱。

峨眉山由四座大山组成,分别是大峨山、二峨山、三峨山、四峨山。峨眉山常年多雾,始终处在云雾缭绕之中,显得婀娜多姿。峨眉山山势雄伟,气象万千,被誉为"一山有四季,十里不同天"。峨眉山景区由高、中、低三大主题游览区组成,共有寺庙28座,景点分为"传统十景"和"新辟十景"。"传统十景"包括"金顶祥光""象池月夜""九老仙府""洪椿晓雨""白水秋风""双桥清音""大坪霁雪""灵岩叠翠""萝峰晴云""圣积晚钟","新辟十景"包括"金顶金佛""万佛朝宗""小平情缘""清音平湖""幽谷灵猴""第一山亭""摩崖石刻""秀甲瀑布""迎宾石滩""名山起点"。

登临金顶,极目远望,视野宽阔无比:西眺贡嘎山,雪峰皑皑;南望万佛顶,云涛滚滚;北瞰百里平川,大渡河、青衣江尽收眼底。中景区的"清音平湖"代表了峨眉山的自然景观,低景区的第一山亭和美食廊则集中展示了峨眉山的时尚休闲潮流。

峨眉山的金顶有四大奇观,备受古今中外游客的赞叹。

一是日出。清晨五点,站在舍身岩上,只见天边缓缓出现了镶上金边的云层。一会儿,云层中裂开一丝裂缝,透出橙黄色的光芒。云缝越变越大,最终变为橙黄色。接着,红日衬托下的弧形金边越变越大,橙红色的旭日冉冉上升。这时,速度突然加快,恰似打足了气的皮球,猛然跳出地平线,金光四射,就连每个人的脸上都被涂上一层红晕,整个金顶披上了一件神话般的金色彩衣。于是,游客欢呼雀跃,久久不愿离去。

二是云海。在天气晴朗的日子,站在舍身岩前,白云缭绕,四处翻涌。这时,一个个山峰变成了一座座孤岛,只露出青葱的峰巅。云海瞬息万变,有时是"云毯",如絮绵平铺;有时是"云涛",如波涛漫卷;有时是"云峰",如群山簇拥;有时是"云团",如蓬堆聚结;有时是"云洞",如洞窟分割。金顶云海,古称"兜罗绵云"或"兜罗绵世界"。兜罗是梵语,指的是一种树。"兜罗绵"意指此树绽放的花絮。

三是佛光。佛光古称"光相",又称"金顶祥光"。用今天的科学眼光来看,这种佛光应当是日光照射在云层上所产生的衍射现象。每逢雨雪初歇,阳光普照,光映云海。游客立于睹光台上,可见到自己的身影被云面一轮七色光环笼罩,影随身动。最神奇的是,即使是两人并肩而立,也只能看到自己的影子,绝无双影。佛光的大小、色彩、形状不同,称谓也不同:白色无红晕的,称"水光";大如簸箕的,称"辟支光";小如铙钹形的,称"童子光";光稍上映,直东斜移的,称"仙人首"或"仙人掌光";光环如虹的,称"金桥"。

四是圣灯。金顶的夜晚,在舍身岩下的峡谷林莽中,可见一两点如豆的星光,渐次变成千点万点,飘曳腾涌,恰似银河繁星坠落岩谷,"时而散舞,星星点点;时而相聚,网网团团,令人眼花缭乱,心动神摇"。这就是被称作"万盏明灯朝普贤"的"圣灯"。究其成因,说法不一:有人说是磷火;有人说是萤火虫;有人说是附在树枝上的"密环菌"所发的光亮。在峨眉山,观圣灯的习俗由来已久。唐代诗人薛能就写过《峨眉圣灯》:"莽莽空中稍稍灯,坐看迷浊变清澄。须知火尽烟无尽,一夜栏边说向僧。"

峨眉山既是植物王国,又是动物乐园。整个峨眉山景区,植被覆盖率近90%。全山有

5000多种植物,其中高等植物超过3200种,相当于欧洲植物种类的总和,占四川省植物物种的1/3,占中国植物物种总数的1/10。这当中,以"峨眉"为词头的物种就超过100种。峨眉山有所种特别种属:距今1亿多年的孑遗植物——杪椤,这是与恐龙同时代的植物;珙桐,又名鸽子树,远望如群鸽栖树,美国白宫外的珙桐树便是从峨眉山移栽的;洪椿、银杏、连香树等珍稀树种也不少。峨眉山共有2300多种动物,其中珍稀特产物种和以峨眉山为模式产地的有157种,属首批国家级保护的有29种,占全国保护动物总数的12.08%,大熊猫、黑鹳、小熊猫、短尾猴、白鹇鸡、枯叶蝶、弹琴蛙、环毛大蚯蚓等都极为珍稀。尤其是灵猴,不仅憨态可掬,而且极通人性,堪称峨眉山的一道活景观。

第三节 自然美的奇

自古以来,黄山就有"黄山天下奇"的美誉。因此,如果想要真切感受自然美的"奇美",就不能不提到黄山之奇。

作为著名的疗养胜地和避暑胜地,黄山是中国十大风景名胜中唯一的山岳风景区。1985年,黄山入选全国十大风景名胜区。1990年,黄山被联合国教科文组织列入世界文化与自然遗产名录。值得一提的是,黄山是中国第一个进入文化、自然双重遗产名录的世界文化与自然遗产。

作为中国"三山五岳"中的"三山"之一,黄山一向有"五岳归来不看山,黄山归来不看岳""登上黄山,天下无山"等美称。

黄山位于安徽省南部,面积约1200平方公里。其中,核心部分154平方公里。在唐朝之前,黄山被称为"黟山"。所谓"黟",就是黑的样子。之所以取这样一个奇怪的名字,是由于黄山的岩石多呈现青黑色。据说轩辕黄帝在完成中原统一、开创中华文明之后,就来到黄山采药炼丹,最终得道成仙。唐明皇李隆基对此确信不疑,下诏将"黟山"改为"黄山",意为这是黄帝的山。

绝美的黄山堪称天地奇山,能登临黄山自然就成了人生一大乐事。黄山之美,首先就美在它的奇峰。在黄山上,千峰竞秀,各具特色。但是,黄山究竟有多少奇峰,至今还没有一个统一的说法。历史上,黄山有36大峰、36小峰之称。近年来,《黄山志》又收入10座名峰。单就这82座山峰来看,绝大多数的海拔都超过1000米。

黄山中部的莲花峰海拔1864米,是黄山三大主峰中的最高峰,也是华东地区名副其实的第一高峰。莲花峰的特点是主峰突兀、小峰簇拥,俨若莲花绽放。这正是其得名的原因所在。《徐霞客游记》中介绍,莲花峰"居黄山之中,独出诸峰之上……天都亦俯首矣"。在莲花峰的绝顶处,方圆丈余。身临其境,顿感顶天立地。莲花峰上一向有"百步云梯"之说,实际是 200 级台阶。在观景台上,可以欣赏到许多景点,诸如"猪八戒写情书""鳌鱼吃螺蛳""老鼠偷油"等。

黄山东南部的天都峰海拔 1810 米,也是黄山三大主峰之一。天都峰在古时候被称为"群仙所都",意为天上都会,这也是其名称的由来。天都峰气势非凡,雄奇险峭,在黄山群峰中显得最为雄壮。天都峰上奇景很多,如仙桃石、天梯、鱼背及探海松、舞松等。在天都峰的峰壁上,刻有"登峰造极"四个大字。

玉屏峰介于天都、莲花峰之间,海拔 1716 米。玉屏风的峰壁恰似玉雕屏障,"玉屏"之名由此获得。在玉屏峰前,有一块巨大的平台式的石头,左侧是青狮石、迎客松,右侧是白象石、送客松、立雪台。黄山的松树很多,但最珍贵的还是玉屏峰上的迎客松。迎客松至今已有八百年的寿命,枝干长达 7.6 米,恰似一位好客的主人,热情迎接四面八方的游客。毫不夸张地说,迎客松是黄山的象征和名片,更是黄山人的化身和骄傲。

光明顶是黄山第二高峰,海拔 1860 米,仅比莲花峰低 4 米。由于高旷开阔,日照时间长,因而取名"光明顶"。当地就流传着"莲花峰高、光明顶平、天都峰险"的说法。光明顶的特点就是平坦而高旷,置身其间,可尽情欣赏东海奇景、西海群峰,并将天都峰、莲花峰、玉屏峰等尽收眼底。明朝的普门和尚曾在光明顶建造大悲院,如今这个遗址上取而代之的是黄山气象站。

黄山一向以"四绝"(奇松、怪石、云海、温泉)著称于世。

黄山奇松,奇就奇在生命力无比顽强。要知道,黄山松是在坚硬的黄岗岩石里长出来的。黄山到处都有松树,有的在峰顶,有的在悬崖,有的在幽谷,一派生机勃勃的景象。黄山松将自己的根深深地扎进岩石,既不怕贫瘠干旱,也不怕风雷雨雪。黄山奇松,奇就奇在造型奇特。总体而言,黄山松叶色浓绿、枝干曲生、树冠扁平,给人稳健、雄浑之感。但就每一株松树来看,又各具特色,绝不雷同。为此,当地人和游客给很多黄山松取了极有代表的称谓,如"迎客松""黑虎松""卧龙松""龙爪松""探海松""团结松"等。

黄山怪石也堪称黄山一绝。在黄山上,除了到处都有松树之外,到处都有怪石。黄山怪石千奇百怪,有的像人,有的像物,有的甚至再现了某些神话传说中的复杂场景。不仅活灵活现,而且越看越有意思。据说,黄山名石至少有 121 处,其中就包括最著名的"飞来石""仙人下棋""喜鹊登梅""猴子观海""仙人晒靴""蓬莱三岛""金鸡叫天门"等。更令人叹为观止的是,有些怪石因为欣赏角度变化了,其形象与内涵也随之变化。例如,"金鸡叫天门"又叫"五老上天都","喜鹊登梅"又叫"仙人指路",都是典型的一石二景。在这些怪石面前,你才能真正体会到移步换景的奇妙。

黄山云海极为壮观,而且变幻无穷。因此,黄山也被称为"黄海"。明朝史志学家潘之恒为了考察黄山,在黄山上居住了几十年,最终撰写出一部 60 卷的黄山山志《黄海》。事实上,黄山的部分景区、宾馆和景观的命名都带有"海"的踪迹。黄山云海究竟是怎样产生的呢?

原来,黄山山谷偏低,林木繁茂,日照时间短,导致水分不易蒸发,因而湿度大、雾气多。据统计,黄山全年的雾天达到250天。

黄山温泉主要指黄山宾馆温泉。在古时候,黄山温泉被称为汤泉。黄山温泉景区是游客进入黄山南大门后最先接触到的景区。黄山温泉水量充足,水温常年维持在42摄氏度。黄山温泉含有对人体有益的矿物质,医疗价值明显。在黄山北坡叠嶂峰下,有个松谷庵,古称锡泉。这个温泉与山南的宾馆温泉南北对称,遥相呼应。

此外,黄山的日出、晚霞与瀑布都非常奇特。黄山瀑布很多,"九龙瀑""人字瀑""百丈瀑"最为壮观。所谓"山中一夜雨,处处挂飞瀑",正是对黄山瀑布的生动写照。黄山四季分明:春天青峰滴翠,山花烂漫;夏天清凉一片,处处飞瀑;秋天天高气爽,红叶如霞;冬天银装素裹,冰雕玉砌。因此,黄山堪称旅游、避暑、赏雪的绝佳选择。

第四节 自然美的险

自古以来,华山就有"华山天下险"的美誉。因此,如果想要真切感受自然美的"险美",就不能不提到华山之险。

华山又称"太华山",是中国"五岳"中的"西岳"。按照中国古代的五行学说,五大名山对应五行。华山在西方,属金,其形状恰似一个金元宝。之所以叫华山,是因为其山峰自然排列若花状。华山位于陕西省华阴市,南接秦岭,北瞰黄渭,素有"奇险天下第一山"之称。

华山是由花岗岩体构成的,其历史最早可追溯到1.2亿年前。据《山海经》记载:"太华之山,削成而四方,其高五千仞,其广十里,一石也。"整体来看,华山山形简明,恰似刀削斧劈。

毫无疑问,华山也是中华文化的发祥地之一。清朝学者章太炎考证,"中华""华夏"的命名都与华山有关。《尚书》里已有华山的记载,《史记》中也记载了黄帝、尧、舜巡游华山的事迹。事实上,包括秦始皇、汉武帝、武则天、唐玄宗在内的众多帝王都曾在华山进行规模宏大的祭祀活动。

1992年,华山被评为全国风景名胜40佳之一。很多神话故事中都有华山的影子,如"自古华山一条路""华岳仙掌""沉香劈山救母""华山论剑""智取华山"等。

华山四季奇景不断,始终在"云华山""雨华山""雾华山""雪华山"之间转换。春季山花烂漫,正是踏青的好时光。夏季气候凉爽,可尽情观赏日出、瀑布和云海。秋季红叶满山,是登山的最佳去处。冬季白雪皑皑，给人世外仙境之感。

华山拥有东、西、南、北、中五峰。其中，南峰"落雁"、东峰"朝阳"、西峰"莲花"堪称三峰鼎峙，被誉为"天外三峰"。所谓"势飞白云外，影倒黄河里"，就是对"天外三峰"的生动写照。除了"天外三峰"，还有云台、玉女二峰侧列，36小峰虎踞龙盘。

北峰又名云台峰，海拔1550米。云台峰三面悬绝，巍然若云，其形状恰似一座云台。

中峰又名玉女峰。传说春秋时期，华山隐士萧史善吹洞箫。秦穆公之女弄玉爱慕萧史，跟随萧史在华山隐居。后来，两人均得道成仙。由于这个美丽的传说，促使玉女峰多了各种名胜，如玉女洗头盆、舍身树等。

东峰又称朝阳峰。峰顶有个朝阳台，是观日出的绝佳之地。事实上，华山被称为中国九大观日点之一。在朝阳峰上，有一只20多丈的巨掌。在日光照射下，五指如悬图中，这就是位居"关中八景"之首的"华岳仙掌"。在神话传说中，华山和中条山原本是浑然一体的。河神为了给黄河开道，右足蹬开中条山，一掌托起了华山。所以，这"华岳仙掌"就是河神当初留下的指印。

南峰又名落雁峰，是华山最高峰，海拔2160米。北归的大雁每逢飞过华山，都要在此暂时休息。所以，就获得"落雁峰"的称谓。古诗中描写道："唯有天在上，更无山与齐。抬头红日近，俯首白云低。"落雁峰凌空架设了"长空栈道"，十分惊险。那悬岩镌刻的"全真岩"，三面临空。此外，千尺童、百尺峡、擦耳崖、苍龙岭等都异常奇险。"自古华山一条路"，真可谓"一夫当关，万夫莫开"。落雁峰峰顶有"太上泉"，又称"仰天池"，常年池水青绿澄澈。

西峰又称莲花峰。据说，"莲花峰"的得名源于峰顶的一块状如莲花的石头。莲花峰上，最高处有"摘星台"。俯瞰四周，只见蓝天如洗、渭洛如带、黄河如丝。李白登临莲花峰，就写下"西岳峥嵘何壮哉，黄河如丝天际来"的诗句。莲花峰有一块"斧劈石"，裂缝仅有0.66米宽。传说金单玺被玉帝打下凡间，玉帝的小女儿圣母却与他相爱。二郎神杨戬大骂圣母私配凡夫，违反天条，将她压在华山莲花峰的巨石之下。后来，圣母生下儿子沉香。沉香长大后，打败杨戬，劈开巨石，救出母亲。这就是沉香"劈山救母"的神话故事。

华山是道教圣地，被誉为"第四洞天"，陈抟、郝大通、贺元希等道教高人都曾在华山修炼。华山上现存72个半悬空洞、20余座道观，其中玉泉院、东道院、镇岳宫被列为全国重点道教宫观。

华山的人文景观也极为丰富，到处都有各种题字、诗文、石刻。据不完全统计，自隋唐以来，文人墨客留下的诗歌、碑记、游记超过1000篇，摩岩石刻超过1000处。

第五节 自然美的幽

自古以来，青城山就有"青城天下幽"的美誉。因此，如果想要真切感受自然美的"幽美"，就不能不提到青城山之幽。

青城山拥有各种显赫的头衔:不仅是世界文化遗产、全国重点文物保护单位、国家重点风景名胜区、国家 AAAAA 级旅游景区,而且是中国四大道教名山之一、中国五大仙山之一、成都十景之一、"巴蜀文化旅游走廊新地标"。

青城山位于都江堰市,历来是旅游胜地与避暑胜地。距离成都市区 63 公里。青城山是中国道教发源地之一,是名副其实的道教名山。1982 年,青城山成为第一批全国重点风景名胜区。1986 年后,青城山兴建了月城湖及架空索道,开辟了青城后山风景区。在风景区内,不仅有王小波、李顺起义陈列馆与水晶溶洞、神仙洞、白云群洞、翠映湖、五龙沟、红岩等景点,而且有娱乐中心、漂流冲浪、旅游小火车等游乐设施和别墅、度假村、宾馆、会议中心等旅游服务设施。1999 年,青城山与都江堰景区联名申报世界自然文化遗产,得到联合国教科文组织的充分肯定。

关于青城山的名称,至少有两种说法。一是说青城山众峰环列,林木青葱,恰似一座绿色城郭,故名青城山。二是说青城山是神仙居住之地,原名清城山,后来才改为青城山。历史上,张陵就是在青城山创立了天师道。道教倡导返璞归真,完全符合清城仙都的意思。在唐初,清城山曾发生佛道之争,据说最后还请出皇帝来决断。崇信道教的唐玄宗下诏判定:"观还道家,寺依山外。"不过,这里有个插曲,诏书上将"清城山"的"清"字写成了"青"。于是,道教不仅借此机会收回青城山,而且将错就错地将"清城山"改称"青城山"。这件事并非虚构,青城山至今保存的唐碑诏书可以证明。

据科学家考察研究,认定青城山形成于 1.8 亿年前的一次造山运动。当时,山体迅速抬升,遭受强烈挤压。所以,青城山山形千奇百怪,堪称大自然的鬼斧神工。

作为"道家的祖山、俗家的神山",青城山两千多年来得到了充分的保护。毫不夸张地说,道教文化淋漓尽致地体现在青城山的古建筑、古遗址、历史传说、饮食习俗之中。

青城山可分前山与后山。前山是青城山风景名胜区的主体部分,景色优美,古迹众多,景点包括建福宫、天师洞、朝阳洞、祖师殿、上清宫等。后山山雄、林幽、水秀,景点包括金壁天仓、山泉雾潭、白云群洞、天桥奇景等。

青城山的道观亭阁往往取材自然,与山林岩泉浑然一体,符合道教崇尚自然的风格。日出、云海、圣灯是青城山的三大自然奇观。圣灯又称神灯,最佳观测点是上清宫。每逢雨后天晴,夜幕降临后,圣灯亭内便光亮点点,忽生忽灭,灿若星汉。在神话传说中,这是青城山的神仙所点的灯笼,故称圣灯。科学研究表明,这种景象的产生与山中磷氧化燃烧密切相关。

青城之幽历来为文人墨客所推崇。杜甫最早用"幽"来形容青城山,他的《丈人山》这样写道:"自为青城客,不唾青城地。为爱丈人山,丹梯近幽意。"陆游赞叹青城山:"坐观山水气幽清。"近人吴稚晖则认为:"青城在亦雄亦奇亦秀外,而其幽邃曲深,似剑阁、三峡、峨眉皆无逊色。故以天下幽标明青城特点。"这就是"青城天下幽"的来历。

20世纪40年代,国画大师张大千寓居青城山上清宫,自号"青城客"。在这里,他不仅寻幽探胜,而且创作了上千幅佳作。60年代,张大千在巴西圣保罗画出巨幅《青城山全图》。

青城山的平均气温15摄氏度,年均降雨量1300毫米,适宜植物生长。青城山风景区的林木面积达2350公顷,仅木本植物就达110余科、730余种。青城山的银杏是世界上最古老的树种之一,俗称白果树。尤其是青城山天师洞的银杏,传说是张天师亲手种植的,已有1800多年历史,被誉为"天府树王",堪称青城山的镇山之宝。青城山还有大量的珍稀树种,如楠木、唐衫、棕树、珙桐等。青城山的花卉极为丰富,青城幽兰驰名中外。

青城山也是野生动物的天堂,拥有野生动物197科、50多种,包括200余种禽鸟、20余种鱼类及20多种野生两栖动物、爬行动物。其中,大熊猫、金丝猴、青城玉鸦、红嘴相思鸟、杜鹃鸟、娃娃鱼都属于国家级保护动物。

第六节 自然美的旷

自古以来,洞庭湖就有"八百里洞庭天下旷"的美誉。因此,如果想要真切感受自然美的"旷美",就不能不提到八百里洞庭之旷。

在古时候,洞庭湖有多种称谓,诸如"云梦""九江""重湖"等。洞庭湖最大的特点便是湖外有湖、湖中有山。到了春秋战国时期,由于湖中有一座洞庭山,所以称为洞庭湖。所谓"洞庭湖",意为神仙洞府,可见其风光之美。洞庭湖主要位于长江中游荆江南岸,涉及岳阳、汨罗、湘阴、望城、益阳、沅江、汉寿、常德、津市、安乡、南县等。洞庭湖区一般分为"莼湖区"和"四水尾闾区",整个长沙城区属于四水尾闾区。

作为中国第二大淡水湖,洞庭湖总面积约18000平方千米,又有"八百里洞庭湖"的美誉。洪水期间,洞庭湖的容积可达200亿立方米。洞庭湖的南边是湘江、资水、沅水、澧水,北边则通过松滋、太平、藕池、调弦四口与长江相连,宛如一个天然的大水库。

洞庭湖拥有多个国家级风景区,如岳阳楼、君山、杜甫墓、文庙、龙州书院等。洞庭湖最著名的是君山(又名洞庭山),这是一个风景秀丽的孤岛,共有72个大小山峰。每天都有渡轮来往,航程约一个小时。传说在4000年前,舜帝南巡后,未能一同前往的两个妃子娥皇、女英悲伤痛哭,眼泪滴在竹上,变成斑竹。后来,她们死在洞庭山上。二人又称湘妃、湘君。

为了纪念她们,洞庭山就改称君山。君山的古迹包括二妃墓、湘妃庙、飞来钟等。君山的竹子远近闻名,包括斑竹、罗汉竹、紫竹、毛竹等。每年,君山都要举办龙舟节、荷花节和各种水上运动。

洞庭湖是名副其实的鱼米之乡,主要特产包括河蚌、黄鳝、洞庭蟹等。洞庭湖有一个"湖中湖"莲湖,盛产中外驰名的莲中珍品——湘莲。

面对神奇、浩渺的洞庭湖,历代文人骚客都留下了歌咏之词。屈原曾在这里徘徊吟哦,杜甫则倚着栏杆陶醉于洞庭春色。更不用说李白的"将船买酒白云边"、刘禹锡的"遥望洞庭山水翠"、孟浩然的"气蒸云梦泽,波撼岳阳城",将洞庭湖描绘得美轮美奂、气象万千。

洞庭天下水,岳阳天下楼。说到洞庭湖,就不能不提岳阳楼。北宋范仲淹的《岳阳楼记》诞生之后,岳阳楼就成为中国历史和中国文化的一座地标。

"衔远山、吞长江,浩浩荡荡,横无际涯,朝晖夕阴,气象万千。"千百年来,八百里洞庭凭借其恢宏之势被纳入历史的取景框。碧波万顷,沙鸥翱翔,浮光跃金,诗意荡漾,渔舟唱晚,平湖秋月,堪称人间一绝。与几十年前相比,洞庭湖的面积已缩小了一半,但依然是全国第二大淡水湖。

登上巴陵古城墙,穿过"南极潇湘""北通巫峡"的牌坊,雄踞江南三大名楼之冠的岳阳楼就赫然显现。门前有一副楹联,上联写着"洞庭天下水,岳阳天下楼",下联写着"谁为天下士,饮酒楼上头"。

总体而言,岳阳楼具备四大特点。

一是历史悠久。岳阳楼究竟何时创建,目前已不可考。据推断,至少是在公元220年。岳阳楼的前身是三国东吴的"阅军楼",两晋南北朝时被称为"巴陵城楼",初唐时被称为"南楼"。等到诗仙李白为岳阳楼赋诗后,"岳阳楼"的名称便从此确定下来。因此,"岳阳楼"三字是诗仙李白亲自命名的。至于如今的匾额上的"岳阳楼"三字,则由文豪郭沫若先生题写。

二是文物珍贵。在江南三大名楼中,岳阳楼是唯一保持原址、原貌的极具历史、艺术、科学价值的国家级文物。岳阳楼楼高21.35米,其建筑特点可用"四柱、三层、飞檐、盔顶、纯木"来概括。岳阳楼创造了建筑史上的一个奇迹,始终没有使用一砖一瓦,甚至连一颗铁钉都没用。据说当初建楼时,遇到了难以解决的难题。不久,一位老人来到现场,三言两语就轻松地解决了难题。大家正想感谢老人,转眼却不见了老人的踪影,只在地上留下一把"鲁班尺"。所以,当地一直有"鲁班助楼"的传说。岳阳楼设计了"飞檐",既显得灵动,又便于采光,还能节省用料。岳阳楼的屋顶就像古代将军的头盔,建筑界称为"盔顶"。据说,这种建筑方式已基本失传,岳阳楼算是硕果仅存。"盔顶"搭配"飞檐",顿时营造出一种凌空飞跃之感。"盔顶"下设计了蜂窝般的如意斗拱,再配上龙头、凤头、云头纹饰,不仅能起到承重的效果,而且促使整个建筑更加庄重、更加精美。就连岳阳楼的宝顶、脊饰、翘首等构件,都属于陶制精品。可以毫不夸张地说,岳阳楼在美学、力学、建筑学、工艺学等方面均取得了非凡的专业成就。《岳阳楼记》的雕屏共分为12块紫檀木,绿字黑底。当年,滕子京看到范仲淹的《岳阳楼记》后,便请书法家苏子美书写,请雕刻家邵竦雕刻。这楼、记、书法、雕刻浑然一体,堪称"四绝"。很可惜,原版雕刻在宋神宗年间毁于一场大火。后来,清朝书法家张照重新书写,同样成为传世精品。

三是风景独特。与其他地区的景点相比,岳阳楼的独特胜景由江、湖、山、城共同构成。所谓"楼前十分风景好,一分山色九分湖",便是对岳阳楼地理形胜的绝妙赞叹。说到岳阳楼,我们会立刻想到范仲淹的《岳阳楼记》。其实,滕子京的词也写得气度不凡:"湖水连天,天连水,秋来分澄清。君山自是小蓬瀛,气蒸云梦泽,波撼岳阳城。帝子有灵能鼓瑟,凄然依旧伤情。微闻兰芷动芳馨,曲终人不见,江上数峰青。"

四是文化深厚。岳阳楼有一幅木刻雕屏:"昔闻洞庭水,今上岳阳楼。吴楚东南坼,乾坤日夜浮。亲朋无一字,老病有孤舟。戎马关山北,凭轩涕泗流。"这是杜甫的《登岳阳楼》,由毛主席亲自书写。其书法形神兼备、意气飞扬,类似于唐代怀素的狂草。更绝妙的是,雕屏两侧有一副楹联:"水天一色,风月无边。"落款为"长庚李白",正是诗仙李白。同一楼既有诗仙的题字,又有诗圣的诗歌,还有毛主席的真迹,由此可见岳阳楼丰厚的文化底蕴。

思考练习

1. 除了"雄""秀""奇""险""幽""旷",自然美还有哪些重要形态?
2. 在泰山、峨眉、黄山、华山、青城、洞庭中,你最欣赏哪一个的美?
3. 你曾"游"过哪些山、"玩"过哪些水?对哪些山水留下深刻的印象?

第三章 自然美的审美指导

> 🌐 **学习目标**
>
> **1. 素质层面**
> 领悟从悦耳悦目到悦心悦志、从至真至善到至美至乐的自然审美层级,努力提升审美修养。
>
> **2. 知识层面**
> (1)了解自然审美的主观性、客观性。
> (2)知道自然审美的类型。
>
> **3. 能力层面**
> (1)能体会自然美审美的意义。
> (2)掌握自然美审美的方法。
>
> **4. 思政层面**
> 理解自然审美中追求的最高层级,是人格的净化,是"和谐"思想的体现,响应习近平总书记的号召"像对待生命一样对待生态环境"。

第一节 自然美的审美意义

一、自然审美的特点

(一)自然审美的主观性

自然美不是自然物本身客观存在的美,而是人心目中显现的自然物、自然风景的意象世界。自然美是在审美活动中生成的,是人与自然风景的契合。古往今来,人类总能在自然中寻找到精神所需。但是,人们对自然审美价值的研究往往局限于单一层面。如果从整体性的角度分析自然审美价值层次,按照由低到高的顺序,可将其分为生命价值、生存价值、社会文化价值、增生价值四个层次。

自然审美是人类钟情的一种审美活动,很难把审美价值同精神效用完全脱离开来。审美价值以直接超越物质需要为前提,体现为对人的精神的满足。用马克思的话来说:"忧心忡忡的穷人甚至对最美丽的景色都没有什么感觉。贩卖矿物的商人只看到矿物的商业价值,而看不到矿物的美和特性。"审美主体关心的是对象的精神意义,而自然审美带来的正是一种超功利的精神价值。由于审美主体的心理结构、文化背景不同,其内在的审美需求、审美尺度具有极大的差异性和独特性。自然审美价值是一种效应价值,对于价值对象具有极大的选择自由。

(二)自然审美的客观性

自然审美价值也具有客观性。正如一句谚语所说:"没有一种声音比布谷鸟的声音更优美。"在自然审美关系中,欣赏者是客观存在的,审美对象对审美主体的作用和影响也是从客观中获得会心的愉悦。对审美主体需要的满足和审美能力的提升也是客观的,这就确定了审美价值客观性的理论基础。自然审美发生必须以承认对象存在为前提条件,正如空气、处女地、天然草地、野生林等的客观存在与审美价值有关。

不同的主体对相同的审美对象的价值会有不同的感知,这既是自然审美的主观性的表现,也是自然审美客观性的表现。在自然审美活动中,主体心理形成一个审美力场,它以视听触感、运动感、时空感为条件。客观性为审美提供现实基础,自然形象又与感性意识结为一体。当人捕捉到大自然中的光、色、点、线、形、音、性质、特征等可感因素时,这些因素进入人的意识世界。于是,人就产生主体审美愉悦。

二、自然审美的意义

(一)健身怡心

自然审美有益于人的身心健康。费尔巴哈说:"我们在户外和在室内判若两人。狭窄的地方压迫着心和头,宽阔的地方舒展它们。哪里没有活动的广阔空间,哪里便没有对活动的渴望,至少没有真正对活动的渴望。"恩格斯说:"当大自然向我们展示出它的全部壮丽时,纯属个人的病痛和苦恼就会立即融化在周围的壮丽之中。于是,人便获得一种自由的、被解放了的体验,获得非常愉快的解脱。"事实证明,这种来源于自然审美的心灵愉悦对身体的健康也极具促进作用。

(二)生爱向善

观赏自然美,可以生发爱心,引人向善,砥砺品性,陶冶情操。苏霍姆林斯基说:"如果儿童培育玫瑰花是为了欣赏它的美,如果这种劳动的唯一报酬就是对美的享受,就是为了别人的幸福和欢乐而创造这种美——他就不可能成为一个内心邪恶、举止卑劣、恬不知耻、冷酷无情的人。"乌申斯基说:"自然、美丽的城郊,馥郁的山谷,凹凸起伏的原野,蔷薇色的春天和金黄色的秋天,难道不是我们的教师吗?我深信,美丽的风景在青年气质的发展上具有巨大的教育影响。对于教师的影响来说,是很难和它竞争的。"方志敏热爱自然,曾在卧室悬挂自拟自书的对联:"心有三爱,奇书骏马佳山水;园栽四物,青松翠竹白梅兰。"他在就义前写下的《可爱的中国》淋漓尽致地抒发了他由山水之美产生的强烈的爱国主义感情。自然审美可以使心灵净化,情操升华。

(三)返璞归真

自然审美使人获得与大自然亲和、融合的享受与乐趣,和大自然和谐相处,最终达到返璞归真的境界。庄子在《庄子·齐物论》中说:"天地与我并生,万物与我齐一。"清朝画家石涛在《石涛画语录》中说:"山川使予代山川而言也,山川脱胎于予也,予脱胎于山川也……山川与予神遇而迹化也"。

三、中国古典诗歌中的自然美

自然造化之美是我国古典诗歌的重要题材。古往今来,诗人们或即景抒情,或融情于景,或以景衬情,让人们在优美的诗文中领略自然之美。中国古典诗歌描绘的自然美主要有以下四个方面。

(一)壮丽美

大海浩瀚、沙漠无垠、旭日东升、夕阳晚照、天空辽阔、草原青翠,常常令人豪情顿生。岑参在《白雪歌送武判官归京》中写道:"忽如一夜春风来,千树万树梨花开……将军角弓不得控,都护铁衣冷难着。瀚海阑干百丈冰,愁云惨淡万里凝"。他用春花来比喻冬雪的奇特想象,生动地描绘出边塞地区冰封千里、奇寒无比的奇伟风光。王维一向以田园诗见长,其诗作中亦不乏壮阔之景,如《使至塞上》:"大漠孤烟直,长河落日圆。"一"圆"一"直",画面开阔,意境雄浑,又隐约透露丝丝孤寂,令人回味无穷。

(二)幽静美

韦应物最为人称道的是《滁州西涧》:"独怜幽草涧边生,上有黄鹂深树鸣。春潮带雨晚来急,野渡无人舟自横。"这就传神地写出闲适生活的宁静野逸之趣,意境中含有一种冷清寂寞的情思。常建在《题破山寺后禅院》中描绘古寺:"曲径通幽处,禅房花木深。山光悦鸟性,潭影空人心。万籁此俱寂,但余钟磬音。"唯有心境澄明,淡泊世俗功名利禄的人,才能品味出这种极致的幽静之美。幽谷溪流,清潭映月,空山鸟鸣,月朗星稀,浓荫翠色,加上诗人丰厚的人文素养,传导出一种似在"世外桃源"之感,这便是自然界赐予人们的幽静之美。

(三)奇险美

悬崖峭壁、参天古木、惊涛骇浪、雷鸣电闪、瀑布飞流,奇伟险峻,惊心动魄。对此类风光,古诗中常有描绘。如李白的"飞流直下三千尺,疑是银河落九天",盛赞奇伟的庐山瀑布;又以"天门中断楚江开,碧水东流至此回"和"猛风吹倒天门山,白浪高于瓦官阁",讴歌奇伟壮美的长江风光;更以"君不见黄河之水天上来,奔流到海不复还"纵情歌颂黄河。诗人们以奔放的激情和浪漫主义精神描写高大、壮阔、奇伟的自然山水景观,展现了阳刚之美。

(四)秀丽美

西湖是自然界秀丽之美的最好注解。白居易的《钱塘湖春行》中的"乱花渐欲迷人眼,浅草才能没马蹄。最爱湖东行不足,绿杨阴里白沙堤"充分展示了清新可人的西湖早春美景。"水光潋滟晴方好,山色空蒙雨亦奇。欲把西湖比西子,淡妆浓抹总相宜。"在苏轼的笔下,西湖仿佛一位风姿绰约,天生丽质的仙女,令人神往。陶渊明、孟浩然则格外钟情于恬静淡雅的田园生活。绿树青山,色彩异常明丽;村边廓外,境界几多开阔;把酒赏景,心绪何等闲适。在他笔下,没有闹市的喧嚣,没有名利的争斗,没有物欲的浮躁,让人不禁陶醉于秀丽美之中。

由上述诗词可见,古代诗人笔下的大自然或壮丽、或奇险、或幽静、或秀丽的景色给人以多方面的心灵愉悦,具有巨大的感染力量。鉴赏古诗中的自然美,可让我们品尝到以文字和情感烹调的美不胜收的精神饕餮大餐,使人沉醉于感人的艺术境界之中。

四、中国古典散文中的自然美

唐代柳宗元在贬官永州后所撰写的"永州八记",既开创了独立完整的游记散文形式,又开创了游记散文以山水抒写怀抱的一种优良传统。如其首篇《始得西山宴游记》,就在记述作者发现和宴游永州西山的过程中抒发了自己的感受,并遣闷抒怀。作者没有直接写眼中的西山,而是从多角度写登西山所见所感,采用比照映衬手法突出其高峻峭拔之貌。如先写"坐法华西亭,望西山,始指异之",再写登上西山始感高险难测,云天相连。由极目远眺,"凡数州之土壤,皆在衽席之下"衬其高。所见之深山低谷,就像土堆洞口,千里之外的景物犹如近在咫尺,亦衬其高。青云萦绕,云天相连,浑然一体,更衬其高。作者由此写出"然后知是山之特立,不与培为类"的感受。作者由西山的特立之貌,喻自己卓尔不群的人格,表现自己的志高不俗。此时,他仿佛觉得脚下的西山及大自然中的一切与自己完全消融在一起,物我合一。作者还写道:"心凝形释,与万化冥合,然后知吾向之未始游,游于是乎始。"作者全身心投入自然万物,与天地之气相融,泯灭了主客之差异,在物我同一中获得巨大的精神愉悦。记述之中,既流露出被贬失意、抑郁不平的心态,又表现出偶识西山之喜、沉醉之乐,借西山的高峻气势,表现自己高洁的人格,所记山水景物无不融入自己的感情,表露自己的傲世情怀,表现出自然界的山水之美与作者的人格之美相融合的基本特色。

宋代欧阳修的《醉翁亭记》也是寄情山水的名篇。文章先写亭子的远景,从琅琊山落笔,用"蔚然深秀"表现它的外观,又用"水声潺潺""峰回路转"表现它的姿态,使人产生赏心悦目之感。接着写亭的近景,用"翼"作比,有凌空欲飞之意。然后,借释亭名来直抒作者胸臆,道出名句"醉翁之意不在酒,在乎山水之间也,"奠定了全文抒情基调。此句后,从两方面展开:第一,写亭子四周的自然景色,以"乐亦无穷"表现作者纵情山水之意;第二,写滁州官民同乐的情景,极力写出滁州人民怡然自乐和众宾尽欢的情态,并特意塑造了太守醉酒的形象,用这幅生动的画面从侧面显示出政治清明的景象,也表达了作者"与民同乐"的政治理想。作者的欣慰和悲苦都含蓄地蕴藏在风景的描绘和气氛的渲染当中。作者在山水风景的描写和记录里,不声不响地寄寓并抒发了自己的性情,欣慰和悲苦都含蓄地蕴藏在风景的描绘和气氛的渲染当中。

第二节　自然美的审美方法

一、自然美的发现历程

(一) 西方:文艺复兴

瑞士学者布尔哈特在他的名著《意大利文艺复兴时期的文化》中,探讨了"自然美的发现历程"这个问题。他认为,这种欣赏自然美的能力通常是一个长期而复杂的发现的结果,而它的结源是不容易被察觉的,因为它表现在诗歌和绘画中并因此使人意识到以前可能早就有这种模糊的感觉存在。他强调,准确无误地证明自然对于人类精神有深刻影响的还是始于但丁。但丁不仅用一些有力的诗句给我们展示对清晨的新鲜空气和远洋上颤动着的光辉,或者暴风雨袭击下的森林的壮观的真切感受,而且可能是自古以来第一个为了远眺景色而攀登高峰的人。

意大利诗人彼特拉克是文化复兴之父,是第一个人文主义者。他不仅能欣赏自然美,而且能够把画境和大自然的实用价值区别开来。他曾给朋友写信:"我多么希望你能知道我单独自由自在地漫游于山中、林间、溪畔所得到的无比快乐!"给他留下最深印象的是他和他的弟子一起去攀登文图尔斯山的顶峰。那时候,他的沉浮经历连同他的一切痴想都浮上了心头。他打开《圣奥古斯丁忏悔录》,找到这样一段话:"人们到外边,欣赏高山、大海、汹涌的河流和广阔的重洋,以及日月星辰的运行,这时他们会忘掉了自己。"

文艺复兴时期对于自然美的发现不是孤立的,而是和那个时期对于人的发现紧密地联系在一起。

(二) 中国:魏晋风骨

中国人对于自然美的发现也有一个过程。朱光潜说:"中国和西方一样,诗人对于自然的爱好都比较晚。最初的诗偏重于人事,纵使偶尔涉及自然,也不过如最初的画家用山水为人物画的背景,兴趣中心却不在自然本身。"

《诗经》中便有这样的例子。"关关雎鸠,在河之洲"只是作为"窈窕淑女,君子好逑"的陪衬;"兼葭苍苍,白露为霜"只是作为"所谓伊人,在水一方"的陪衬。

中国人对于自然美的发现,最早大概是在魏晋时期。宗白华认为,中国魏晋时期和欧洲的文艺复兴时期相似,是强烈、矛盾、热情的一个时代,是精神大解放的一个时代,其中一个表现就是对自然美的发现。

据《世说新语》记载,东晋画家顾恺之从会稽返回。人问山水之美,顾云:"千岩竞秀,万壑争流,草木蒙笼其上,若云兴霞蔚。"这几句话不正是后来荆浩、关仝、董源、巨然等人的山水画境界的绝妙写照吗?

西晋、刘宋人欣赏山水,由实入虚,即实即虚,超入玄境,如陶渊明的"采菊东篱下,悠然见南山""此中有真意,欲辨已忘言"。晋宋人欣赏自然,"目送归鸿,手挥五弦",颇有超然玄远的意趣。这使中国山水画自始即是一种"意境中的山水"。两晋人以虚灵的胸襟、玄学的意味体会自然,表里澄澈,一片空明,建立了最高的境界的美的意境。王羲之曰:"从山阴道上行,如在镜中游。"其心情朗澄,使山川影映在光明净体中。

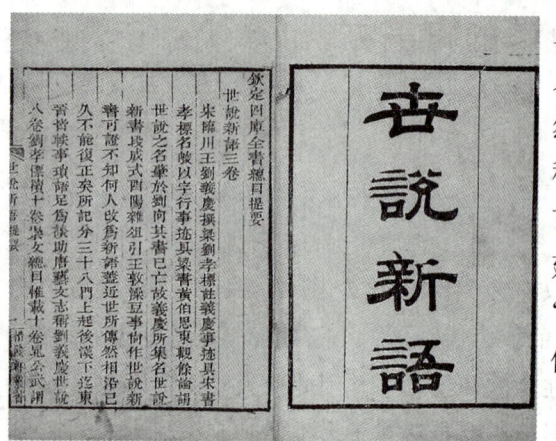

魏晋时代对于自然美的发现,归根结底,是由于那个时代人的精神得到了一种自由和解放。这种精神上的真自由、真解放,促使胸襟像花似的展开,接受宇宙和人生的全景,了解它的真切意义,体会它的深沉境地。

自然美的发现,自然美的欣赏,自然美的生命,离不开人的胸襟,离不开人的心灵,离不开人的精神,最终离不开时代,离不开社会文化环境。在一个特定的文化环境中,山川映入人的胸襟,虚灵化而又情致化,情与景合,境与神会,从而呈现出一个包含新的生命意象世界,这就是自然美。

二、自然美的心理距离

自然美的发现离不开时代和社会文化环境。在现代中国,为什么人们旅游更多地喜欢关注那些原生态的自然景观而不是人文景观呢?这便是受到心理距离的影响了。那么,什么是"心理距离"呢?

"心理距离说"最早是英国心理学家、剑桥大学教授布洛提出来的。布洛认为,在审美活动中,只有当主体和对象之间保持一种恰如其分的"心理距离",对象对于主体才可能是美的。这就是"心理距离说"。

我们举个海雾的例子予以说明。海雾究竟是美的还是不美的?这要看你是谁,站在什么地方。如果你是船长、水手、乘客,正在船上,那么,海雾对于你来说就不是美的,不但不美,而且恐怖。你想,你乘坐的轮船在一片茫然和死寂中飘浮,不知彼岸何在、前途何在,是凶是吉,哪里还会有什么美感?但如果你是在岸上,那海天之间的茫茫大雾,对于你来说就是一个难得的美景和奇观。海岸、礁石、灯塔,都在乳白色的纱幕中若隐若现。朦胧中,一艘轮船缓缓驶来,是不是美妙无比?

那么,为什么你的感受会和船上的人不同呢?为什么那灾难性的海雾对于你来说是美的呢?因为有了距离。所谓"有了距离",不是说你不在雾中,海雾和你隔得老远,不是这个意思,而是说,哪怕海雾近在眼前,它和你也是没有利害关系的。你和它之间只不过是在意识上有了距离,因此叫作"心理距离"。

所谓"心理距离",说白了,就是"超功利"。只不过,我们意识不到超功利,只是觉得有距离。有了距离,我们就可以没有任何心理负担地隔岸观火、雾里看花。实际上,我们之所以能"隔岸观火",就因为隔着岸。如果火都烧到家门口了,你还能袖手旁观吗?

当然,即便是我们自己遭受灾难、痛苦、恐惧、不幸,如能保持距离,也可以把它当作审美对象来对待。你开着车在路上行驶了好长时间,已是疲劳驾驶状态。在似睡非睡之中,突然前方来了一辆车。你在刹那间做出反应,躲闪过去。事后你有点后怕,但又会在脱险之后眉飞色舞地向朋友们述说你的"遇险记"。这是为什么?这是空间距离,那已是过去的事了;这是时间距离,你已不再害怕了。

所以,距离是审美的前提、审美的条件。美丽的事物,或者有点"遥远"(空间距离),或者有点"陌生"(时间距离)。

距离是审美的前提,而距离的丧失也就意味着美感的消失。很多时候,我们认为美的事物,在去掉距离这个前提以后会变得丑陋不堪。

现代中国进入工业化时代,专业的知识与职业将城市人的生活切割得支离破碎,再加上日常生活的空间感与时间感不复存在,生活离我们既不遥远也不陌生,当然难有美感可言。摆脱这种状况最好的方法便是回归自然,旅游便是其中一种选择。旅游使我们从空间上和时间上与平日所处的生活拉开心理距离,美感也就随之产生了。而观赏自然景观与人文景观相比,虽然带来的美感并没有什么高低之分,但在审美能力上人与人之间是有差别的。相较而言,人文景观需要更多的人文背景知识,而这一点是当代人较为缺乏的。于是,自然景观便成为欣赏自然美的最好途径。

三、自然美的审美方法

(一) 注重自然审美的准备

游览风景名胜,最好事先搜寻有关资料,或询问他人,了解审美对象的总体特征、渊源沿革、人文背景、景点分布、游览路线、注意事项等。这样一来,就有事半功倍之效。

要真正进入自然审美的境界,必须独具慧眼,调动自己的审美情绪、审美经验,用自己的眼、耳、身、心去发现和体察对象之美。在这里,我们不妨以衡山与武当山为例,谈谈自然审美的准备工作。

秀冠五岳的衡山,气势磅礴,长啸楚天。它始封于唐虞,从古至今,人文荟萃,自然景观和人文景观交相辉映。要寻觅衡山自然美的神韵和风采,就应对衡山的概貌和发展有所了解。衡山大致有四处胜境。

一是"磨镜台"。衡山磨镜台是唐代禅宗七祖怀让以磨砖作镜,点化佛教洪州宗创始人道一之处,环境幽静,历代名流常在此聚会。抗战期间,周恩来、叶剑英、蒋介石等曾多次来此。

二是"最胜轮塔"。磨镜台右侧山坡有怀让禅师的墓塔,"最胜轮塔"四字为唐代宰相裴休所书。

三是"麻姑仙境"。传说麻姑每年都要来衡山采集灵芝,酿成仙酒为王母娘娘祝寿。此处有一塑像,表现正要飞上天的麻姑,手提酒壶站在绛珠池中的岩石上,身旁是挂着灵芝的仙鹿。此处绿树成荫,泉水淙淙,恍若仙境。

四是祝融峰。祝融峰是衡山72峰的最高峰,海拔1290米。祝融峰高峻雄伟,被列为南岳风光四绝第一。韩愈《游祝融峰》诗云:"祝融万丈拔地起,欲见不见轻烟里。"祝融是神话中的火神,也是主管南方事务的神,故后人把南岳最高峰命名为祝融峰。

又如到武当山游览,便会见到一座山头。表面上看,岩石上布满坑坑洼洼的沟和洞。但如果你独具慧眼,经过联想、想象、加工、创造,就会发现它是一座人面狮身雕像:迎面的岩石因为受风雨侵蚀,成了一张粗犷强悍、饱经风霜的脸,山头茂密的小树是满头的浓发,前面的小山岗是伸出的两条前肢,后面的山岗是巨大的身躯。观赏的时间越长,你得到的意蕴越丰富,情趣越浓厚。有的觉得它闭着双眼正在沉睡,有的觉得它快醒过来了,有的觉得它露出愤懑不平的情绪,有的却觉得它很安详,似乎还带着一丝满足的微笑……

(二)注重自然审美的心境

有无审美态度,是能否进入自然审美活动的关键。我们应专注于对象本身,直接从对象的感性特征的观照中体味同人生相联系的某种情调、意味和精神境界,获得审美享受。自然审美的心境是一种悠然自适的心境。从尘世的烦嚣中解脱出来,优哉游哉,才能最充分地领略自然美。陶渊明不为五斗米折腰,不受官场的羁绊,所以能尽情享受山水田园之美。

(三)注重自然审美的时空

为达到主体和客体相和、情和景相融的最佳境界,自然审美要选择合适的时间和地点。袁宏道的《瓶史·清赏》:"夫赏花有地有时,不得其时而漫然命客者,皆为唐突。"刘禹锡的《浪淘沙》:"八月涛声吼地来,头高数丈触山回。须臾却入海门去,卷起沙堆似雪堆。"

审美距离主要是指自然审美的心理距离,也包括空间距离和时间距离。自然美是三维的、立体的美。从不同角度观赏,就会有不同的审美效果,下面举几个实例。

一是夕阳。一个女子平时并不觉得家乡景色有多美。一次乘船离家,她回首远眺家乡,顿觉湖光山色令人心驰神往,便吟诗道:"侬家住在两湖东,今日忽从江上望,十二珠帘夕照红,始知家在图画中。"

二是黄山奇石。黄山的猴子观海、仙人指路等,近看不过是普通的石头,有一定距离才形成奇特的意象美。

三是万寿山。从北京玉泉山遥望颐和园万寿山,万寿山似乎是一个不起眼的小山头,难觉其美。但从昆明湖东岸眺望万寿山,万寿山便显得高峻雄伟,郁郁葱葱,壮观美丽。

四是雁荡山合掌峰。雁荡山最为奇雄的合掌峰,由高达270米的灵峰和依天峰合成,白天如十字合掌,夜幕降临后,变化多姿。人们在花坛东侧眺望,酷似伉俪偎依,故又名夫妻峰;在灵峰饭店西南侧观赏,则如一对丰满的乳房,又名双乳峰;往前再移几步,却成了凝神远望的苗条少女,人称相思女。再走到灵峰饭店屋檐前,反身仰望,相思女又变为敛翅高蹲的雄鹰。移步换景,美不胜收。

(四)注重自然审美的顺序

自然美有一个充满节律的序列,需要依照一定的顺序,逐一观赏,才悟得自然美的真谛。这就是所谓"游览",也就是动态审美。

观赏自然风光,在动态审美的过程中,有时也需要停下来对一些景点进行静态审美。对花卉、虫鱼一类形体小巧的自然物,更须通过静观品味其美。在这方面,我们从以下诗句中得到相应的感悟。

李白乘船游览长江三峡,写下《早发白帝城》:"朝辞白帝彩云间,千里江陵一日还。两岸猿声啼不住,轻舟已过万重山。"

杜牧光临岳麓山爱晚亭,写下《山行》:"远上寒山石径斜,白云生处有人家。停车坐爱枫林晚,霜叶红于二月花。"

第三节 自然美的审美境界

一、自然审美的类型

根据人对自然物改造的程度,自然审美分为两种基本类型。

(一)对未经人类改造的自然物的审美

这类自然美包括自然中的许多自然现象,如山水、生物、天象、气象等。这类自然美具有明显的自在特点,多以色彩、声音、线条等属性和整齐一律、对称均衡、和谐多样、变化统一等组合规律取悦于人，无明显的人工改造、加工的痕迹。

1. 天体审美

天体是大自然中最富神秘色彩的物象。在茫茫的宇宙中，既有千姿百态的星系，又有如女娲补天、夸父逐日、后羿射日、牛郎织女等美丽的传说。这足以表明，自古及今，天体始终是人们审美活动的重要组成部分，在人们的审美活动中占有重要的地位。

2. 气象审美

气象主要是指发生在天空里的风云雨雪、霜露虹晕、闪电雷鸣等一切大气的物理现象，是构成大自然壮丽景色的要素。

3. 山水审美

山水是大自然最重要的组成部分。我国地大物博，山脉纵横，河流湖泊星罗棋布，海域浩瀚无际。就山来说，如三山五岳等名山，山形各异，景色迥然。其中，桂林山水以山清水秀、石美洞奇而名扬天下。山水风景之美可概括为四类特征。

（1）形象美。风景之美，总是以一定的形式和形象表现出来，形象也是风景美最显著的特征。黑格尔说："美是形象的显现。"自然风景只有以其形象显现出来，审美主体才能感受到它的美。泰山为五岳之首，位于齐鲁平原，与开阔的平地相比，亦显得高大雄伟，被赞为"泰山天下雄"。杜甫《望岳》云："会当凌绝顶，一览众山小。"汉武帝游泰山，赞其"高矣，极矣，大矣，特矣，壮矣。"钱塘江潮，惊涛巨澜，汹涌澎湃，排山倒海，雷霆万钧，声如金鼓。苏东坡描写道："八月十八潮，壮观天下无。"苏东坡的《念奴娇·赤壁怀古》："乱石穿空，惊涛拍岸，卷起千堆雪。"苏东坡的《饮湖上初晴后雨》："水光潋滟晴方好，山色空蒙雨亦奇。欲把西湖比西子，淡妆浓抹总相宜。"

（2）色彩美。自然风景的色彩主要由树木花草、江河湖海、烟岚云霞及阳光、月光构成。其引起的审美感受是欢乐、幸福、振奋、赏心悦目的。风景的色彩的层次、种类极多，如赤、橙、黄、绿、青、蓝、紫等。

（3）动态美。景物飘动、浮动、游动、流动、飞动、波动、滑动，不停地变化，引起人们追逐的兴趣，激发神奇感。

（4）意境美。意境美往往比较模糊，不好确定，难以捕捉，因此，很容易引发幽邃感、神秘感、玄妙感，并带有诗意和禅意。总之，自然之景妙在模糊、美在意境。

4. 生物审美

生物包括动物和植物，是大自然的重要组成部分。花草树木、飞禽走兽、昆虫鱼类等，既赋予自然以美，又使自然充满生机。

（二）对经受人类改造的自然物的审美

这类自然美的突出特征是：通过人类的生产实践活动，直接地、不同程度地改变自然原有的外貌，如承德的避暑山庄、苏州园林、杭州西湖等。

二、自然审美的层级

(一)从悦耳悦目到悦心悦志

1. 感受自然美形式的悦耳悦目

自然审美是从对形式的欣赏开始的,它直接作用于欣赏者的感官,引起生理、心理上的愉悦。这一点特别表现在自然物的声响、形状、色彩引起耳目的愉悦上。对自然美形式的悦耳悦目的感受,是整个自然审美的基础和第一步,表明已经进入审美欣赏活动,但所获得的审美享受和教益主要在感官方面,是肤浅的、模糊的、朦胧的、短暂的,有待继续深化。丘吉尔在《我与绘画的缘分》中分享了自己的审美体会:"当进入审美境界后,人们会惊讶地发现,在自然景色中还有那么多以前从未注意到的东西。山丘的侧面有那么丰富的色彩,在阴影处和阳光下迥然不同;水塘里闪烁着如此耀眼夺目的反光,光波在一层一层地淡下去;表面和边缘那种镀金镶银般的光亮真是美不胜收。"

2. 领悟自然美意蕴的悦心悦志

欣赏者在自然审美时,从某些外表特征和自己的思想情感有某种相似性的自然物上,激产生丰富的想象和情感,找到自己的精神寄托,感受到对自己的理想、信念的肯定,因而产生精神的愉悦。不同的欣赏者对同一自然物的意蕴感受,甚至同一欣赏者每次欣赏同一自然物都会有新的感受、新的领悟。因此,对自然美意蕴的悦心悦志的感受远比对自然美形式的悦耳悦目的感受丰富、深刻,也是无穷尽的。郁达夫说:"自然景物以及山水,对于人生、对于艺术,都有绝大的影响,绝大的威力……欣赏山水以及自然景物的心情,就是欣赏艺术与人生的心情"。华滋沃斯说:"一朵微小的花对于我,可以唤起不能用眼泪表达出的那样深的思想。"茅盾礼赞白杨:"白杨树是不平凡的树,它在西北极普通,不被人重视,就跟北方农民相似;它有极强的生命力,磨折不了,压迫不倒,也跟北方的农民相似。我赞美白杨树,就因为它不但象征了北方的农民,尤其象征了今天我们民族解放斗争中所不可缺少的朴质、坚强,以及力求上进的精神。"同是赏菊,不同的诗人有着不同的感悟。李白说:"可叹东篱菊,茎疏叶且微……当荣君不采,飘落欲何依"? 白居易说:"满园花菊郁金黄,中有孤丛色似霜。还似今朝歌酒席,白头翁入少年场。"黄巢说:"飒飒西风满院栽,蕊寒香冷蝶难来。他年我若为青帝,报与桃花一处开。"

(二)从至真至善到至美至乐

超越物象和自我的至美至乐,是哲人们在长期的自然审美的基础上才能达到的境界,是指通过自然审美超越了物象、超越了自我对世界的哲学思考,达到了心灵与宇宙融为一体。

在自然审美中,欣赏者所获得的审美愉悦已不是常见的悦心悦志的形态,更不仅仅是感官的悦耳悦目,主要是感悟到宇宙、人生哲理的极度愉快,是对生命永恒不朽的精神追求、对自我人格超越的高峰体验。对此,朱光潜的感悟是:"我和物的界限完全消灭,我没入大自然,大自然也没入我。我和大自然打成一气,在一块生展,在一起震颤。"宗白华的感悟是:"……既使心灵和宇宙净化,又使心灵和宇宙深化,使人在超脱的胸襟里体味到宇宙的深境"。黑格尔的感悟是:"大海给了我们茫茫无定、浩浩无际和渺渺无限的观念。人类在大海的无限里感到他自己的无限时,他们就被激起了勇气,要去超越那有限的一切。"孔子的感悟是:"子在川上曰:逝者如斯夫,不舍昼夜!"

习近平总书记在党的十九大报告中指出:"必须树立和践行绿水青山就是金山银山的理念,坚持节约资源和保护环境的基本国策,像对待生命一样对待生态环境。人与自然是生命共同体,生态环境是人赖以生存的天然载体,是实现可持续发展的根本物质保障。"总书记的这段话,既生动形象地揭示了生态环境对于人与自然和谐共生的物质保障功能,也深刻呈现了中国共产党治国理政新理念、新思想、新战略。和谐的生态文明理念形成了当代社会自然审美的新形态,高境界。

思考练习

1. 中国古典诗歌中的自然美有何特色?
2. 西方和中国各是怎样发现自然美的?
3. 你喜欢纯自然美还是人造的美?

第三篇　社会美与美育

本篇导读

1. 社会美的基本类别有三个：一是社会生活之美；二是日常生活之美；三是人的身心之美。

2. 本书在介绍社会生活之美时，重点诠释劳动美、人情美（含爱情美、亲情美、友情美）、民俗美；在日常生活之美中，重点诠释居室美、闲暇美；在人的身心之美中，重点诠释人的外在美（含人体美、仪表美、语言美）、人的内在美（含情感美、意志美、智慧美）。

3. 社会美的主要特征有三个：一是真善兼备性；二是历史发展性（含进步性、时代性、民族性）；三是纷繁复杂性。

4. 本书在剖析社会美的纷繁复杂性时，重点关注教师之美、军人之美、医生之美。如果说教书育人的教师是"人类灵魂的工程师"，那么保家卫国的军人就是"人类和平的捍卫者"，救死扶伤的医生就是"人类健康的守护神"。这三种人极具代表性，他们身上集中体现了社会美的本质内涵。

5. 本书在解读社会美的具体实践时，重点关注躯体美、行为美、心灵美。

6. 关于躯体美，本书介绍了男性躯体美和女性躯体美的主要特点与衡量指数，并提出了影响躯体美的五大因素，即遗传因素、环境因素、心理因素、营养因素、训练因素。

7. 关于行为美，本书选择了礼仪这一独特角度，重点介绍会议礼仪、宴会礼仪、车位礼仪、握手礼仪、名片礼仪。

8. 关于心灵美，本书提供了有关心灵美的定义、境界、真意、箴言及典范（"感动中国人物"）。

第一章　社会美的基本类别

学习目标

1. 素质层面

热爱社会、热爱生活、热爱劳动。

2. 知识层面

(1) 感知和欣赏社会生活之美。

(2) 感知和欣赏日常生活之美。

(3) 感知和欣赏人的身心之美。

3. 能力层面

(1) 学会欣赏社会生活之美。

(2) 学会欣赏日常生活之美。

(3) 学会欣赏身心之美。

4. 思政层面

在学会欣赏社会美的基础上,关注社会、关注时代。

第一节　社会生活之美

一、劳动美

一声春雷惊醒沉睡的大地,春雨淅淅沥沥下了一整晚。习惯了劳动的人们内心总是踏实的,他们不会因为惊雷而翻来覆去。时间一到点,身体里的劳动基因便不自觉地被唤醒。

一年之计在于春,劳动也从春天开始。山头一年又一年换着绿衣,人们奔跑的脚步越来越密集,似乎生怕错过了什么。哦,他们原来是要赶上春的步伐。

一顶草帽,一把锄头,他是农田的守护者。他每天在鸡鸣时起床,扛着锄头、撸起袖子,就这样下地了。多年的经验,他早就有了一套自己的种植方式。他起早贪黑地劳作,等到秋天来了,收获一田的金黄色及满屋子的喜悦。

一杯清茶，一台电脑，他是公司上班的白领。他一整天坐在电脑面前，大脑思如泉涌，目光坚定异常，手指则飞快地敲打着键盘。也许在某一瞬间，灵光一闪，"金点子"就来了，让这一天的时光更有意义。

一根绳索，一顶安全帽，他是工地上的高级技工。他被火辣辣的太阳烘烤，他表现出沉稳安静，没有话语，低头专注地看着手中的活儿，翻来覆去，隔着手套的双手被摩擦得刺痛。这时，一滴装满诸多隐忍的汗水沿着鼻尖掉落下来，汗水隐隐约约显现出阳光折射出的小彩虹。

形形色色，辛勤劳动是亘古不变的优美旋律……

劳动是人类社会进步的根本动力，人类从原始时代就开始不断劳动，从而发现自然的规律，世界因此变得多彩。进入蒸汽时代后，劳动形式发生了翻天覆地的变化，人力密集的劳动渐渐由机械化替代，人的劳动价值上升到一个新的高度。20世纪50年代，中国大型水电建设兴起，广大劳动人民肩扛沙袋、手拿铲子，拼接成水电事业发展的开始。现在的中国已成为世界水电行业中的佼佼者。凭借劳动，中国人打造出属于自己的"国家名片"。

要实现人世间的美好理想，就离不开诚实劳动。借助劳动，我们能找回本初的自己；借助劳动，我们能化解所有的难题；借助劳动，我们能感悟生活的意义和生命的价值。这便是劳动之美。

只有劳动，才能创造出人生价值的钻石，并使之越发灿烂，绽放出让人向往的无穷魅力。一个个劳动的身影终会浓缩成为历史的光圈。他们所创造的物质财富和精神财富都成为中华文明的根基。

劳动美是社会生活美的最基本的内容。劳动创造了世界，也创造了人自身，同时还创造了美。为什么说劳动创造美？道理很简单，劳动本身就是最美的。离开了劳动，我们的衣、食、住、行都将化为乌有；离开了劳动，就不可能创造出真正意义上的价值。正因为这样，我们才能形成"劳动最光荣，劳动最崇高，劳动最伟大，劳动最美丽"的理念与结论。

崇尚劳动、尊重劳动，更要正确地付出劳动、从事劳动。以诚为先、以诚为重、以诚为美，这才是劳动应有之义。实际上，每一个人都是劳动者，都应当为了国家与社会、为了家庭与自己，在各自的劳动岗位上，奉献自己的汗水、心血与智慧，诠释劳动之美，实现劳动之梦。

二、人情美

（一）爱情美

爱情就像醇厚的烈酒，辛辣、纯粹，带着一丝执着；又恰似沙漠中的绿洲，透露着狂喜，就这样闯入人久旱的心田。

对于爱情,不同的人有着不同的见解。有人认为,爱情好比瞬间闪烁的火花,既热烈、明亮,又转瞬即逝。也有人说,爱情是天上皎洁月光,自始至终都在抚慰着我们的脆弱心灵。前者可以算是"瞬间说",后者可以算是"永恒说"。事实上,这两种看似对立的说法各有道理。

主张"爱情之美在于瞬间"的人认为,相爱的两个人无法预测感情是否永恒,真正带给他们快乐的是无数个怦然心动的瞬间。人们羡慕爱情的永恒美好,但亲历者却是在被爱情打动的瞬间才有永恒的念头。爱情无论是轰轰烈烈还是细水长流,无论是惊天动地还是云淡风轻,一定是在相互依存和坚守下的一种情感互动。两个人可以一起唱歌、一起散步、一起拍照、一起旅行。在平凡的生活中,两个人一起分享快乐的瞬间。相聚时,恋人们互吐衷肠,分离时魂牵梦萦,彼此吸引,彼此欣赏。正是因为有了这些美好的瞬间,恋人们才会期待永远在一起,于是便有了"两情若是久长时,又岂在朝朝暮暮""愿得一人心,白首不相离""生死契阔,与子成说。执子之手,与子偕老"这样的美好期待。而对于那些最后没走到一起的恋人,瞬间的美好将让他们更加珍视回忆。首先,瞬间因为短暂而更让人珍惜,因为珍惜而更美。当爱情经受不住现实的打击而夭折时,曾经的恋人便会回忆起相爱的点点滴滴。金城武的凤梨罐头是爱情,藤井树的借书卡是爱情,爱德华剪出的飘雪的圣诞节是爱情,莱昂种活的不懂法语的兰花是爱情。甚至可以说,就连一个眼神与一场对话、一支香烟与一杯红酒、一次握手与一次亲吻,都是爱情的表现。我们见过太多的悲情故事:巴黎圣母院里的爱斯梅哈尔达和撞钟人,安徒生童话里的美人鱼和王子,中国民间传说里的梁山伯和祝英台,莎士比亚笔下的罗密欧和朱丽叶,泰坦尼克号的杰克和露丝。他们的爱情没有一个圆满的结局,却仍然被后人传颂和羡慕,因为他们的爱情早已定格在一个瞬间,让人们对忠贞的爱产生无限的向往。这就好比人们认为断臂的维纳斯增添了一份独有的残缺美。爱情如何,如人饮水,冷暖自知。

主张"爱情之美在于永恒"的人则有不同的看法。他们认为,首先,没有经历沉淀的感情谈不上珍贵。事实上,我们都生活在三维空间,包括爱情在内的所有事物的发展都离不开时间这一基础。换句话说,离开了时间的积累,所谓的爱情就很可能虚假不实。很多时候,我们都会羡慕老大爷与老大妈手牵手去买菜或看夕阳。但仔细研究一下会发现,真正令我们感动的并不是眼前这一幕,而是这一幕背后的数十年的相濡以沫的真爱场景。这才是爱情的珍贵所在。其次,爱情的经历会对人产生深远的影响,会在我们的血肉中、灵魂中烙下深深的印记。即使你更新、提升、优化了自己的爱情观,这也同样证明了爱情之美的永恒性。所谓爱情的永恒,就是指爱情的经历会永久地沉淀在你的心府与脑海里,与你的思想境界、人生长度融为一体。最后,在爱情之美中,道德的影响是显而易见的,而且历久弥新。我们都承认,爱情是专一的。事实上,这种专一性就是爱情中最基本的道德准则,充分体现出爱情的永恒性。

无论是"瞬间说"还是"永恒说",其实都在某种程度上揭示了爱情的某一个侧面。实际上,这也正是爱情美的非凡魅力。无论你偏向于哪一种观点,关键是要保持积极的心态,以便从中汲取生存、发展与完善的勇气。

(二)亲情美

大千世界,无奇不有:既有美丽的鲜花,也有美妙的音乐,更有美好的亲情。亲情如雨,洗刷烦躁,留存清凉;亲情似风,吹走忧愁,增进愉悦。亲情就像空中的太阳,驱散无边的黑暗,带来灿烂的光明。

亲情好比一把吉他,时刻拨动我们的心弦;亲情好比一挂藤萝,永远牵引着离家的我们的双手;亲情好比一串钥匙,打开我们忧郁的心窗。亲情无处不在,既在眉眼顾盼间,也在欢声笑语中。

亲情是人类永恒的主题,每一个人都离不开博大的亲情。古往今来,亲情被人们赞叹,被人们惦念。"慈母手中线,游子身上衣。临行密密缝,意恐迟迟归。谁言寸草心,报得三春晖。"唐朝诗人孟郊的《游子吟》就是母爱的典型代表。

如果说家是我们幸福的港湾,那么亲情就是家中的一间小屋。在这里,有一碗水滋润我们干渴的灵魂,有一袋米填饱我们饥饿的肠胃,有一张床抚慰我们莫名的忧伤,有一盆花、一幅画、一首诗寄托着亲人的叮咛与嘱托……这就是亲情。

亲情无比深沉,也无比伟大;亲情无比温暖,也无比感人。生活中,我们享受着亲情,正如享受着阳光与空气。让我们时时刻刻保持这一颗感恩的心,让亲情之美演绎得淋漓尽致。

(三)友情美

友情就像雨中的小伞,为我们撑起一方天空;友情就像雪中的热茶,为我们驱散无边寒意;友情就像雾中的明灯,为我们指示前行的道路……漫漫人生路,若有幸拥有真挚的友情,生命亦觉无憾。

大千世界,红尘滚滚。在无数的风雨雷电中,所有的成败得失、欢喜忧伤都会随着时间的流逝而化为乌有。唯有友情,恰似陈年老酒,历久弥香。可以说,友情是一种最纯洁、最高尚、最质朴的感情,也是最浪漫、最永恒、最动人的感情。

小时候,友情就是一个玩伴,哭哭笑笑中尽显天真。肆无忌惮地吵架之后,转眼又会携手言欢。那时的友情恰似甜甜的饴糖,每次回忆起来都会感受到那份醇香。长大后,友情就是一杯浓酒。伤心时不必暗自神伤,自有朋友听你倾诉、伴你宣泄。正是有了朋友的鼓励,你才能在哪里跌倒就在哪里爬起来。在成长的岁月中,我们的友情地久天长。友情是一汪清泉,将我们的喜悦、我们的烦恼化为一条奔腾不息的河,在我们的生命里潺潺而流。友情是一缕轻风,将我们的心曲、我们的祝福变成一幅璀璨无尽的画,在我们的生命里熠熠发光。友情又像一杯浓浓的咖啡,渗透着成熟后的香醇与苦涩,是愚人节的善意玩笑,是生日时的"永远快乐"!顺境中,我们结识了更多的朋友;逆境中,我们了解到朋友的珍贵。友情犹如夏日的雨露、冬日的暖阳,滋润我们的心田,融化我们的隔阂。

三、民俗美

所谓民俗,是指一个地区的人在某一段历史时期所选择的相对固定的生活方式。俗话说:"十里不同风,百里不同俗。"又说:"相沿成风,相染成俗。"当这种民俗显示出某种审美价值时,就可以称之为风情。在民俗风情里,蕴含着人生的画卷、社会的图景,伴随着酸甜苦辣、喜怒哀乐,进而成为重要的审美领域。

就国外而言,德国的莱茵河、法国的塞纳河堪称民俗风情的著名景区。就国内而言,北京的天桥、南京的夫子庙、上海的城隍庙、苏州的观前街、杭州的西湖一向是民俗风情区的典型。在这里,我们不妨以老北京为例,感受一下民俗之美。

(一)天桥

北京的天桥简直就是一个五花八门样样俱全的小社会,汇集了戏园子、游乐场和酒馆、茶馆、小吃摊点、百货摊棚。天桥的历史由来已久,其兴旺可追溯到清朝末年、民国初年。天桥的戏剧、曲艺既有京戏、河北梆子、评戏、木偶戏、皮影戏,又有评书、相声、鼓书、北京竹板书、单弦、数来宝等;杂耍既有耍中幡、车技、硬功、钻刀、火圈、吞宝剑、上刀山,又有马戏、空中秋千、大型古彩戏法、魔术等。在饮食方面,天桥的小吃无疑是北京小吃的大聚会,包括油条、爆肚、豆汁等一百多种。还有各种你想得到或想不到的营生。

(二)胡同

北京的特点之一就是胡同极多,而且胡同的名字非常独特,诸如杏花天胡同、花枝胡同、菊儿胡同、月光胡同、雨儿胡同、蓑衣胡同、帽儿胡同、茶叶胡同、烧酒胡同、干面胡同、羊肉胡同、茄子胡同、豆芽菜胡同、烧饼胡同、麻花胡同、一溜儿胡同、半截胡同。显而易见,从这些胡同的名字中,我们就能了解到平民百姓的生活习惯。有些胡同还有不同的气味,呈现出不一样的风情。例如,钱粮胡同有大白菜的气味,帽儿胡同有冰糖葫芦的气味,轿子胡同有豆汁叶的气味。

(三)庙会

逛庙会是北京人的传统乐趣。早在 1930 年,就有一个不完全的统计,当时北京城的城区拥有庙会 20 处,郊区拥有庙会 16 处。其中,最有名的是白塔寺、护国寺、隆福寺、雍和宫、厂甸等八大庙会。庙会里应有尽有,以卖各种小吃的居多,此外还有卖花鸟、唱大鼓、拉洋片的。庙会的特殊之处在于:庙会的内容与老百姓的日常生活密切相关,但又暂时与日常生活相分离。于是,逛庙会就成为一种超出日常生活的特殊游乐,男女老少都乐在其中。

(四)吆喝声

北京胡同的吆喝声是非常有名的,很容易让人联想到那些已经逝去的岁月。首先,一年四季的吆喝声各不相同。春天的吆喝声是:"哎嗨!大小哎,小金鱼嘞!"夏天的吆喝声是:"一兜水的哎嗨大蜜桃!"秋天的吆喝声是:"大山里红啊,还两挂!"冬天的吆喝声是:"萝卜赛梨哎,辣了换。"其次,一天之中的吆喝声也各具特色。清早的吆喝声是:"热的嘞,大油炸鬼,芝麻酱的烧饼!"晚上的吆喝声是:"金橘儿哎,青果哎,开口胃哎!"半夜的吆喝声是:"硬面,饽哎饽。馄饨喂,开锅啊。"也有一些人,他们不喜欢吆喝,而是代之以各种器具的响声。只要听到这些特殊的声音,人们就知道是谁来了。据说,曾有人专门整理记录了北京城的368种吆喝声。北京城的吆喝堪称一首绝妙的生活之歌,既能给予人们心灵的慰藉,又能展现出非凡的审美意味。

在民俗风情中,节庆狂欢活动值得我们高度关注。从某种意义上说,这些节庆狂欢活动超越了人们的日常生活,既不受日常生活的束缚,又摒弃了功利主义和实用主义。在节庆狂欢活动中,人与人互相尊重,和谐相处。在这个时候,人会真切地感受到自己作为人的存在,会真切体验到人与世界融为一体的审美体验。除了庙会,还有西藏的佛诞日与浴佛节、伊斯兰世界的古尔邦节、蒙古族的那达慕大会、彝族的火把节、壮族的"三月三"、傣族的泼水节、汉族的春节等,都属于超越日常生活的节庆活动,都充分展示了社会生活之美。

第二节 日常生活之美

一、居室美

何为居室之美?所谓居室之美,美就美在居室的独特个性。金碧辉煌是一种居室美,清淡婉约也是一种居室美;纷繁复杂是一种居室美,精简简朴也是一种居室美。事实上,只要能充分体现主人的审美品位,淡妆浓抹都会恰到好处。有些人喜欢现代的风格,有些人追求古代的神韵;有些人崇尚中国元素,有些人选取欧美特质。中西合璧,古今融通,都是一种居室之美。居室不求宏大,而注重情调;居室不求豪华,而讲究品位。既然居室是为人而筑、为人而饰,自然就应以人为本。人心就是文化,人心就是审美。

居室之美,美在贴近自然。如果居室与自然完全隔绝,就会导致身态封闭、心态凝滞。当然,身处钢筋水泥的城市之中,居室要想贴近自然,确实存在一定的难度。如何将自己的居室与自然巧妙地连接起来?如果你的居室开窗就能看见山林日月,就能闻听流水鸟鸣,你自然会心旷神怡。但如果你的居室原本就极为封闭,又当如何调整呢?真正聪明而有情趣的人,都善于采用独特的方式将自然移植到居室之中。有一位作家居住在一间没有窗户的小屋里,身处其间,几乎不知昼夜更替。他的一个朋友来访,痛感居室的幽暗和窄小,便决定为他开一扇窗。作家以为朋友在开玩笑,因为四周都是邻居,如何开窗?几天后,朋友送给作家一幅油画,贴在了墙壁上。只见油画中,天高地远,山清水秀。有了这幅油画,仿佛多了一扇天窗,顿时满室生辉。这就是以画代窗的妙法。当然,你也可以养花植草。小屋里有了几盆花草点缀,便会油然产生一种春意融融的感觉。

居室之美,其精髓应是人性之美。

除了整体的居室之美,局部的居室之美也很关键。例如:居室内的收纳就能进一步升级你的居室之美。

从某种意义上说,收纳是居室设计的关键要素。收纳设计不好,居室就会显得凌乱不堪。之所以这样看重收纳设计,有两方面的原因。第一,这是衣食起居的现实需要。第二,对于面积偏小的居室来说,简直是寸土寸金。然而,收纳不仅蕴含了"精要主义"等生命哲学,还在打磨着一个人对于空间风格、器物选品、色彩融合、陈列搭配等诸多方面的审美力。

在众多的收纳风格中,最流行和实用的主要有以下三种风格。

一是沉稳中带点淡泊。这种收纳风格的美学特点是追求极致和自然、简约、可持续,是非常受欢迎的收纳方式。这种收纳方式遵循"7∶2.5∶0.5"的黄金配色原则。简单来说,就是:一个空间内要有三种类型的配色,其比例依次为7∶2.5∶0.5。这个原则也可以运用在收纳工具的搭配上。为了真正营造出这种收纳风格,就要选择那些简约的收纳工具。要想为居室注入清新之感,选择藤编收纳工具是非常必要的。不仅取用方便,而且能够大大节省时间和空间。

二是随性又利落。这种收纳风格的最大特点就是硬朗、随性,没有过多的装饰,在陈列时也无须刻意讲求秩序。这种收纳风格以金属质感为美,对家装风格的包容性很强。在这种风格中,连收纳箱子都给人一种硬朗、冷峻的感觉。你甚至不用在意收纳箱的新旧,哪怕它锈迹斑斑;也不用担心色彩,金属光泽本身就具有很好的色调冷暖平衡能力。一些混搭的小碰撞反而给予更新潮、更有看点的感觉。

三是内敛中有点小清新。这种收纳风格注重简洁,崇尚"极简主义""简约主义"。人与自然、社会、环境的相处,特别强调环保与可持续。在这种收纳特色里,颜色组合更加多样。在设计语言上,装饰性元素主要以简约的线条、色块为主,明显区别于古典风格中对于图案、花纹纹路的追求。在收纳器具的材质方面,这种风格讲求保留器物的原始质感,如木材、石材、玻璃、铁艺等,反对浮夸的物质炫耀,在简约中体现出优雅的内敛精致。

一种审美风格的形成,往往是时间、文化、地域、思想综合发酵的产物。回归到日常的生活细节,不同的喜好、不同的选择、对美的不同理解,都可能在此基础上,碰撞衍化出专属每个人自己的居室之美。

二、闲暇美

闲暇是生命的自由空间。闲暇与工作是相对的,没有辛苦的劳作,也就没有悠闲的休息。如果工作时的状态如热烈奔放的玫瑰,那么自由自在的闲暇时光便如清新淡雅的空谷幽兰。在这个竞争激烈的时代,人们承受着工作的压力,追逐着遥远的梦想,把全部生命耗费在学问、名利或金钱的积累上,大家追求生如夏花的灿烂,却忘记了静如秋叶的纯美。

工作学是美丽的,那是因为在工作中,我们实现个人的价值,体味成功的滋味。只有认真地工作了,悠闲的休息时光才是甜蜜而令人向往的。并不是只有躺在床上才叫休息,早春踏青,盛夏听雨,深秋登高,隆冬观雪,自然的美景同样可以愉悦身心;一篇美文,一盏清茶,与文字相亲,俗世的杂务似乎远去;一瓶红酒,几碟小菜,与友人围炉夜话,倾心交谈中暖意融融;与父母谈心,与孩子游戏,家是最令人放松的温馨港湾。不要因为忙碌,让无暇修整的心灵长出荒草,应用美丽的休息日,把它变成充满生机与活力的花香满径。

提醒人们休息,并不是赞同整日游手好闲、无所事事。大家要时常留出一点闲暇,沉淀繁忙嘈杂的思绪,享受生命中的温情。即使你在为生计而奔波,也不要忘记家中为你牵挂的父母,给父母一个灿烂的笑脸,你的平安健康是父母最大的安慰;即使你在职场上春风得意,也不要忽略家中为你守候的爱人,和她牵手夕阳下散步,共同做一顿可口的晚餐,轰轰烈烈的爱情固然让人心跳,一菜一蔬中的婚姻才是浪漫而长久的;即使你有千百个理由,也不要忘记留一个星期天给自己,张开双臂,尽情享受自然的阳光雨露。无论你的职业如何,无论你的地位高低,只要有一颗感恩的心,就会享受风的轻盈、雨的诗意、树的希望、花的美丽。

在休息的过程中,调节身心,享受生活之美,面对竞争时,就会有更平和的心态和更充沛的精力。全心全意地工作,潇潇洒洒地休息,真心真意地生活,才是一个现代人的明智选择。

每到周末,你不妨彻底放下繁杂的工作,暂时进入一种特殊的休闲时光。你可以泡一杯茶或一杯咖啡,选择一本自己喜欢的书,惬意地坐在转椅上,尽情享受茶的清香或咖啡的浓香,在淡淡的书香中体验生命的醇香。

你可以放一曲自己喜欢的歌,沉浸其中,与音乐的旋律融为一体,尽情感受那阳光般的煦暖、清风般的舞蹈凉爽。

现在,人们都在关注闲暇文化。要想了解闲暇文化,首先要了解闲暇。实际上,"闲暇"就是一个人在休闲时间内所选择的放松方式,而"闲暇文化"则是在休闲活动中产生的文化形态。由此可见,闲暇文化体现在闲暇活动上,而闲暇活动则取决于闲暇时间。离开了必要的闲暇时间,闲暇就无从谈起,闲暇文化更是空中楼阁。

那么,闲暇是如何产生的呢?与什么相关的呢?应该说,闲暇方式并非在现代社会才出现。

在中国古代,道家说中已闪现着闲暇的影子。例如,庄子所崇尚的"逍遥游"就类似于闲暇时的精神状态。在西方的古希腊时代,不从事生产的苏格拉底就拥有很多闲暇时光,以此关注真理、完善灵魂。在庄子和苏格拉底看似闲暇的一生中,他们已经为人类留下了众多智慧的结晶。

在亚里士多德看来,那些有闲暇的地方最容易出现真正的科学。事实上,亚里士多德本人就常常和学生散步、聊天,涉及的却是异常深奥的哲学问题。在这方面,我国的孔子也有类似的与学生畅所欲言,共探真理与智慧的生动场景。

就本质而言,闲暇的最大价值就是有效提升每个人的精神世界。可以说,人类的最古老的梦想之一就是拥有闲暇。一旦拥有闲暇,就意味着我们能从永无止境的艰苦劳作中超脱出来,就意味着我们能够自由地选择自己喜欢的事情去做,就意味着我们能够在各种社会环境中自由自在地生存。

但是,在相当长的历史时期,尤其在近代工业社会以前,真正拥有闲暇生活的中国人只是极少数,而且多半属于社会的上层。那些社会的中下层则迫于生存与生活的压力,根本谈不上闲暇,更不可能去追求生活的品质。于是,极少数人成为"有闲阶级",绝大多数人只能望"闲"兴叹。

作为传统农业大国,中国人几千年来都过着"日出而作,日落而息"的生活。对于中国人来说,土地是无法搬动的生产资料,因而人们只能成为土地的奴隶。由于人身失去自由,那时候的劳动者完全没有属于自己的闲暇时间,就更谈不上闲暇活动了。

工业革命来临之后,大量的剩余劳动力被解放出来,从农村进入城市。这时候,人所依附的不再是土地,而是货币。于是,闲暇时间逐渐增加。

伴随着科学技术的迅猛发展,电脑与互联网得到普遍应用,人类社会开始进入知识社会。与此相呼应,人们的工作时间、工作地点、工作方式更加灵活,闲暇时间也因此大量增加。这就意味着,与其说人们依赖于物质存在,不如说人们更依赖于知识存在。显而易见,这是人类社会的巨大进步。

通过以上的分析,我们知道了闲暇时间的增加是怎样获得的。接下来的问题是,面对大量增加的闲暇时间,我们应该如何利用呢?

所谓闲暇文化,最核心的就是"玩"。这里所说的"玩"广义的、宽泛的、自由的,有点类似于小孩子的那种自得其乐、乐在其中的无功利目的的玩。事实上,这种玩很容易进化为审美状态。事实上,闲暇文化所涉及的意象世界往往是社会美、自然美、艺术美的整合。

其实,中国古代文人是很重视闲暇文化的,甚至主张忙里偷闲。"人莫过于闲,非无所事事之谓也。闲则能读书,闲则能游名山,闲则能交益友,闲则能饮酒,闲则能著书。天下之乐,孰大于是?"有了这种"闲",才能有足够的心胸与眼光去感知美、认识美、欣赏美、创造美。

现代闲暇方式很多,旅游显然是其中不可忽视的重要方式。从某种意义上说,旅游中的人已经在一定程度上超越了日常生活的桎梏,进入一种类似于审美活动的理想状态。以城市为例,平时城市中的一切都具有使用价值,如超市、餐馆都是这样。至于各种建筑造型及来往行人的风情,在日常生活中是很难进入你的眼界、脑海、心府之中的。可是,如果你到了一个旅游城市,你就会用审美的眼光去取代原有的功利眼光,惊喜地去感知美、认识美、欣赏美、创作美。于是,周围的一切都会让你好奇无比、令你赞叹不已。

综上所述,旅游活动就是一种特殊的审美活动,借助于超越功利的心态和眼光,促使你进入一种审美的自由境域,获得一种审美的绝佳享受。这正是闲暇美的集中体现。

第三节　人的身心之美

世界无所不美:植物有植物之美,动物有动物之美,风景有风景之美,物品有物品之美,艺术有艺术之美。但追根溯源,人的身心之美才是美中之美。

人为万物之灵,人的美是其他任何一种美都难以比拟的。人不仅有美的容貌、美的肢体,而且有美的思想、美的智慧、美的言行和美的情感。正如莎士比亚赞叹的那样:"人类是一件多么了不起的杰作,多么高贵的理想,多么伟大的力量,多么优美的仪表,多么文雅的举动,在行动上多么像一个天使,在智慧上多么像一个天神。"

一、人的外在美

(一) 人体美

所谓人体美,是指人的相貌之美、体态之美。人体很早就被人们视为审美对象,众多的神话传说、宗教故事对此都有集中的反映。在中国神话中,人类是女娲捏土造的。在古希腊神话中,人是普罗米修斯捏土造的。在古希伯莱神话中,人是上帝用泥土造的。在这里,共同的特点在于:造物主是按照自己的形象来创造人类的。这表明,人是造物主最钟爱的。但其实也可以反过来说,是人按照自己的形象来塑造了造物主的形象,因为人体美是世上无与伦比的美。

人体美的自然因素是人体的自然性因素。人的体态、身材、肤色等都是人外在的自然素质,不同于人的内在的精神品质。所以,很多时候,我们可以把人体美称作自然美。事实上,人体美不仅是一种自然美,而且还是一种典型的形式美。人体集中地体现了比例、均衡、对称、和谐等形式美的规律。如果符合这些规律,我们就会说某人五官端正、身体匀称。

健康是人体美的基础。人体美必须符合美的规律,其中之一便是健康。不健康的人体美是否存在?应该说不存在,如果存在,那也不是正常的人体美。从医学角度来看,各器官发育良好,功能正常,体质健壮,精力充沛,就是健康。有了这种健康作为基础,才谈得上真正意义上的人体美。

人体美的一个重要特质就是比例匀称。健康是人体美的基础,但健康本身并不能与人体美画等号。在健康的基础上,如能实现比例匀称、整体和谐,那就是典型的人体美了。所谓人体比例,是指人体各个器官之间、各个部位之间的对比关系,如眼和脸的比例关系、躯干和四肢的比例关系等。对此,古人早就有深入的研究。例如,针对面部,就有"三停五眼"之说;针对身材,就有"站五、坐七、盘三半"之说。在长期的审美实践中,人们逐渐形成了共识:衡量人体比例的最佳标准就是"黄金分割"。从这个意义上说,只有构成人体比例和谐的基础参数具备了,才能产生人体美。

人体美的另一个标志就是整体和谐。人体的整体美是由众多局部美构成的,各部之间往往是既互相联系又互相制约。如果一个中国人的脸配上一双欧式眼,看起来就会十分别扭。生活中,有的人的五官单独看似乎很一般,但组合起来整体看却十分美观。要想达到整体和谐,不仅有赖于父母的养育,而且更取决于我们自己的不懈努力。无论先天条件如何,我们都需要进行后天的严格训练。这种训练不仅是躯体上的,而且也是精神上的。具体说来,以下各方面都应当注意训练:要开朗乐观,不为蝇头微利而愁郁不解;要参加多样的体力活动和脑力活动,使生活得到有节奏的调剂;要坚持体育锻炼,循序渐进,持之以恒;要注意饮食营养,不暴饮暴食,饮食多样而适当。只有这样,我们的体态才能更俊美,风度才能更潇洒,风韵才能更高雅。

(二) 仪表美

仪表美不等同于人体美,人体美也并不意味着仪表美。事实上,我们所说的仪表美是指人的容貌、举止、态度的美,通常表现为风度、风韵和高雅、俊美。相对而言,人体美更偏向于天生与自然的因素,仪表美则更偏于社会因素。仪表美不仅体现在体型、容貌上,更体现在服装、发式、表情、姿态、神采上。这些后天形成的风度、风采、风貌、风韵往往与整个社会的经济、政治、文化密切相连,往往与思想情操、道德品格、精神气质密切相连。

(三) 语言美

语言美主要表现为两个方面。

一是语言必须和气、文雅、谦逊。使用这样的语言,就会让人感受到你的修养与文明,也很容易与人和睦相处。如果口出恶言、脏话连篇、强词夺理,就会引起别人的反感,更不可能拥有一个和谐的人际关系了。

二是语言鲜明、准确、生动。说话的目的是为了促进交流,前提就是让对方听清楚、听明白。如果语言含糊、晦涩、呆板,别人听起来就很费劲,不知道你究竟想表达什么。不仅如此,别人还会认为你思维混乱、知识贫乏、技能欠缺。

(四) 行为美

人的行为包含很多具体内容,不能狭义地去理解。事实上,人类的一切实践活动,包括创造物质财富的生产行为、创造精神财富的科学与艺术行为、推动历史前进的革命行为、维护公共利益的道德行为、沟通人际关系的交换行为、提高身心健康的锻炼行为、调节衣食住行的生活行为,都属于人的行为。因此,行为美也是人的外在美的具体表现。

二、人的内在美

人的内在美是人性美的核心,具体包括情感美、意志美、智慧美。

(一) 情感美

所谓情感,是指人对客观事物的态度。诸如喜怒忧思悲恐惊,都是人的情感的具体表现。情感并不等于情感美,既有美的情感,也有丑的情感。那么,什么是美的情感呢?美的情感并不是由个人随意认定的,而往往要得到社会的普遍认可。事实上,尽管存在着历史、地域、民族的区别,但任何一个朝代的大多数老百姓还是崇尚真善美的。例如,同情弱者、帮助弱者,就是一种美的情感。儒家很早就认识到这一点,认为"仁者爱人",如父慈子孝、兄友弟恭就是家庭生活中的美好亲情。所谓忠恕之德,就是要求人们推己及人,由个人之爱、家庭之爱进一步拓展到社会之爱、世界之爱。

(二) 意志美

所谓意志美,具体包括顽强进取、无私奉献、英勇牺牲等。《恋爱·婚姻·家庭》杂志曾发表一篇题为《嫂子啊,亲娘》的文章,记叙了一个感人的故事。张敏是个孤儿,成年后回到沂蒙山老家务农。她热爱生活,却接二连三地遭遇了一系列厄运:女儿夭折、夫妻离异、丈夫死于车祸。这时候,她却勇敢地挑起了全家七口人的生活重担,精心照顾生病的婆婆和五个未成年的小叔小姑。她种田、砍柴、挖草药,养活了一家人,治好了婆婆的病,还供五个弟妹上了学。兄妹五人在她的教育引导下,刻苦学习,全部考上全国重点大学。由于长年劳累过度,张敏不幸身患癌症。当兄妹五人赶回到她身边时,她已昏迷不醒了。尽管她只在这个世界活了四十个年头,但她却将无限的爱长驻人间。

(三) 智慧美

智慧美主要体现在文化素养、知识才能、聪明智慧上。荀子说过:"君子之学,以美其身。"因此,学问能使人更美。当然,我们所说的智慧美并不是一般意义上的知识与技能,而是指具有点线面体的知识结构、具有出类拔萃的专业技能和具有丰富人生阅历的人生智慧所呈现出来的那种美。在当今这个既拼体力,又拼心力、脑力的社会,那些真正具有学科领域和人生旅途中的真知灼见,始终会得到人们的钦羡与赞叹。

三、人的外在美与内在美的统一

人的美不是单一的外在美或单一的内在美,而是外在美与内在美的有机统一。但相对而言,内在美是主要方面。事实证明,内在的精神美能在很大程度上弥补外在的形体美的不足,内在美比外在美更加丰富、更加深刻,也更加持久。

但毋庸讳言,内在美与外在美之间不能完全画等号,二者之间既可能表现为外在美与内在美的统一,也可能表现为外在美与内在美的矛盾。

在现实生活中,外在美与内在美相矛盾的现象是客观存在的。第一种情形是外丑而内美。贝多芬的音乐极其优美,打动了无数音乐爱好者的心。但是,贝多芬本人的仪态却并不美。当然,这依然不能掩盖他的音乐的超凡脱俗的美。第二种情形是外美而内丑。在《巴黎圣母院》中,卫队长菲比恩堪称"金玉其外,败絮其中",他举止潇洒,四处招摇撞骗。他百般谄媚百合花小姐:"我要有妹妹,我爱你而不爱她;我要有黄金,我全部给你;我要妻妾成群,我最宠爱你。"他又去欺骗吉卜赛女郎,让吉卜赛女郎将他比作"太阳神",甚至在发现他的恶习之初依然恋恋不舍。当然，欺骗不可能长久，最终还是会归于失败。

　　一般说来，绝大多数人都会毫不犹豫地喜欢心地善良而又相貌堂堂的人，都会毫不犹豫地厌恶心地卑劣而又相貌丑陋的人。然而，大千世界，无奇不有。当一个人的外在美和内在美出现严重的冲突时，一些人就会陷入歧途。其实，如果发现一个人的外在因素和内在因素发生矛盾时，应当更多地看重内在美而不是外在美。我国的很多民间谚语就特别推崇人的内在美，如"马的好坏不在鞍，人的好坏不在穿"与"鸟美在羽毛，人美在勤劳"。事实上，西方美学家也有类似的见解。德谟克利特认为："身体的美，若不与聪明才智相结合，是某种动物性的东西。那些偶像穿戴和装饰看起来很华丽，但是很可惜，他们是没有心的。"在莎士比亚的《威尼斯商人》中，设计了这样一个情节：有金、银、铅三个盒子，其中只有一个装着鲍西娅的画像。只要求婚者选中了，就能娶鲍西娅。第一个求婚者选择金匣子，里面却是一个骷髅。第二个求婚者选择银匣子，里面却是一张傻瓜的像。巴萨尼奥选择最不起眼的铅匣子，发现里边正是鲍西娅的画像。在这里，实际上也揭示了莎士比亚本人的理念：重视内在美胜过外在美。

　　总之，人的外在美和内在美的统一是最理想、最圆满的人的身心之美，理应得到世人的尊崇。但如果外在美和内在美产生严重的冲突，我们还是应当注重内在美、崇尚内在美，而不是相反。

思考练习

1. 你如何理解爱情、亲情、友情的重要性？
2. 你对居室美和闲暇美有什么独特的感悟？
3. "人的身心之美"涵盖哪些重要的方面？

第二章　社会美的主要特征

> **学习目标**
>
> **1. 素质层面**
> 认识生活美，感悟生活，体会生活。
> **2. 知识层面**
> (1) 认识社会美的真善兼备性。
> (2) 认识社会美的历史发展性。
> (3) 认识社会美的纷繁复杂性。
> **3. 能力层面**
> 学会鉴别、欣赏社会"真善美"。
> **4. 思政层面**
> 弘扬"真善美"，增强践行社会主义核心价值观的自觉。

第一节　社会美的真善兼备性

在现实生活中，社会美呈现出明显的真善兼备性。这就充分证明，真善美之间既有区别，也确实存在着密切的联系。

一、社会美以"真"为基础

社会美必须以"真"为基础，这是毫无疑问的。所谓"真"，这里指的是符合社会发展的固有规律。社会美必定与一定的社会实践直接联系，必然与特定时代、特定民族、特定阶级的政治理想、道德观念、生活习俗、文化背景密切联系。

如果一定要对真善美进行区分的话，那么"真"始终是第一位的。至善也好，绝美也罢，都要以纯真为前提。离开了"真"的"善"是伪善，离开了"真"的"美"是假美。因此，社会美必须遵循社会发展规律，充分体现其"真"的特质。

二、社会美以"善"为核心

社会美不仅要以"真"为基础，还要以"善"为核心。这里所说的"善"是广义的，不仅包括传统伦理上的"善"，而且包括审美意义上的"善"。总之，我们可以将一切推动历史发展和社会进步的事物视为"善"。"善"是社会美的本质属性，离开"善"就无所谓社会美。尽管"善"与"美"不能完全等同，但"善"确实是决定社会美的关键因素。

张丽莉被誉为"最美女教师"。她是黑龙江省佳木斯市十九中学的语文教师。在发生车祸的瞬间，她奋不顾身地挽救了学生的生命，自己却被高位截瘫。

吴斌被誉为"最美司机"。他在铁片击碎玻璃刺入腹部、肝脏破裂、多根肋骨折断的情况下，凭借顽强的毅力，有序完成了靠边停车、拉手刹、打开双闪灯等保障安全的动作，并挣扎着站起来，疏导24名乘客安全离开。

吴菊萍被誉为"最美母亲"。她徒手接住从10楼坠落的女童，自己却被砸晕，左手臂多处骨折。

"风送花香红满地，雨滋春树碧连天。"世界很美，不仅因为有春的烟波画船、夏的朝开暮卷、秋的云霞绚烂、冬的岁暮天寒，更因为有善的滋润、爱的呵护、理解的支撑、幸福的陪伴。

三、和谐社会追求真善美的统一

社会美除了具备"真"与"善"的特质之外，更离不开"美"。尤其在和谐社会中，更应努力追求真善美的统一。社会美不等同于自然美和艺术美，它必须以"真"为基础、必须以"善"为核心。判断一个事物是否具有社会美，关键在于它是否保障人类的生存、发展与完善，是否符合社会发展的固有规律，是否符合最广大人民群众的根本利益。

生活中，我们永远离不开真善美。不仅如此，生活的辩证法还明确告诉我们，美需要真、需要善，只有真与善兼备的社会美才是最有价值的社会美。在现实生活中，真善美三者往往是相辅相成的，因为这是人类永恒的理想。有了真善美，生活才有希望；有了真善美，社会才会进步；有了真善美，世界才会更加美好。从这个意义上说，构建社会主义和谐社会堪称居功至伟的战略决策，因为它充分体现了社会主义社会真善美的辩证统一。

（一）和谐社会之真

从本质上说，和谐社会之真就是求真、守真，就是尊重社会客观事实、尊重社会发展规律，就是尊重知识、尊重科学、尊重人才。事实上，和谐社会并不排斥差异，而是承认差异、尊重差异，强调个体目标与整体目标的兼容与互补。因此，和谐社会的差异存在并不会限制个体或群体的发展，反而能促进个体的最大作为与群体的最佳整合。当然，提出和谐社会概念、构建和谐社会本身并不意味着和谐社会已经来临，它是一种应然状态和实然状态的辩证统一，是一个需要不断积累、长期努力的过程。这也正是和谐社会之真的深刻内涵。

（二）和谐社会之善

和谐社会之善的含义是非常宽泛的，强调的是每个人的政治的、经济的、道德的、文化的价值都不能损害社会的利益、他人的利益。这样一种道德规范的确立，有助于所有的人都能处理好个人利益与社会利益之间的辩证关系。过去，我们过分强调了社会利益，对个体利益的满足有所忽略。而和谐社会的理念则比较圆满地解决了个体利益与群体利益之间的辩证关系。个体的和谐，内在精神的安宁和愉悦，是构建群体和谐的基石。如果个体不和谐、不积极、不快乐，建立在这种状态上的和谐社会必然是虚无的、虚妄的。过去，我们对于人才重视比较多，而对于普通人的关注往往会少一些。和谐社会不仅要尊重人才，而且要尊重每一个人。所谓人才，就是充分发挥了某一方面的能力、具备了某一方面才能的人。从这个意义上说，只有真正尊重了每一个人，才算是真正尊重了人才。这是因为，每一个人都可能是某一领域的人才。在以人为本的和谐社会，人才会如泉源般涌现出来，和谐社会才能不断地升级、完善。现在，很多大学生都以演艺界的明星为偶像，很少将科学家当成自己的偶像，这是很不正常的现象。当一个国家的年轻人都热衷于追名逐利时，这个国家的未来就存在着严重的危机。演艺界的明星也并非一无是处，关键要看崇拜者崇拜他们什么。如果是被他们的勤奋、拼搏、真诚、善良的品质所吸引，大学生就能从中受益。可惜的是，很多崇拜者关注的只是明星们的一夜暴富、挥金如土。毫无疑问，这不是和谐社会应当倡导的积极风气。

（三）和谐社会之美

和谐社会之美，是建立在真和善的基础之上的美。从本质上说，人拥有两种自由：一是不受制于各种物质的精神自由；二是不受制于各种事务的时间自由。这两者密切联系，又具有各自的独立性。按照马克思主义的观点，人类生存与发展的基础是衣、食、住、行，只有满足这些基本的物质需求，人类才会产生更高层次的精神需求。人最可贵的就是能动性，凭借这种能动性，人能充分挖掘自己的潜能，追求更加丰盈的内心世界，进而充分体验到作为人的尊严、价值与自由。笛卡尔说过："我思故我在。"我们还可以进一步引申："我创造故我在。"人类的历史告诉我们，那些对人类社会做出巨大贡献的人，往往在思想、政治、经济、军事、文化、道德方面有所建树、有所创造。正是这些真善美兼备的伟人的贡献，才促使人类社会不断向前推进。否则，人类社会只能原地踏步、原地转圈。构建和谐社会注定是个不断创新、协调发展的螺旋上升过程，始终离不开对真善美的不懈追求。

第二节　社会美的历史发展性

相对于自然美，社会美对社会历史条件的依赖性更强。就本质而言，人是一切社会关系的总和。显而易见，任何一个时代的社会美必然具有它所处的那个时代的经济、政治、文化、民族、阶级的特色。我们通过比较就会发现，封建时代的田园山庄与市场经济条件下的都市乡镇截然不同，寺庙的清静与肃穆也与歌厅的喧哗与热烈形成鲜明的反差。

在不同的时代，社会美往往具有不同的标准。正因为社会美与特定时代的社会生活紧密相连，所以才会受到那个时代的政治、经济、文化的种种制约，进而充分表现出独特的时代性、民族性、阶级性。但从总体上观察，社会美还是不断发展、逐步完善的。正是在这个意义上，我们认为，社会美具有历史发展性。

一、社会美的进步性

人类社会总是在进步和发展的,这是积极的世界观、人生观、价值观的具体体现。如果对此缺乏足够的信心,既不符合人类社会的现实,也会引发某种程度的恶性循环。

从总体上看,人类社会总是不断提高、逐步完善的,这是大势所趋。从这个意义上说,进步性是人类社会赖以存在与发展的重要依据。难以想象,如果人类社会失去了进步性,将会出现怎样的场景。人类社会的进步性既取决于社会必须发展的性质,又取决于社会美的质的规定性。尽管各个国家的国情各不相同,但绝大多数人还是追求真善美、鄙弃假恶丑的。无论是谋财害命、走私贩毒、种族歧视,还是恐怖活动、霸权主义、侵略战争,都是绝大多数人坚决反对的。究其原因,很简单,因为我们生活在同一个地球上、同一片蓝天下,都需要一个健康、安定、繁荣的社会,而不是充满假恶丑的黑暗世界。

因此,社会美的历史发展性就集中地体现在社会美的进步性上。社会美的这种进步性要求我们始终顺应历史的发展趋势,始终促进社会的安定繁荣,始终维护公众的利益需求。

二、社会美的时代性

与过去相比,如今的人类社会实践活动越来越广阔、越来越深入。与此同时,在不同的时代必然形成符合那个时代特征的社会美的标准。换句话说,在不同的时代,人们的社会关系、社会生活方式和社会风俗人情都各不相同,因而审美观念、审美情趣也各具特色。

在我国唐朝,是以胖为美的。所以,唐朝画家笔下的妇女的形象都很丰满。究其原因,还是唐朝统治阶级推崇丰满的审美观。也正因为如此,身材丰腴的杨玉环才会备受皇帝的宠爱。宋朝却变成了以细腰为美,这是因为宋朝的社会审美情趣发生的变化与其时代背景密不可分。

由此可见,审美理念和审美情趣是随着时代的变化而变化的。这就充分证明,社会美具有鲜明的时代性。

三、社会美的民族性

不同的民族之间存在着显著的差异,不仅民族的历史、文化、传统不尽一致,而且审美理念、审美情趣也各具特色。例如,阿拉伯人的长袍裹头,欧洲人的燕尾服,日本人的和服,中国人的中山装和旗袍等,都鲜明地体现出不同民族的审美理念和审美情趣。这是值得我们高度关注的。

虽然如今的民族之间的交往越来越多,文化交流越来越深入,但是,社会美的民族性不会因此彻底消失。只要民族的界限依然存在,社会美的民族性就必然客观存在。或许,只有到世界大同的时代,随着民族的消亡,社会美的民族性才会逐渐泯灭。

第三节　社会美的纷繁复杂性

社会美不仅丰富多彩，而且极为复杂。社会美的内容是极为生动的，但在形式上却要逊色于自然美、艺术美。这就是社会美的纷繁复杂性。

社会美是美的形态之一，具体是指客观存在的社会事物的美。社会美根源于实践，而且社会美原本就是实践的存在形式。由于社会实践的纷繁复杂，社会美也是纷繁复杂的，主要表现在阶级斗争、生产斗争和科学试验领域。大致说来，社会美具体包括社会斗争及成果的美、生产活动及产品的美、日常生活的美、人的美。其中，人的美无疑更能代表社会美的主流。

考虑到社会美的纷繁复杂性，为了更好地理解社会美的特质，我们不妨重点关注教师之美、军人之美、医生之美。如果说教书育人的教师是"人类灵魂的工程师"，那么保家卫国的军人就是"人类和平的捍卫者"，救死扶伤的医生就是"人类健康的守护神"。这三种人极具代表性，在他们身上集中体现了社会美的本质内涵，也充分体现了社会美的纷繁复杂性。

一、教师之美

何谓"美"？诗人说，美是夹杂在诗篇里的无尽思绪；画家说，美是捕获在画卷里的曼妙瞬间。但对于教师来说，学校信任、同事信服、家长信赖、学生信服就是最美。

想要获得这"四信"，教师就必须切实做到"五美"，即关爱学生、为人师表、教书育人、终身学习、爱岗敬业。

教师的"美"体现在关爱学生上。教师关爱学生，并不仅仅是指日常的关心上，更应体现在长远的关怀上。教师有没有真正地关爱学生，学生最有发言权。最美教师一定会奋斗终生，将对学生的关爱进行到底。

教师的"美"体现在为人师表上。教师理应比学生先走一步，学圣贤言，教圣贤书。因此，凡是不允许学生做的，教师一定不做；凡是鼓励学生去做的，教师必须首先做到。为人师者，讲经更讲礼，育人更育魂。

教师的"美"体现在教书育人上。教书育人是教师职业的出发点和立足点。工人做工得到工资，农民种地得到收成，教师教书育人得到尊严和幸福感。"教书"要求教师要博学多思，循循善诱，站稳讲台，这是教学任务的"硬件"；"育人"要求教师走进学生心灵，育化灵魂，引导提升，这是教学任务的"软件"。

教师的"美"体现在终身学习上。当今社会已经进入信息化时代，学生的信息来源极广，学生掌握的信息越来越多。在这种情况下，身负教书育人重任的教师必须注重终身学习。唯有通过学习，教师才能丰富知识、增长技能、拓宽视野、更新思维。

教师的"美"体现在爱岗敬业上。既然干一行，就应爱一行；既然爱一行，就应专一行。

教师只有想方设法干好本职工作,才能在和学生的斗智斗勇中充分享受教育、教学、教研、教改的乐趣。教师必须对自己的职业心存敬畏,才能真正取得优异的工作业绩。

教师之美,美在润如春雨,柔若夏霭;美在静如秋日,严似冬来。四季循环,寒来暑往,美在心中,美在未来。

教师有道德情操,有扎实学识,有仁爱之心,方能培育英才。无论是古代先贤的言传身教,还是当代教师的"最美"风采,广大教师始终用高尚的道德情操照亮学生前行的人生之路。无论是在条件艰苦的地区支教,还是全力支持学生进行科技创新,抑或是践行先进教育理念,他们都在无私、宽容、耐心地对待每个学生,诠释了爱心、奉献和责任的真谛,诠释了"学为人师,行为世范"的内涵。

教师的爱,散发着人性的熠熠光芒。正如一位教育家所说:"教师的爱是滴滴甘露,即使枯萎的心灵也能苏醒;教师的爱是融融春风,即使冰冻的感情也会消融。"教书育人,既是知识的传递,也是心与心的交流,更是真善美的弘扬。

二、军人之美

世界上有一种美叫军人之美。军旅是太阳底下最神圣的生命旅程,军人是星空尽头最闪耀的职业。

军人之美,美在心系天下。

唐朝李贺用诗诠释了军人的博大胸怀:"男儿何不带吴钩,收取关山五十州。请君暂上凌烟阁,若个书生万户侯?"

《孙子兵法》开宗明义,首言"兵者,国之大事,死生之地,存亡之道,不可不察也。"寥寥数语,就把军队与国家命运、人民生死紧密地连在一起。字里行间蕴含着一个真理:一个国家如果没有一支忠诚勇猛的军队,一个民族如果没有一群心系家国的军人,就离被颠覆、毁灭的日子不远了。

有人说:"哪有那么严重,现在是和平年代,没有军人、没有军队,我们照样天天日子过得好好的。"其实,这世间哪有什么岁月静好,只不过是有人替我们负重前行。战争的唯物辩证法告诉我们:能战方能止战,和平的前提是能够打赢战争。一旦没有这个前提,就只能是"人为刀俎,我为鱼肉"。时至今日,世界的各个角落依然战火连天,硝烟弥漫。我们应该庆幸自己生活在一个和平的国家。最明白这个道理的人,正是军人。军人的最高境界是不战而屈人之兵,以强止战,拒敌于千里之外。所以,他们"夏练三伏,冬练三九",用"平时多流汗,战时少流血"来守护天下。尽管有人不理解,但他们始终无怨无悔。

透过他们有力的臂膀、黝黑发亮的皮肤、坚定刚毅的脸颊,你会发现:军人恰似高山,却

新编大学美育

比高山更有雄心壮志;恰似大江,却比大江更加辽阔壮丽;恰似诗人,却比诗人更为激情飞扬。如果是好男儿,就应该去当兵,因为只有当过兵、走进他们的训练生活、走进他们的内心世界,你才会懂得什么叫家国天下、什么叫赤子情怀、什么叫忠诚奉献,你才会懂得:"烽火照西京,心中自不平。牙璋辞凤阙,铁骑绕龙城。雪暗雕旗画,风多杂鼓声。宁为百夫长,胜作一书生。"霍去病说:"匈奴未灭,何以家为!"这就是军人的家国天下。

军人之美,美在气壮山河。

"秦时明月汉时关,万里长征人未还。但使龙城飞将在,不教胡马度阴山。"每次读到王昌龄的《出塞》,总会热血沸腾,恨不得自己化身一跃,成为那个一夫当关、万夫莫开的龙城飞将。

月光冷,刀锋寒,斗酒扬鞭男儿行。酒未醒,剑气起,碧血挥洒就丹青。当过兵、扛过枪,你才会明白"醉里挑灯看剑,梦回吹角连营"的豪迈;爬过冰、卧过雪,你才会懂得"八百里分麾下炙,五十弦翻塞外声"的激昂;列过队、比过武,你才会领悟"沙场秋点兵,弓如霹雳弦惊"的精彩。

陈汤说:"明犯强汉者,虽远必诛!"这就是军人的气壮山河。二十载学生生涯已成过往,三千里军旅征程正在当时。真男人,好汉子,一定要去军营练练,莫等闲,白了少年头,空悲切!

军人之美,美在情深义重。

"几十秋中望满月,数千夜半梦三更。且论人间何为最?唯独同舟战友情。"这是一名退役多年的老兵怀念战友的诗,题目叫《一生情》。"且论人间何为最?唯独同舟战友情。"短短两行字,写出了作者思念战友的浓烈情感。战友情,就像一坛老酒,时间越久,越香越浓。

当过兵的人都知道,这世界上有一种感情无法替代,它甚至能超越血缘、超越亲情、超越爱情,成为太阳下最闪耀的情感,那就是战友情。成为战友,就意味着一起经历生死、一起享受荣耀,就意味着可以把真心换给战友、把后背留给战友。这种感情,只可意会,难以言传。但有一点是肯定的,每个人都渴望拥有,它是这个时代的真正奢侈品。

三、医生之美

医者仁心,悬壶济世,医生是人类健康的"守护神"。在医生身上,集中体现了"敬佑生命、救死扶伤、甘于奉献、大爱无疆"的精神。

目前,我国人均预期寿命已超过77岁,远高于1949年以前的35岁。这一数字的变化,凝聚着党和政府的不懈努力,也浸透了广大医务工作者的辛勤付出。

他们战斗在救死扶伤的第一线,不分昼夜,与时间赛跑;他们不辞辛劳,与病魔搏斗;不计得失,用生命守护生命。

医生凭一颗仁心,抚慰疾苦病患;提一盏风灯,照亮健康之路。在他们当中,有的兢兢业业,为消灭脊髓灰质炎起到关键作用;有的终身奉献杏林,妙手回春,祛除病痛;有的不惧感染危险，依然与患者一同挑战生命禁区；有的赤心报国，始终致力于卫生健康科研；有的扎根边疆和乡村，为少数民族群众的健康福祉而不懈奋斗；有的战斗在扶贫一线，只为小康路上不让任何一个人掉队……

刀锋舞蹈，守护生命禁区；仁心仁术，铸就大医精诚。真正的医生总是把病人的痛苦当作自己的痛苦，把病人的快乐当作自己的快乐。在医生看来，治好一个病人，就能温暖一个家庭，进而赢得一方和谐与稳定。

因此，医生甘愿做一个天使，用爱心温暖每一位病患。一代代医者凭借坚毅与智慧，创造了一个又一个生命的奇迹。

作为人类健康的守护者，作为人类生命夜空中的明星，医生的鞠躬尽瘁堪称人世间最美的风景。

思考练习

1. 社会美始终以什么为基础？又以什么为核心？
2. 如何理解社会美的进步性、时代性、民族性？

第三章　社会美的具体实践

> **学习目标**
>
> **1. 素质层面**
> 体验人类社会活动的美。
> **2. 知识层面**
> (1)认识躯体美。
> (2)认识行为美。
> (3)认识心灵美。
> **3. 能力层面**
> 学会行为美，掌握会议礼仪、宴会礼仪、车位礼仪、握手礼仪、名片礼仪。
> **4. 思政层面**
> 感悟社会对个体的要求，努力践行社会主义核心价值观，促进社会进步，构建和谐社会和命运共同体。

第一节　躯体美

一、躯体美的定义

所谓"躯体美"，又称"人体美"，是指人的躯体结构的美。古希腊十分重视"人体美"，称之为"身体美"。毕达哥拉斯学派认为，"身体美"取决于各部分的比例对称。柏拉图认为，身体的优美与心灵的优美之间的和谐一致是最美的境界。

通俗地说，"躯体美"是指人在先天的遗传变异的基础上所表现出来的身体形态上的特征，是包括表情、姿态、体型等人的外在形象的总和。

"躯体美"是现代青年普遍追求的目标。需要强调的是，"躯体美"首先应该是"健康美"，而不是畸形的、危险的"非健康美"。美应当建立在健康之上，那种有损于健康的美不仅不会长久，也不可能是真正意义上的美。

(一)男性躯体美的主要特点

一般说来，男性躯体美的主要特点是：身体比例匀称，线条刚健挺拔，躯干虎背熊腰，胸部丰满宽阔,肌肉结实隆起,四肢粗壮有力。

(二)男性躯体美的衡量指数

1. 肩宽 = 身高 × 1/4

2. 胸围 = 身高 × 1/2 + 5(厘米)

3. 腰围 < 胸围 − 15(厘米)

4. 大腿围 < 腰围 − 22.5(厘米)

5. 小腿围 < 大腿围 − 18(厘米)

6. 足颈围 < 小腿围 − 12(厘米)

7. 手腕围 < 足颈围 − 5(厘米)

8. 颈围 = 小腿围

(三)女性躯体美的衡量指数

1. 上身(肚脐以上):下身(肚脐以下) = 5:8

2. 胸围 = 身高 × 1/2

3. 腰围 < 胸围 − 20(厘米)

4. 臀围 > 胸围 + 4(厘米)

5. 大腿围 < 腰围 − 10(厘米)

6. 小腿围 < 大腿围 − 20(厘米)

7. 足颈围 < 小腿围 − 10(厘米)

8. 手腕围 < 足颈围 − 5(厘米)

9. 颈围 = 小腿围

二、影响躯体美的因素

(一)遗传因素

所谓遗传因素,是指子代从亲代所继承下来的形态上和机能上的相对稳定的特征。从某种意义上说,遗传为躯体的后天发展创造必要的条件,提供相应的物质基础。很多时候,就躯体美而言,遗传因素的影响往往是第一位的。这是一个不容回避的基本事实。

(二)环境因素

所谓环境因素,是指生存的条件。环境因素主要是指自然条件、生活条件、工作条件,以及所处地域的气候、温差等。研究证明,环境因素对躯体美起着潜移默化的作用。环境因素的影响往往仅次于遗传因素的影响,这种影响包括积极影响与消极影响两种。

(三)心理因素

在同等条件下,心理因素对躯体美具有显著的影响。躯体美是通过躯体的表现力来实现的,如果没有良好的心理素质,就难以充分展现躯体美的风采。与相对稳定的遗传因素和环境因素相比,心理因素是可调可控的。当然,这需要对心理进行科学的训练。

(四)营养因素

营养因素是影响躯体美的重要因素。尤其在生长发育阶段,如果人体没有充分的营养供给,就难以保证正常的生长发育,更难以获得躯体美的效果。要想拥有一个美的躯体,必须注重科学合理的营养补充,进行相应的身心训练,也离不开营养这个基础。

(五)训练因素

事实证明,训练因素是实现躯体美的极其重要的后天因素。在同等情况下,进行了科学的躯体训练的人更容易获得躯体美。所谓科学的躯体训练,是指按照科学的原理、客观的标准,有针对性地选择一些适合自身特点的训练内容、训练手段、训练方法,持之以恒地进行系统的、合理的、安全的躯体训练,进而达到塑造完美躯体的训练目的。

要想进行"躯体美"的训练,必须知晓以下注意事项。

第一,就完整意义上的"躯体美"的训练体系而言,既包括"身"的训练体系,也包括"心"的训练体系,两者相辅相成,缺一不可。

第二,关于"心"的训练,大家可以参照心理学方面的教程,总体要求是培养不畏困难、不惧挫折的心理素质和积极乐观的心理。

第三,在真正进行训练之前,大家应当对自身的身心状况进行全面的检查。个别人不适合进行常人的训练,就不能勉强进行训练,以免造成难以挽回的训练损伤。

第四,"身"的训练方式多种多样,如健美操、搏击操、瑜伽功及各种舞蹈练习、各种运动器械练习等。人们既可以专注于其中一种,也可以有机组合。就长期而言,既要有针对性,也要注重全面性,避免畸形发展。

第五,无论进行什么样的训练,大家都要始终注重三大前提:一是"确保安全",二是"对症下药",三是"循序渐进"。

第六,为了能够持之以恒地进行训练,大家应尽可能地增强趣味性。只有这样,才能真正感受到训练的乐趣与价值。

第七,在进行某些强度相对较高的训练时,大家应注重动作与呼吸的协调配合,切忌盲目憋气、随意喘气,过分追求训练强度。

第八,在训练中及训练后,大家都要关注自身的身心状况,合理调整训练时间和运动负荷。

第九,在重视科学训练的同时,要确保合理饮食与充足睡眠。

第十,大家应根据自身的实际与初衷,制订远期目标(一般以三年为限)、中期目标(一般以一年为限)、短期目标(一般以一月为限),并定期进行调整与完善。

第二节 行为美

行为美是社会美的重要组成部分。行为美的范围相当广泛,我们不妨选择礼仪这一角度,全面、具体地了解行为美的真实含义。

在现实生活中,礼仪的类型很多,如会议礼仪、宴会礼仪、车位礼仪、电梯礼仪、握手礼仪、介绍礼仪、名片礼仪、奉茶礼仪、交谈礼仪、合影礼仪、送别礼仪、引导礼仪等。本书重点介绍会议礼仪、宴会礼仪、车位礼仪、握手礼仪、名片礼仪。

一、会议礼仪

(一)会场布置

首先是地点。会场的地点选择要根据参加会议的人数和会议的内容来综合考虑。会场大小一定要适中,如果会场太大,人数太少,空下的座位太多,稀稀拉拉,松松散散,会给与会者不良观感;如果会场太小,人数过多,挤在一起,就会像赶集一样,不仅显得小家子气,也根本无法把会开好。英国首相丘吉尔对此很有心得:"开会不能用太大或太小的房间,而要选一个大小适中的房间。"一两个小时就能结束的会议,可以把会场定在与会人员集中的地方。超过一天的会议,会场地点要尽量同与会者住所近一些,免得与会者来回奔波。组织者要考虑轿车的停放处,会场附近最好有停车场。有外地人员参加的会议,组织者还应考虑外地人员的食宿问题。

其次是座次。常见的会议座次有四种。一是环绕式。这种形式不设主席台,把座椅、沙发、茶几摆放在会场四周,座次没有尊卑之分,听任与会者自由就座。这种安排座次的方式现在非常流行。二是散座式。座椅、沙发、茶几自由组合,甚至可根据与会者的个人要求而随意安置。这就容易营造一种宽松、惬意的社交环境,最适合大型的茶话会。三是圆桌式。组织者在会场上摆放圆桌,请与会者在周围自由就座。细分起来,圆桌式又分两种:人数较少时,仅在会场中央安放一张大型的椭圆形会议桌,请全体与会者在周围就座;人数较多时,在会场上安放数张圆桌,请与会者自由组合。四是主席式。在会场上,主持人、主人和主宾被有意识地安排在一起。主席台的座次按人员的职务、社会的地位排列,一般以第一排正中席位为上,其余按左为下、右为上的原则依次排列。主席台座次排列,领导为奇数时,主要领导居中,2号领导在1号领导左手位置,3号领导在1号领导右手位置;领导为偶数时,1、2号领导同时居中,2号领导在1号领导左手位置,3号领导在1号领导右手位置。

	7	5	3	1	2	4	6	
				主席台				
				观众席				

图 3-1　主席台座次（领导为奇数）

	7	5	3	1	2	4	6	8	
				主席台					
				观众席					

图 3-2　主席台座次（领导为偶数）

再次是物品。一是座位牌。座位牌也叫名牌，其作用是方便与会人员各就各位，省去临时安排就座的时间。二是矿泉水。每个人口味不同，有的喜欢喝茶，有的喜欢喝饮料，有的喜欢喝咖啡。如果没有特别要求，矿泉水是能让每个人都接受的最佳选择。三是签到簿。签到簿的作用是帮助会议组织者了解到会人员的数量和姓名，既能查明是否有人缺席，又便于安排下一步工作，包括就餐、住宿等。四是通讯录。通讯录主要是方便与会者了解其他人的姓名、单位、职务等信息。五是会议资料。组织者应提前准备与会议议题有关的资料，打印成册，放置在桌上。

最后是设备。在有的场合，与会人员需要在黑板或白板上写字或画图。虽然现代化的视听设备发展很快，但传统的表达方式依然受到很多人的喜爱，而且在黑板或白板上表述具有即兴、方便的特点。此外，粉笔、万能笔、板擦等配套工具也必不可少。投影仪、幻灯机、录像机、激光指示笔或指示棒等视听设备也给人们提供了极大的方便。开会之前，必须检查各种设备能否正常使用，有的会议需要立即把会议的结论或建议打印出来，这就要准备一台小型的影印机或打印机。此外，组织者还要对会场的照明、通风、卫生等进行仔细检查，不能大意。

（二）衣着举止

对男士来说，胡须应修剪整洁，头发长不覆额、侧不掩耳、后不触领。对女士来说，倡导化淡妆,修饰文雅,且与年龄、身份相符。与会者要讲究公共卫生,开会前不应吃带有刺激性气味的食物,避免口腔异味。

工作人员应统一外着公司西服套装工作服,服装应完好、无污渍,扣子齐全,不漏扣、错扣,打好领带,配穿皮鞋,上衣袋不装东西,裤袋少装东西,并做到不挽袖口和裤脚。

负责接待工作的工作人员,注意力要集中,展现良好的精神状态,无疲劳状、忧郁状、不满状,并避免当众打哈欠、伸懒腰、打喷嚏、挖耳朵等不雅行为。工作人员的立姿要端正,抬头、挺胸、收腹,双手自然下垂;行走时,步伐有力,步幅适当,节奏适宜。

(三)接待分工

要确保会议顺利进行、圆满结束,必须对会议接待人员进行明确分工。召开大中型会议需要组织人员进行筹备,会议筹备机构的名称为会务处。会务处下设会务组、资料组,有的还设宣传组。会务组、资料组、宣传组在会务处负责人的指挥下分工负责,协调配合。

首先,要确定一个联络人员,而且要自始至终由他来联系,切忌今天这个人负责联系,明天又换另一个人联系,以免让接到会议通知的人搞不清到底是哪个部门通知开会。会议通知应写清具体时间,说明会议的主题、级别与参加部门,说明出席的对象、人数和职务,不能含糊不清,使人不得要领。为了使与会人员做好准备,在正式通知前,可先发预先通知,方便与会人员提前安排好工作,做到有备无患。

其次,要确定会议主持人员。要从会议召集者、参与会议的最高领导、与议题关系最为紧密的人、现场控制能力较强的人和各方面代表均能接受的人中选定合适的会议主席。

再次,要确定会议记录人员。一个优秀的会议记录者,除了具备倾听、互动、发表意见的能力,还要具备良好的组织、综合、比较能力。在会议过程中,会议记录者有义务适时帮助与会者系统地陈述意见及遵照议程进行讨论。

最后,要安排好其他工作人员的具体工作。一般说来,会议开始前30分钟,工作人员就要各就其位,准备迎接会议宾客。在会场入口处,应设迎宾员为客人引路。会议结束后,工作人员要仔细检查宾客有无遗漏物品。待宾客全部散场后,打扫卫生,检查并关闭水电门窗等,确认无误后方可离开。

(四)主持要求

主持人应衣着整洁,大方庄重,精神饱满,切忌不修边幅,邋里邋遢。

主持人走上主席台时应步伐稳健有力。如果是站姿主持,主持人应双腿并拢,腰背挺直;持稿时,右手持稿的底中部,左手五指并拢自然下垂,双手持稿时,应与胸齐高;如果是坐姿主持,主持人应身体挺直,双臂前伸,两手轻按桌沿,切忌出现搔头、揉眼、抖腿等不雅动作。

主持人应口齿清楚,思维敏捷,语言简明扼要。主持人应根据会议性质调节会议气氛,或庄重,或幽默,或沉稳,或活泼。

主持人不要在会场上与熟人打招呼,更不能寒暄闲谈。但在会议开始前,可点头、微笑致意。

(五)发言规范

会议发言有正式发言和自由发言两种。前者一般是领导报告,后者一般是随机讨论。

正式发言时,发言人应衣冠整齐;走上主席台时,应步态自然,刚劲有力,体现一种成竹在胸的风度与气质。如果是书面发言,要时常抬头扫视一下会场,不能低头读稿,旁若无人。发言完毕,发言人应对听众的倾听表示谢意。

自由发言比较随意,但应讲究顺序和秩序,不能争抢发言。发言人的发言应简短,观点应明确;与他人有分歧时,应以理服人,态度平和,并听从主持人的指挥。

会议参加者如对发言人提问,应礼貌作答。对不能回答的问题,应机智而礼貌地说明理由。发言人对提问人的批评和意见应认真听取,即使提问者批评有误,也不应失态。

分会者听别人发言时,如果有疑问,可以通过适当的方式提出来,但在别人发言时,不要随便插话。发言人发言结束时,应鼓掌致意。开会时,分会者不要说悄悄话和打瞌睡,也不要无故中途退席,即使要退席,也要征得主持会议的人同意。退席时,应轻手轻脚,不能影响他人。

二、宴会礼仪

关于宴会礼仪,每个人其实都知道一些,只不过一般不够系统罢了。这里给大家提供一个相对完整、相对系统的原创材料,关注重点是宴会礼仪的常规与禁忌。

当你接到宴会邀请,首先要慎重考虑能否出席。如果答应了对方,就一定要信守承诺。否则,不仅对方安排不便,而且会产生误会。如果确实有事去不了,就要婉转、得体地向对方解释,并在感谢对方的基础上表达歉意。如果临时出现变故,要及时告知对方并诚恳道歉。

如果是大型的外地宴会,对方采用书面形式或电子形式且言辞恳切,无论是否赴约,都可以采用书面形式或电子形式告知。书面形式有应邀信,即你接到主人的邀请信后写的同意赴约的复函。应邀信体现出被邀人对邀请人的尊重,古时也称"谢帖"。当然,也可以采用电子形式。应邀信一般由称谓、正文、祝颂语、署名落款四部分组成,表明接受邀请的态度,往往以"我将准时出席"做结语。最后的祝颂语可用"祝圆满成功"等。与应邀信相对的就是谢绝信。谢绝信是被邀请人收到邀请信后,由于某种原因不能应邀赴约而写给邀请人的婉言谢绝的礼仪文书。一般说来,当你收到赴中餐的邀请,可以通过短信或直接打电话来表明态度,书信方式是最高的规格;当你收到赴西餐的邀请,则最好隆重一些。尤其是收到对方的邀请信,更应采取对等的方式,以体现对他人的尊重。

宴会礼仪中,不仅包括接受别人邀请赴宴,也包括邀请别人接受赴宴。如果是后者,尤其是正式的宴请,就应提前送请柬(邀请信)。在古代,无论远近,主人都要亲自登门递送,表示真诚邀请的心意。现在,一般采用快递或邮寄的方式。但要注意,最好不要采用托人转递的方式,这是很不礼貌的。请柬如果是放入信封当面递送,信封千万不能封口。否则,会被人理解为又邀客又拒客,恰似一场恶作剧。请柬一般由标题、称谓、正文、结语、祝颂语、署名落款六部分组成。请柬的正文有三个基本要素:一是事由,二是时间,三是地点。事由要明确,方便被邀请者决定能否参加。时间要准确,不但要写年、月、日、时,甚至还要注明上午、下午。地点要清晰,必要时最好在请柬上注明行走路线、乘车班次等。在正文后,可根据不同情况采用"敬请光临""恭请光临""请光临指导"等结语。在一些请柬上,时常可以看到"请届时光临"的字样。这个"届时"是到时候的意思,表示邀请者的诚意。如果写成"准时",就成了居高临下的命令语气,是对被邀请者的不尊敬。当然,特别熟悉的朋友之间,有时也会用"准时"甚至"你若不来,就如何如何"之类的命令方式。但这是特例,算不上真正意义上的请柬。请柬一般用"此致敬礼"的祝颂语作最后致意并在右下角签名。如果是单位发出的请柬,要签署主要负责人的职务和姓名,以主邀请人的身份告知对方。发文日期最好用汉字大写,以示庄重。有些大型招待会的请柬还写有附启语,如"每柬一人""凭柬入场""请着正装"等,通常写于请柬正文的左下方。

按照中国的传统习惯,赴宴一般应提前三至五分钟。或者,可以按照对方规定的时间到达。准时出席是最理想的。迟到固然不好,早到也会给主人添麻烦。如果到得较早,可在周围转一转,到时间再进。这是对主人最礼貌的做法。赴宴最好不要迟到。万一由于交通堵塞或其他事情耽搁而迟到,一定要表达歉意,求得对方的谅解。赴宴有一个不成文的规定,迟到四五分钟问题不大,但千万不能超过一刻钟。否则,不仅自己尴尬,也会让主人难堪。

赴宴前,应修整仪容及装束,力求整洁大方,这是对主人的起码尊重。

如果去赴宴,要注意区分中西方的不同习俗。如果是中餐,主人往往会站在入口处等候客人,客人也要彬彬有礼,握手、点头、微笑、问候。有些人无视主人的存在,径直走进去,这是很不礼貌的。如果是西餐,尤其是家宴,一些比较讲究的人家会安排专人接待。因此,你进大门时遇到的第一个人很可能并不是主人,而是男侍者。他的责任有两个,一是帮你挂衣服,二是给你带路。所以,如果你贸然与他握手,就有点滑稽了。最好先观察一下,判断准确之后再决定。

如果是家宴,进了客厅之后,你不要急着找座位。西方人在这种场合一般会四处周旋,等待主人为自己介绍其他客人。你可以从侍者送来的酒和其他饮料里面选一杯,边喝边和其他人聊天。如果在中国,一般不喝酒,可以先喝点茶,并与其他客人友善地聊天。

进入宴会地点后,不可随便入座。具体坐哪个位置,一般由对方来安排。中餐入座时,往往按职位高低、年龄大小来确定座位。基本原则是:职务高者先入座,职务低者后入座;年龄大者先入座,年龄小者后入座;女士先入座,男士后入座。至于西餐,席位往往早已安排好,与你同来的男士或女士一般不会被安排坐在你身边。欧美人认为,熟人聊天的机会多得很,这个场合应多交一些新朋友。男女主人分别坐在长方形桌子的上下方,女主人的右边是男主宾,男主人的右边是女主宾。其他客人的坐法是男女相间。男士在入座之前,要帮右边的女士拉开椅子,待女士坐稳后自己再入座。

入座之后,主人拿餐巾,你就跟着拿餐巾。不管出现什么情况,主人没拿餐巾之前,你是不能拿餐巾的。在西餐中,有些主人有饭前祷告的习惯。这时,你也不能先拿餐巾,这是很不礼貌的举动。一般主人招呼后,即可进餐。

关于菜谱,我们对中餐是比较了解的。有的中餐馆有严格的流程,有的则相对灵活。但是,西餐是比较严格的。你要了解西餐上菜的顺序,不能提出不合规矩的上菜要求。否则,双方会很尴尬。西餐一般是三至五道菜,前三道菜往往是冷盘、汤、鱼,后两道菜是主菜(肉或海鲜加蔬菜)、甜品或水果,最后是咖啡及小点心。

宴会开始时,应由职务高者、年龄大者和女士先动筷,职务低者、年龄小者和男士后动筷。上菜时,应在主人的招呼下夹菜。一般说来,要就近夹菜、少量夹菜,切忌抢食、切忌搅盘。如果主人给自己夹菜,要表示感谢。

杯盘、筷勺、刀叉等不能相互碰撞,否则会被视为缺乏教养。骨头、鱼刺、残屑等不要随意吐在桌上,可放在自己面前的小碟中。如果手上沾有汤菜,不能抹在桌布上,要用餐巾轻轻擦拭。

既然是宴会,就一定有欢声笑语,但不能有噪音。进食要文雅,闭嘴细嚼,不能发出声音。同样,喝酒、喝饮料、喝汤也不能出声。如果汤、菜太热,可稍凉后再吃,切忌用嘴去吹。宴会不能有噪音,是宴会礼节中的金科玉律。尤其是西方人,往往将进餐时响声大视作为粗俗野蛮。

喝酒不宜过量,以免失态。嘴里有食物时,不能讲话。剔牙时,要用手或餐巾遮掩。

有时,不慎将酒杯碰倒、将餐具掉到地上或将酒水溅到邻座身上,都应表示歉意并迅速应对。

祝酒时,要注重顺序,不能乱了规矩。主人和主宾先碰杯,其他人后碰杯。主人和主宾祝酒致辞时,应暂停进餐、暂停交谈,注意倾听。人多时,可同时举杯示意,不一定碰杯。如对方距离自己较远,也可以举杯示意。别人碰杯时,切忌交叉碰杯。主人给自己敬酒时,要举杯回敬并表示感谢。饮酒不要过量,必要的敬酒是应该的,但不要硬劝强灌。当然,也要入乡随俗,切忌格格不入。在劝酒的问题上,西餐比较委婉,中餐有时比较注重。

宴会上会遇到撤盘的问题。尽管这是服务员的常识,但就餐者也应有所了解。在西方人的宴会上,最重视聚餐者同一步调。因此,绝对不能过早地把盘子撤掉。只要还有一位客人没吃完,把其他客人的盘子撤掉就等于在催促那位客人。因此,只要不是大规模的宴会,一般都要等到主客全部吃完之后再撤盘子。中餐的习惯是将空盘及时撤下,一般不会引起误会。但如果出席西餐,就要注意这个问题,别大大咧咧地要求侍者撤盘或干脆亲自动手撤盘。这就是中西方的文化差异。

在一般情况下,不能中途退场。如果遇到急事必须早退,应向主人致歉并说明情况,然后悄悄离去。如果早有打算,可以事先打好招呼,离席不要惊动太多的客人。有时,也可以向所有客人表示歉意,但要考虑是否会使宴会气氛受到影响。

结束用餐离开宴席时,应将餐巾折好放在桌面上。如果只是暂时离去,如上卫生间、打电话或与朋友交流,餐巾应放在座位上。如果主人将餐巾放在桌上并站起来,就意味着宴会正式结束,客人可以起立,向主人致谢,然后告辞。如果你不想太引人注目,最好不要第一个告辞,也不要最后一个离开。一旦告辞,就应爽快地离开。

三、车位礼仪

关于车位礼仪,这方面的规矩比较多,但我们掌握得并不精准,也不够系统。

车位礼仪也有广义与狭义之分。其中,狭义的车位礼仪主要是确定乘车的座次。确定乘车的座次时,往往要考虑车辆类型、座位数量、司机身份、客人详情。

先说吉普车的座次。吉普车多数是四座车。无论是主人驾驶还是专职司机驾驶,吉普车的座次顺序应当是:副驾驶座,后排右座,后排左座。

吉普车	
专职司机或主人司机	副驾驶座1
后排左座3	后排右座2

图3-3 吉普车座次示意图

再说轿车的座次。这里重点讲双排五座轿车、三排七座轿车、三排九座轿车。

双排五座轿车在国内最为普遍。如果是专职司机驾驶,双排五座轿车座次顺序应当是:后排右座,后排左座,后排中座,副驾驶座。

双排五座轿车		
专职司机		副驾驶座4
后排左座2	后排中座3	后排右座1

图3-4 双排五座轿车座次示意图1

如果是主人亲自驾驶,双排五座轿车座次顺序应当是:副驾驶座;后排右座;后排左座;后排中座。

双排五座轿车		
主人司机		副驾驶座1
后排左座3	后排中座4	后排右座2

图3-5 双排五座轿车座次示意图2

如果是专职司机驾驶,三排七座轿车的六个座位的座次顺序应当是:后排右座,后排左座,后排中座,中排右座,中排左座,副驾驶座。

三排七座轿车	
专职司机	副驾驶座6
中排左座5	中排右座4
后排左座2	后排中座3	后排右座1

图 3-6　三排七座轿车座次示意图 1

如果是主人亲自驾驶,三排七座轿车的六个座位的座次应当是:副驾驶座,后排右座,后排左座,后排中座,中排右座,中排左座。

三排七座轿车	
主人司机	副驾驶座1
中排左座6	中排右座5
后排左座3	后排中座4	后排右座2

图 3-7　三排七座轿车座次示意图 2

如果是专职司机驾驶,三排九座轿车的八个座位的座次应当是:中排右座,中排中座,中排左座,后排右座,后排中座,后排左座,前排右座,前排中座。

三排九座轿车		
专职司机	前排中座8	前排右座7
中排左座3	中排中座2	中排右座1
后排左座6	后排中座5	后排右座4

图 3-8　三排九座轿车座次示意图 1

如果是主人亲自驾驶,三排九座轿车的八个座位的座次应当是:前排右座,前排中座,中排右座,中排中座,中排左座,后排右座,后排中座,后排左座。

三排九座轿车		
主人司机	前排中座2	前排右座1
中排左座5	中排中座4	中排右座3
后排左座8	后排中座7	后排右座6

图 3-9　三排九座轿车座次示意图 2

所谓多排座轿车,特指四排座或四排座以上的轿车。不管是谁驾车,都以驾驶员身后的第一排为尊,其他各排座位由前而后依次递减。而在各排座位之上,则又讲究"右高左低"。简单地讲,可以归纳为"由前而后、自右而左"。其基本逻辑,应当依距离前门远近来排定。

车位礼仪还包括以下的其他注意事项。

第一,乘坐吉普车时,要注意上下车的顺序。上车时,后排位低者先上车,前排位尊者后上车。下车时,前排客人先下车,后排客人再下车。

第二,在专职司机驾驶时,副驾驶座一般称为"随员座",它是属于陪同、秘书、翻译或是警卫人员的专座。

第三,在主人亲自驾驶时,之所以将副驾驶座视为尊位,主要是方便主客双方的交流。

第四,副驾驶座一般不能让女士、老人或儿童坐。至于亲朋好友出行,就没有这个约束了。为了安全起见,女士、老人或儿童最好不坐副驾驶座。

第五,乘坐轿车时,请尊长、女士、来宾上座,是给予对方的一种礼遇。但与此同时,要充分尊重对方的意愿和选择。

第六,上轿车时,应当让尊长、女士、来宾先上车;下轿车时,应当让尊长、女士、来宾后下车。

第七,如果是主人夫妇驾车而客人也是一对夫妇时,则主人夫妇坐前座,客人夫妇坐后座。主人夫妇的位置随意,关键看谁开车。至于客人夫妇,由于礼节上应由男士让女士先上车,女士应当坐后排左座,男士坐后排右座。

第八,如果是主人亲自驾驶而客人只有一位时,客人应当坐在副驾驶座上。

第九,如果是主人亲自驾驶而客人较多时,必须推举一人在副驾驶座上就座,否则,就是对主人的失敬。

第十,如果同坐多人,中途坐前座的客人下车后,在后面坐的客人应改坐前座。这也是一种礼节,但很容易疏忽。

至于其他情况,有时也需要考虑。比如,几个同事坐某同事的车,如果这个同事开的是自己的车送大家回家,那么他就是主人,领导坐副驾驶座就表示他是1号首长,这是对他的尊敬。但如果这个同事开的是单位的车并去办公事,那他就成为专职司机。这个时候,副驾驶座就不是尊位,领导就不适合坐那里。

当然,也有特例。比如,几个同事坐某同事的车回家,大家往往会让较胖的同事坐副驾驶座。原因不是别的,就是为了节省空间。由此可见,我们既要明白车位礼仪,又要灵活处理。这是中国人的特点,既讲规矩,又不死板。

案例分析

某公司来了一名新员工小王,担任贾总的秘书。有一天,小王要和贾总去客户公司进行商务洽谈,同行的还有财务部的钱总监。

当司机小李把五座小轿车开过来时,小王心想,车前坐的位置又敞亮又不用和别人挤,自然应当是老总的位置。于是,他打开前座车门,请贾总上车。奇怪的是,贾总只是微微一笑,并没有上车。这时,钱总监打开后座右侧车门请贾总上了车,并对小王说:"还是你坐在前面吧。"钱总监打开左后侧车门,坐在贾总身边。

小王虽然疑惑,但知道自己一定是哪里出了错误,心里忐忑不安。没多久,他们到达客户公司。离老远,小王就看到对方的吴总带着秘书在门口等候。车刚停下,那个秘书就打开后侧车座的车门,并用手挡在车门上方,自己站在车门旁,恭敬地请贾总下车。小王这才恍然大悟,原来这个位置才是公认的领导位置。如果刚才坐在这里的是自己或钱总监,那就闹笑话了。

在商务场合,乘车位次有相应的规则。在这个案例中,贾总职位最高,应该坐在后排右座;钱总监的职位比小王高,应该坐在后排左座;小王职位最低,应该坐在副驾驶座。正因为遵守了这样的座次,客户在接待时首先默认迎接的是级别最高的领导,才不会出现认错人的尴尬。

经由这次教训,小王心想,原来乘车位次这么有讲究啊,自己可不能再犯错了。结果,没想到第二天又出错了。由于贾总与吴总的洽谈非常顺利,小王与同事们都加班加点准备相关资料。贾总担心大家路上的安全,就安排司机小李送部分同事回家,自己开车送另三位顺路的同事,其中就有小王。

贾总上车后,小王一看另外两位同事,分别是人事部的赵部长和财务部的钱总监,都比自己的职位高,心想这回应该是自己坐副驾驶座了吧。

没想到钱总监拉开了前座的门坐了上去,赵部长则拉开车右侧的门大大方方地坐下了,小王只能绕到左侧上了车。小王脑子有点蒙,一路上百思不得其解。没过多久,钱总监的家先到了。钱总监下车后,只见赵部长居然也下了车,补上了钱总监的空位。

回到家后,小王马上打开电脑,恶补了乘车位次礼仪,这才恍然大悟。原来,当领导开车时,车座的尊位就换了,副驾驶座就应当由级别最高的人坐,而且不能空缺。只要车上有人,就要马上补位,以表示对领导的尊重。另外,公司还有一辆吉普车。无论是司机小李开车还是贾总本人开车,第一尊位都变成了前排右侧座位,因为这种车型一般用于休闲旅游,前排视野好。

了解了乘车位次礼仪后,小王心里有底了。星期天,全公司的人一起出游,租了一辆九人座的小客车。这次,小王将位次安排得井井有条。待其他同事坐好后,他才将贾总请上车门右侧的1号位,自己坐到了前排8号位。停车时,他主动跳下车拉开车门,将贾总第一个请下了车。2号位的钱总监自己打开了左侧车门,对小王露出满意的笑容。

四、握手礼仪

握手在交际中使用频繁,也是中外的常规礼仪。握手看似简单,其实也有很多礼仪上的规范要求。

先说握手的常规顺序。习惯上,应当是主人、长辈、上司、女士主动伸出手,客人、晚辈、下属、男士再相迎握手。不少人误解了握手礼仪,认为自己主动伸手是礼貌和热情的表现,其实不能一概而论,必须考虑握手的顺序。如果你是客人、晚辈、下属、男士,却主动伸出手,就会让别人觉得你不懂礼貌,也不够庄重。

握手有以下十点注意事项。

第一,握手时一定要用右手,不能用左手。这是约定俗成的礼貌。尤其是阿拉伯人、印度人、印尼人,他们不用左手与他人接触,认为左手是不干净的。

第二,与基督徒握手时,要避免两人相握的手形成交叉状。这种形状类似于十字架,在他们眼里是很不吉利的。

第三,握手时间以2至5秒为宜。如果是一般关系、一般场合,稍用力握一下即可。如果关系亲密、场合隆重,握住后应上下微摇几下,以体现出热情。

第四,握手时,年轻者对年长者、职务低者对职务高者都应稍稍欠身相握。有时为了表示特别尊敬,可用双手迎握。

第五,如果是双方握手,应等双方右手握住后,再将左手搭在对方的右手上。这也是常用的握手礼节,以表示尊重。

第六,握手时,双目应注视对方,切忌,东张西望,漫不经心。

第七,在握手时,另外一只手不能放在衣袋里或拿着东西。

第八,在任何情况下,拒绝对方主动要求握手的举动都是无礼的。但如果年长者、职务高者用点头致意代替握手时,你也应随之点头致意,就不要再伸手了,以免双方尴尬。

第九,如果有手疾,或手上有水,或手不干净时,应谢绝握手,同时必须解释并致歉,以免造成不必要的误会。

第十,男士握手时不能戴帽、戴眼镜、戴手套。如果来不及脱掉,应向对方说明原因并表示歉意。不过,在隆重的晚会或社交场合,女士可以例外。

五、名片礼仪

虽然递送名片与接收名片只是小小的动作,但它包含了很多重要的东西。只有关注其中的细节,才能赢得他人的尊重。

(一)制作名片

自己身份、头衔多的话,可以制作不同的名片,方便和不同交往的对象交换不同的名片。面对不想深交的人,可以使用只印姓名等主要信息的名片。

名片的色彩应控制在三种颜色之内,普通材质就可以,没必要搞得太花哨。

在商务交往中,不能随便涂改名片,名片上也不能提供私宅电话,并且不能印两个以上的头衔。

如果需要印英文,可以将中文和英文各印一面。如果只有中文,另一面可以是业务方面的信息。

(二)递送名片

递送名片的时间应根据具体情况而定。如果名片持有者与人事先有约,一般可在告辞时再递送名片。如果双方只是偶然相遇,则可在相互问候,得知对方有与你交往的意向时再递送名片。参加会议时,应在会前或会后交换名片,不要在会中与人交换名片。

交换名片时,主人主动递给客人,晚辈主动递给长辈,地位低的人主动递给地位高的人,男士主动递给女士。要注意,这与握手时的先后顺序是正好相反的。

向对方递送名片时,应面带微笑,稍欠身,注视对方,用双手拇指和食指分别持握名片上端的两角,或者用右手拿上角送给对方,并要说"多指教""多联系"等客气话。

递送名片时,应将名片的正面对着对方。实际上,这是站在对方的角度来看的。如果将名片的正面对着自己,是一种极不礼貌的行为。

如果左手拎着包,就只能用右手递送。如果自己坐着,就应起位递送或欠身递送。一般说来,双方的高度应在比较一致的高度上。

不要把自己的名片和他人的名片或其他杂物混在一起,以免掏错名片;不要把名片放在裤袋里,而应放在心脏位置;不要把名片像发传单般随便散发,否则会降低你在对方心目中的形象。

如果对方人数较多,可按照职务高低递送;如果对方人多又不知具体职位,可采用由近到远的顺序;如果现场是一个圆桌,可采用顺时针方向。

破旧名片应尽早丢弃,与其送一张破损或脏污的名片,还不如不送。

(三)接受名片

接受名片时,要起身迎接,用双手接下,表示谢意,并回敬对方名片。

如果没带名片,可以强调名片用完了或者名片没有带,再说些"以后给您"之类的客气话。

接过名片后,一定要仔细看。首先是了解对方的确切身份,其次是表示重视对方。要记住对方姓名、头衔等主要信息,可以默念或读出声来。特别是在对方有很重要的头衔时,可以赞赏一番。如果对方给你的名片没头衔,就不要多问,可能他是职场新人,还没有头衔。

名片要现场收藏,可以放在名片包、上衣口袋、办公桌抽屉里。不要放在办公桌上,不要扔掉,也不能给其他人。

(四)索要名片

如果是比较熟的人,可以主动提出交换名片。但在一般情况下,不宜主动索要陌生人的名片。

如果很需要对方名片,可以主动把自己的名片递过去,并寒暄道:"很高兴认识您,这是我的名片。"这样一来,对方往往会回敬给你名片。

晚辈对长辈、下级对上级,可以说:"不知道以后有没有机会向您请教。"长辈对晚辈、上辈对下辈、平辈对平辈,可以说:"以后怎么和你联系比较方便?"言外之意都是索要名片。

第三节　心灵美

一、心灵美的定义

在"社会美"中,"心灵美"比"躯体美""行为美"更为重要。

在西方,所谓"心灵美",又称"精神美""内心美""灵魂美",是指人的精神世界的美。古希腊哲学家柏拉图强调:"心灵的优美与身体的优美和谐一致是最美的境界。"从某种意义上说,这句话正是"心灵美"这一说法在西方世界的发端。

在中国古代,将"心灵美"称为"内秀""性善""仁""诚"等。孔子提出"里仁为美",墨子认为"务善则美",孟子则认为"充实善信"是美德之人。显而易见,这些哲人的总体思路是一致的:只有善良的、诚实的心灵才是美的。中国传统文化常用自然事物的美来比附人类的"心灵美":玉之所以美,就在于其"沧海月明珠有泪,蓝田日暖玉生烟"的温润特质;竹之所以美,就在于它"千磨万击还坚劲,任尔东西南北风"的坚定节操;梅之所以美,就在于其"梅须逊雪三分白,雪却输梅一段香"的高风亮节;菊之所以美,就在于其"故园三径吐幽丛,一夜玄霜坠碧空"的淡泊品位。

二、心灵美的最高境界

"心灵美"是人的本质力量的集中体现,也是人类社会实践的产物。因此,"心灵美"是在我们的学习的过程中、教育的过程中、修养的过程中,在同假、恶、丑的较量中形成和发展的,必然受到特定时代的社会制度、道德规范、生产方式、生活习俗的制约。

事实上,不同时代、不同国家、不同民族、不同地域的人对"心灵美"往往有着不同的衡量标准。求同存异、去粗取精之后,我们会惊喜地发现,人类对于"心灵美"的认识总体上还是存在许多相似之处。一般说来,"心灵美"的内涵主要包括四个方面:一是思想意识的美,如追求真理、热爱祖国、崇尚和平等;二是道德情操的美,如情感的美、操守的美、格调的美等;三是精神意志的美,如崇高气节、进取精神、创造意识等;四是智慧才能的美,如文化素养、知识才能、聪明睿智等。

"美"原本是一个极难解读、不易诠释的抽象名词,众说纷纭,不一而足。宏观分析起来,"美"不外乎"躯体美""行为美""心灵美"。在这"三美"之中,"心灵美"理当占据首席,属于真正意义上的首席之美。这是因为,"心灵美"是人的教养、涵养、修养的集中表现。一个人有了教养,便显露出纯正的人生经验;一个人有了涵养,便显露出丰富的人生阅历;一个人有了修养,便显露出珍贵的人生财富。"心灵美"是人的"行为美""语言美"的内在依据,通过具体的感性形态而被他人所感知,集中体现了社会文明对人的思想、情感、意志的要求。

毋庸讳言,"躯体美"确实很重要。一个人,无论男女,如果具备与众不同的"躯体美",

就会在交际上、业务上、择偶上占据上风,拥有优势。但是,"躯体美"绝大多数是先天的,而且拥有者凤毛麟角。更要命的是,岁月是把无情刀,再美妙的容颜也根本经不起时间的风化。在人群中,真正具备"躯体美"的人堪称百里挑一;在人生中,真正拥有"躯体美"的时段稍纵即逝。由此可见,所有的人(包括具备"躯体美"的人)都将面临不具备躯体美的严峻考验。

很多人将影视明星视为偶像,羡慕他们所拥有的一切。但他们却忽视了一些事实:第一,干什么都不简单,没有付出哪有收获;第二,一将功成万骨枯,要在某一领域取得出类拔萃的成绩,谈何容易;第三,过去拥有不等于现在拥有,现在拥有不等于以后拥有,包括名气、财富与容颜,都是如此。

相比之下,"行为美"与"心灵美"则是绝大多数人在每一个生命阶段都能实现的。只不过,这种"行为美"与"心灵美"的获取需要经过科学合理的训练、真诚善良的努力。当你不具备"躯体美"的时候,"行为美"尤其是"心灵美"就能大展拳脚,为我们的学习、生活、工作、事业提供活力与动能。

打个不太恰当的比方,不同的人之间的"躯体美"的比拼有点像百米冲刺般的短跑,"行为美"与"心灵美"的比拼则更像马拉松式的长跑。前者固然耀眼一时,辉煌无比,但远不如后者持久。随着岁月的流逝,不要说别人的"躯体美",就连自己曾经拥有的容颜也会慢慢老去。而"行为美"与"心灵美",却恰似旷世珍宝,永久地印刻在我们的脑海与心府。想想看,真正的爱情、亲情、友情是必须来自"躯体美"吗?显然不是。即使是花前月下的浪漫时刻,也是"情人眼里出西施"。即使是金童玉女,也未必能走到最后,获得真正的幸福。很多婚姻幸福的人,并不具备"躯体美",有的容貌甚至还不如一般人。但他们在感情世界里,却是真正的完美者,令人羡慕不已。相反,一味追求"躯体美"的人,往往会忽视对方的"行为美"与"心灵美"。结果,对方一旦移情别恋,自己就会生出上当受骗之感。有的甚至会由爱生恨,演变成一幕幕人间悲剧。

对于"心灵美"来说,最高境界无疑是真、善、美的统一。这个最高境界是至高无上的,也是很难实现的,却值得我们孜孜以求。道理很简单,真善美体现了人类的无限美好的理想。正所谓:"求其上,得其中;求其中,得其下。"当你的目标是一百分时,经过努力,是很容易获得八九十分的。但如果你的目标仅仅是六十分,最终就有很大的可能及格不了。

因此,我们不排斥"躯体美",但更崇尚"行为美""心灵美",更崇尚真善美的统一。当然,这里所说的"真善美",更多的是偏重于从"心灵美"的角度去阐释。

三、"真善美"的真意

如果说"真善美"是"心灵美"的最高境界,那么,我们该如何理解"真善美"的真意呢?在这里,我们不妨研读一下作家周国平的解读文章,肯定会有所感悟的。

第三篇　社会美与美育

什么是真善美
周国平

真、善、美是人类古老而常新的精神价值。人类所追求的一切美好的境界、所使用的一切美好的词汇，几乎都可以归结到这三个词。正因为如此，这三个抽象而美丽的词便可容纳种种不同的理解。事实上，对于什么是真、什么是善、什么是美，人们一直各抒己见，争论不休，不曾也永远不可能达成一致的看法。不过，这并不妨碍我们仍用这三个词来代表那些值得我们追求的精神价值。

把精神价值概括为真、善、美三种形态，的确很有道理。柏拉图把人的心灵划分为三个部分，即理智、意志和情感，而真、善、美便是与这三个部分相对应的精神价值。其中，真是理智的对象，体现为科学活动；善是意志的对象，体现为道德活动；美是情感的对象，体现为艺术活动。当然，我们应当记住，正像人的心灵本是一个整体，理智、意志、情感只是相对的划分一样，真、善、美三者也是不能截然分开的，它们之间有着极为紧密的联系。

"真"即真理、真实、事物的真相。大多数哲学家都认为，理性是人区别于动物的根本特征。因此，运用理性能力去认识真理乃是人的优秀和尊严之所在。对于什么是真理，人在多大程度上能够认识真理，哲学家们有很不同的看法。不过，有一点好像是比较一致的，就是他们都提倡一种热爱真理的精神。所谓热爱真理，首先是指对于任何道理都要独立思考，寻问和考查它的根据，决不盲从。所以，真正热爱真理的人必定是具有怀疑精神的，对真理的热忱追求往往表现为对传统观念和流行意见的怀疑乃至反抗。其次，一旦发现了真理，就要敢于坚持。亚里士多德对他的老师柏拉图的理论做了重大修正和批判，在谈到这一点时，他说了一句名言："我爱我的老师，但我更爱真理。"爱真理甚于爱一切，这是思想家的必备品质。在人类历史上，新发现的真理一开始总是被视为异端，遭到统治者乃至全社会的反对和迫害，因而坚持真理必须具有非凡的勇气和牺牲精神。在包括自然科学和社会意识形态在内的人类各个思想领域中，多少革新者为了坚持他们心目中的真理而历尽苦难，甚至献出了生命。他们所发现的真理也许又会被后人推翻，但他们热爱真理的精神是值得世世代代永远尊敬的。

"善"有两层意思。一是指个人的善，即个人道德上、人格上、精神上的提高和完善。二是指社会的善，即社会的进步和公正。这两方面都牵涉到理想和价值标准的问题。"善"的个人是好人，"善"的社会是好社会，可是好人和好社会应该是什么样子的呢？对于个人来说，理想的人性模式是怎样的，怎样度过一生才最有意义？对于社会来说，如何判断一个社会是否公正，社会进步的目标究竟是什么？这些问题并无现成的一成不变的答案，需要每个人和每一代人进行独立的探索。我们只能确定一点，就是无论个人还是社会都要有理想，并且为实现理想而努力。没有理想，个人便是堕落的个人，社会便是腐败的社会。

对"美"的理解分歧就更大了。这里我不想去探讨美学上的各种理论，只想表明我的这一看法：尽管美感的发生有赖于感官，例如我们要靠眼睛感受形象的美、要靠耳朵感受音乐

105

的美,但是,如果感官的任何感受未能使心灵愉悦,我们就不会觉得美。所以,美感本质上不是感官的快乐,而是一种精神性的愉悦。正因为此,美能陶冶性情,净化心灵。一个爱美的人,在精神生活上往往会有较高的追求和品位。

由此可见,真、善、美的确是不可分的。理智上求真,意志上向善,情感上爱美,三者原是一体,属于同一个高贵心灵的追求,是从不同角度来描述同一种高尚的精神生活。

四、有关心灵美的箴言

关于"心灵美",有许多言简意赅的箴言,促人反思、发人深省。从某种意义上说,"心灵美"充分体现了人性的善良,闪耀着人性的光辉。

1. 你改变不了环境,但你可以改变自己;你改变不了事实,但你可以改变态度;你改变不了过去,但你可以改变现在;你不能控制他人,但你可以掌握自己;你不能预知明天,但你可以把握今天;你不可以样样顺利,但你可以事事尽心;你不能延伸生命的长度,但你可以决定生命的宽度。

2. 心灵美比外表美更美丽。外表美可以短暂地映入眼帘,而心灵美则会永久地印入脑海。

3. 理解是一轮心灵的触碰,是一次思想的交融,是一种错误的包容。理解就是无论他说什么,你都能心领神会;无论他想什么,你都能心有感应;无论他做什么,你都能站在他的角度去思考。理解需要交流,理解需要沟通,理解需要包容。理解是一种阅历,理解是一种理念,理解更是一种境界。

4. 让需求简单一点,心灵就会更轻松一点;让外表简单一点,本色就会更接近一点;让沟通简单一点,情感就会更融洽一点;让过程简单一点,内涵就会更丰富一点;让效率更高一点,成果就会更丰硕一点。

5. 宽容是一种美德。宽容别人,其实也是给自己的心灵让路。只有在宽容的世界里,人才能奏出和谐的生命之歌。我们不但要自己快乐,还要把自己的快乐分享给朋友、家人甚至陌生人。分享快乐本身就是一种快乐,而且是一种更高境界的快乐。

6. 人要知足常乐,什么事情都不能想繁杂。心灵的负荷重了,就会怨天尤人。如果你简单,这个世界就对你简单。简单生活,才能幸福生活。要定期对记忆进行一次删除,把不愉快的人和事从记忆中摒弃。张爱玲说:"因为爱过,所以慈悲;因为懂得,所以宽容。"

7. 人性所能达到的高峰,历史上已层峦叠嶂。海到无边天作岸,山登绝顶我为峰。这样的人,既渺小如尘,不挂名利负累,又胸怀如海,容纳百川千江。

8. 从我们心中夺走对美的爱,也就夺走了生活的全部魅力。

9. 为美而献身远比为面包而活着要幸福得多。

10. 十全十美虽无法达到,但却值得追求。

11. 美在已经涉足和尚未涉足的领域中创造着。

12. 追求美而不亵渎美,这种爱是正当的。

13. 生命是财富,心灵美好能使财富拥有它的价值。

14. 花朵衰败的地方,人类没法生活。

15. 要创造出真正的美必须具备巨匠的技艺。

16. 只有天赋很好的人能够认识并热心追求美的事物。

17. 每一天要增加新的知识,做个有心人。当听到、看到一些美好的句子,怦然心动的,要记录下来,慢慢回味,会感悟到一些人生的真谛。这样日积月累,会增加自身的修养,达到一个新的高度。

18. 美是奇异的,它是从世界的喧嚣和灵魂的磨难中铸造出来的东西。

五、心灵美的典范:"感动中国人物"

1. 杨振宁

杨振宁先生是跨世纪的伟大物理学家,在粒子物理学、统计力学和凝聚态物理等领域作出里程碑性贡献。他心系祖国科教事业,为国家的科技发展、中外科技文化交流作出了重要贡献,推动了香港中文大学数学科学研究所、清华大学高等研究中心、南开大学理论物理研究室和中山大学高等学术研究中心的成立。

颁奖辞:站在科学和传统的交叉点上,惊才绝艳。你贡献给世界的,如此深奥,懂的人不多。你奉献给祖国的,如此纯真,我们都明白。曾经,你站在世界的前排,现在,你与国家一起向未来。

2. 张顺东、李国秀夫妇

张顺东和妻子李国秀身残志坚、自立自强,用奋斗创造幸福生活,照顾年迈老人、抚养年幼孩子以及失去双亲的2个侄女,书写了"踏出脱贫路、撑起半边天"的感人故事。

颁奖辞:山对山来崖对崖,日子好比江中排,毛竹天生筋骨硬,顺风顺水出山来。李家大姐人才好,张家大哥看上她。没脚走出致富路,无手绣出幸福花。

3. 苏炳添

"中国飞人,亚洲之光"。在2020年东京奥运会男子100米半决赛中,苏炳添跑出9秒83,以半决赛第一的成绩闯入决赛并打破亚洲纪录,成为中国首位闯入奥运男子百米决赛的运动员。决赛场上,苏炳添是一排黑人中间唯一的黄种人,他再次打开10秒大关,以9秒98的成绩获得第六名。

颁奖辞:世界屏住了呼吸,9秒83,冲出亚洲的速度。你超越伤病和年龄,超越了自己。你奔跑的背后,有强大的祖国。

4. 朱彦夫

14岁参军,先后10次负伤,3次立功。在朝鲜战场上,他所在连队当时与敌军在零下30多度的恶劣天气里血战了三天三夜,最终仅有他一人生还,但他身负重伤,昏迷93天,先后经历47次手术后,被截去四肢,没了左眼,右眼视力仅剩0.3。新中国成立后,朱彦夫主动放弃荣军疗养院的优厚待遇回乡,用25年时间带领乡亲治山治水,改变了家乡贫穷落后的面貌。

颁奖辞:生命,于你不只一次,士兵,于你不只是经历。没有屈服长津湖的冰雪,也没有向困苦低头,与自己抗争,向贫穷宣战。一直在战斗,一生都在坚守,人的生命,应当像你这样度过。

5. 顾诵芬

顾诵芬生于书香门第,7岁时在北平时,目睹日军轰炸城市,立志投身航空事业报国。自1956年起,顾诵芬先后参与、主持我国第一款自主设计的喷气式机型的气动布局和全机的设计,并创造性解决了大超音速飞行的飞机方向安定性问题和跨音速的飞机抖振问题。顾诵芬的工作经历与新中国航空工业的发展轨迹完全重合。他见证了中国航空工业从无到有、从小到大,构建起现代航空产业体系的过程。

颁奖辞:像静水深流,静水里涌动报国的火,似大象无形,无形中深藏着强国梦。心无旁骛,一步一个脚印,志在冲天。振长策,击长空,诵君子清芬。

6. 陈贝儿

在历时三个月的拍摄时间中,陈贝儿和拍摄团队跨越14个曾经处于深度贫困的地区,"沉浸式"体验当地居民生活,节目体现了国家扶贫工作为当地带来的翻天覆地的变化,深刻诠释了中国共产党"以人民为中心"的发展思想,拉近了内地和香港同胞的心灵距离,为香港融入国家发展注入了更强信心和动力。颁奖辞:从霓虹灯的丛林中转身,让双脚沾满泥土。从雨林到沙漠,借溜索穿过偏见,用钢梯超越了怀疑。一条无穷之路,向世界传递同胞的笑容,你记录这时代最美的风景。

7. 吴天一

吴天一院士投身高原医学研究50余年,提出高原病防治的国际标准,开创"藏族适应生理学"研究,诊疗救治了藏族群众上万人。在青藏铁路建设期间,吴天一院士主持制定一系列高原病防治措施和急救方案,创造了铁路建设工人无一例因高原病致死的奇迹。如今80多岁的吴天一院士仍然坚守在青藏高原之上,守护着高原人民的健康。

颁奖辞:喝一口烧不开的水,咽一口化不开的糌粑,封存舍不下的亲情,是因为心里有放不下的梦。缺氧气,不缺志气!海拔高,目标更高。在高原上,你守望一条路,开辟了一条路。

8. 江梦南

半岁时,江梦南因用药物失聪,开始学说话的时候,从字、词到日常用语,她对着镜子学口型、摸着父母喉咙学发音,通过读唇语学会了"听"和"说"。从小到大,凭借优秀的学习成绩,她成为家乡小镇上近年来唯一考上重点大学,最终到清华念博士的学生。

按照计划,江梦南将于明年博士研究生毕业,她就读生物信息学专业,江梦南的目标始终是明确的,那就是解决生命健康的难题。

颁奖辞:你觉得,你和我们一样,我们觉得,是的,但你又那么不同寻常。从无声里突围,你心中有嘹亮的号角。新时代里,你有更坚定的方向。先飞的鸟,一定想飞得更远。迟开的你,也鲜花般怒放。

9. 彭士禄

彭士禄是我国著名的核动力专家,中国核动力事业的开拓者和奠基者之一。上世纪50年代,他隐姓埋名投身核潜艇研制事业,担任第一任核潜艇总设计师,为我国第一艘核潜艇成功研制作出了重要贡献。改革开放后,他负责引进大亚湾核电站,组织自主设计建造秦山核电站二期,引领我国核事业发展实现历史性跨越。

颁奖辞:历经磨难,初心不改。在深山中倾听,于花甲年重启。两代人为理想澎湃,一辈子为国家深潜。你,如同你的作品,无声无息,但蕴含巨大的威力。

10. 航天人

30年来,从一人一天到多人多天,从舱内实验到太空行走,从短期停留到中期驻留,中国人正一步一个脚印走进属于自己的太空家园——空间站。伴随着一次又一次起飞,中国人在太空中走得越来越远,而我们的梦想却越来越近。

随着北斗三号最后一颗卫星升空,我国终于建成了独立自主、开放兼容的全球卫星导航系统。近三十年间,几代北斗人坚守建设中国人自己卫星导航系统的初心使命,建成中国的北斗,世界的北斗,一流的北斗。奔向新时代,北斗人将踔厉奋发、笃行不息,继续为构建人类命运共同体贡献北斗力量。

嫦娥探月、天问问天、神舟逐梦、北斗环宇。几十年来,中国航天人从未停下对宇宙探索的脚步,探索宇宙,是一代代中国航天人不变的情怀与浪漫! 未来,中国航天必将走得更稳、更远!

颁奖辞:发射、入轨、着陆,九天探梦一气呵成。追赶、并跑、领跑,五十年差距一载跨越。环宇问天,探月逐梦,五星红旗一次次闪耀太空,中国航天必将行稳致远。

思考练习

1. 哪些因素可能影响躯体美?
2. 宴会礼仪应注意哪些问题?
3. 什么是心灵美的最高境界?

第四篇　艺术美与美育

本篇导读

1. 本篇由十章组成,分别诠释文学美、音乐美、绘画美、书法美、舞蹈美、戏曲美、影视美、雕塑美、饮食美、服饰美。

2. 每一章都分为三个小节,分别是简介、审美特点、审美方法。

3. 每一章的第一节为简介,分别介绍文学之美、音乐之美、绘画之美、书法之美、舞蹈之美、戏曲之美、影视之美、雕塑之美、饮食之美、服饰之美,力求高屋建瓴、言简意赅。

4. 每一章的第二节研究文学审美、音乐审美、绘画审美、书法审美、舞蹈审美、戏曲审美、影视审美、雕塑审美、饮食审美、服饰审美的各自特点,尽可能增补一些拓展性的相关知识。

5. 每一章的第三节研究文学审美、音乐审美、绘画审美、书法审美、舞蹈审美、戏曲审美、影视审美、雕塑审美、饮食审美、服饰审美的不同方法,侧重于普适性广、针对性强的具体操作。

第一章 文 学 美

学习目标

1. 素质层面
感受文学之美,努力提升文学修养。
2. 知识层面
(1)了解文学的社会价值。
(2)认识文学审美特点。
3. 能力层面
掌握文学的审美方法。
4. 思政层面
欣赏优秀文学作品,增强对古典文学和传统文化的热爱,自觉坚持文化自信。

第一节 文学之美

一、文学之美

文学之美,令人流连忘返。阅读名家名作,有的如饮山泉、如沐春风,顿觉心旷神怡;有的如闻战鼓、如闻金戈,豪迈之气油然而生。

《诗经》以"赋、比、兴"开中国文学之先河。国破后的农夫途经昔日皇宫坐落之地而生"黍离"之悲,新婚的夫妇弄错了日出的时间却叹"莫不静好",这是"宫阙万间都作了土""赌书消得泼墨香"的更早的演绎。王勃既留下"落霞与孤鹜齐飞,秋水共长天一色"的佳句,也叹息"阮籍猖狂,岂效穷途之哭"。两个时空的才子仿佛在穷途末路上相遇、互诉衷肠。文学之美,就在于打破时空的藩篱,以景语而通情语,直探人生的真谛。

诗歌创作在唐朝达到巅峰,而孕育出诗人们的"盛唐气象"同样推动了唐传奇这一小说雏体的诞生。完整的故事情节和典型的人物形象已经成为唐传奇的标配,现代吃着空运荔枝的我们得以从中一睹"一骑红尘妃子笑",得以惋惜"此恨绵绵无绝期"的爱情,得以从他们所创造的文学作品中感知古人情感的起伏和生命的脉动。从此,杨贵妃成了字太真的仙子、唐明皇成了苦寻太真的痴情郎。于是,早已作尘土的他们又有了血肉,又有了生命。

有首《梁山伯与朱丽叶》曾红极一时,中西方爱情故事里的人物在现代歌手的想象中进入同一时空。这样的歌曲之所以会被人传唱而未被批评荒诞不经,也正是得益于文学的魅力。创作者借手中的笔书写人类共通的情感与生命核心。哪怕是不同地域、不同时代的人物,也能通过文学产生一种用物理科学难以阐释的联系。

张若虚作出"孤篇压倒全唐"的《春江花月夜》时,或许也和今天的我们有着共同的思考:明月何时高悬中天?谁又是第一个睹月之人?物理的时空,难以容纳古人今者,他们既不能在空间上挤在一起,也不能突破时间进入相同的历史进程,却能通过文学创建广阔无垠的新世界,在文学中交流对话,在文学中感知各自的存在。李白端着他的酒杯,对影成三人,或许那其中一人不是空中的明月而是当今的我们,我们于月夜共酌,于文学中超越时空。

(一) 文学的光芒照亮现实

优秀的文学作品之所以流传千古,是因为蕴含着一些极具生命力的东西让人感觉亲切。我们从中自能感受到作者的那份喜悦、那份温婉、那份渴望。这是文学的独特魅力。

(二) 文学的道路通往未来

对于很多人来说,文学是探索美学的开端,是感知美、欣赏美的契机。在文学中,我们感悟到温婉之美、凄厉之美,感受到生活的快捷与舒缓、生命的漫长与短暂。借助文学,我们逐渐学会了诗意的表达。与普通人相比,文学爱好者是幸运的,因为他们能够欣赏到独特的人生之美、社会之美、宇宙之美,还能收获一颗欢喜、清净的心。难怪有人会说:"美是一种看不见的竞争力。"

二、中国古典文学的"三美"

从唐诗到宋词,美是一种看不见的竞争力。中国古典文学是一个"时间"概念,即从上古先秦时代到明清这一阶段的文学。在中国古典文学中,我们能感受到各种古典之美。"路漫漫其修远兮,吾将上下而求索"体现的是执着进取之美,"暧暧远人村,依依墟里烟"体现的是幽静恬淡之美,"沧海月明珠有泪,蓝田日暖玉生烟"体现的是怅惘若失之美,"人比黄花瘦"体现的是凄清哀怨之美。

中国古典文学超越了时空的界限,其隽永的艺术韵味激起一代又一代读者,融入中华民族的精神品格、审美趣味之血脉,孕育出一个悠久的文明灿烂的美学世界。

（一）和谐美

中国文化崇尚"中庸"之道,表现在文学这门艺术上,那就是情感要表达合适,内容与形式相互和谐。这种"中和"之美是中国古典美学的一大理想,也是其"本体论"。在艺术审美活动中,主体与客体和谐统一,理智与情感和谐统一。

（二）意境美

意境是中国古典美学独有的范畴,指的是"形而上"的独特的审美境界。一般而言,它就是意象的升华。无论是物象、事象还是意象,都共同组成了我们常说的意境。中国古典诗歌最讲究意境,司空图提出的"二十四诗品"、刘勰提出的"八体"都是境界之说的具体化。

（三）自然美

中国文化一向崇尚自然。田园诗意般的生活,具有极其浪漫的美学品格,使人们与世俗世界拉开了距离。中国人在这里,心灵得到了栖息,精神得到了滋润。"采菊东篱下,悠然见南山"是一种淡泊之美。"山光悦鸟性,潭影空人心"是一种宁静之美。"野旷天低树,江清月近人"是一种空灵之美。

三、中国古典文学美的范例

很多人会问,中国古典文学最早应该追溯到什么时候?如何理解中国古典文学之美?"月落乌啼霜满天,江枫渔火对愁眠"与"日照香炉生紫烟,遥看瀑布挂前川",哪一个更加唯美?"海上生明月,天涯共此时"与"老夫聊发少年狂,左牵黄,右擎苍",哪一个更加永恒?

中国文化纵贯五千年,堪称源远流长。中国文化究竟美在哪里?我们不妨来欣赏东晋末至刘宋初期伟大诗人陶渊明的两篇诗文。

一是《饮酒》。"采菊东篱下,悠然见南山。"陶渊明闲来无事,就准备去摘取菊花。就在这时,南山却不期而至。于是,他悟出了其间的人生"真意"。不过,正当他想要辨析"真意"的内涵时,却人我两忘,无法用语言来加以诠释。这样一首短短的诗里,包含了众多的信息,引导你透过这些表面的文字,去构建属于自己的精神家园。这才叫诗之美,这才是所谓的"得意妄言"。

二是《桃花源记》。实际上,《桃花源记》是《桃花源》这首诗前面的序。可是,这个序比诗还长,而且比诗更有名。很多人都没有读过那首诗,但几乎所有的人都读过这个序。即使放在今天,这都堪称散文中的极品。

陶渊明出于对现实的不满、对理想的渴望,用自己的笔描绘出一个世外桃源。所用文字极为浅显,所设情节极为简易,却成功地将读者带入一个闻所未闻、见所未见的思想领域。

其实,我们不妨将这个序视为一篇短篇小说。时空都有了,人物与职业也很清楚,就是一个晋太元中的以捕鱼为生的武陵人。文章客观地介绍时空与人物,没有掺杂任何主观的话语。但事实上,所有的这一切都是虚构的,不仅没有这样的人,而且也没有这样的事。

第四篇　艺术美与美育

　　这个捕鱼人之所以"缘溪行",是出于职业习惯,总是顺着溪水走,试图找到更多的鱼。"忘路之远近"中的"忘"字大可注意。外出旅行,因为很清楚自己接下来去哪里、怎么去。只有陶醉期间,流连忘返,才会出现"忘路之远近"之类的问题。捕鱼人实际上是迷路了,这才有了发现桃花源的事情。我们从中可以感悟到,只有彻底忘掉功利,才能遇见最美的风景。只有迷恋其间,遗忘世俗,你才会有更新、更美的发现。

　　实际上,暂时忘却现实的时刻才是生命中最美好的时刻。在现实生活中,"我"往往被很多外在的事物所约束、所羁绊,让我们误以为电话号码、身份证号码及各种密码组成的才是真正的自己。如果这一天,你像捕鱼人一样"忘路之远近",暂时忘却捕鱼这个现实职业、现实环境,而流连于一片美妙的桃花林,你才能真正进入自己的心灵世界。

　　"夹岸数百步,中无杂树。芳草鲜美,落英缤纷。"无数桃花盛开,这是何等神奇的世界。"渔人甚异之。"他当然会感觉诧异,捕鱼这么多年,还不知道竟然有这么一个美妙的地方。人生在世,有时候也需要孩子般的好奇心。否则,无论是生活还是工作,都会陷入疲倦、进入瓶颈。"复前行,欲穷其林。"有了足够的好奇心,就想获得更多的神奇。于是,就继续往前走,想看看树林的尽头究竟有些什么东西。

　　这一大段文字毫无作者的主观意见,轻描淡写,全是客观的描述。不得不承认,陶渊明才是真正的写作高手。你再看他的诗,就会讲很多道理。至于这个序,只是讲述一个故事,目的是引导大家去读他的诗。

　　"林尽水源,便得一山。"这说明,他已经发现了水的源头。"山有小口,仿佛若有光。"读到这里,你是否感悟到,这何尝不是对一个未知世界的探秘? 在那里,自有一些神奇的东西在吸引你不由自主地走进去。

　　《桃花源记》似乎并没讲述什么超凡脱俗的故事,更没有诠释什么大道理。然而,它却具有极为强烈的象征性。对于一般人来说,我们的生命之源早已被遗忘,以至于根本意识不到它的存在。

　　"便舍船,从口入。"这六个字至关重要,极具启发意味。你不舍弃现有的东西,就无法获得更加美好的东西。从这个意义上说,舍是入的开始,因为现有的东西往往会成为限制你的负担。我们不得不承认,陶渊明确实具备哲学家的素养。

　　"初极狭,才通人;复行数十步,豁然开朗。"这段描写与我们的创作经历可以说是丝丝入扣。创作刚开始的时候,有一个非常狭窄的部分,你总是觉得通不过,甚至会回头。不到一定的程度,你就不会看到豁然开朗的部分。其实,任何专业都一样,刚开始在外面的时候都很兴奋,可进去以后,有一段时间会有很大的难度,坚持以后,自然柳暗花明。

　　"土地平旷,屋舍俨然,有良田美池桑竹之属。"你看,在这里,有田地、桑树、竹林。"阡陌交通,鸡犬相闻。"这里的人们生活在鸡鸣、狗叫的理想家园。"男女衣着,悉如外人。黄发垂髫,并怡然自乐。"在这里,陶渊明使用了白描手法,既展现了桃花源的生活状态,又揭示了当地人的朴素情感。

　　"见渔人,乃大惊,问所从来。具答之。便要还家,设酒杀鸡作食。"问清捕鱼人的来历之后,人们热情地邀请他上门做客,并盛情款待他。"村中闻有此人,咸来问讯。"这个场面很容易让我们联想到小时候,家里只要来了客人,就连邻居也会跑过来打听,所有人都乐在其中。

"自云先世避秦时乱,率妻子邑人来此绝境。"当地人一向不与人介绍了他们的身世。原来,他们的祖先是在秦朝时来桃花源避难的。这里所说的"绝境",是指外面的人很难知晓、很难进入的地方。"不复出焉,遂与外人间隔。"外面的人进不来,他们也不愿出去。于是,他们过着自给自足的生活。

仔细想想,人和物质的关系也很有趣。究竟是人做物质的主人,还是人做物质的奴隶,这个问题一定要妥善解决。很多时候,人往往有依赖性,总觉得离开某样东西便无法生存。一旦地震来临,人们在惊慌之余,却发现一个简单的事实,原来自己还是可以过上极为简单的生活的。由此可见,灾难未必都是无益之物,至少它能提醒你,在你的人生中,在关键时刻,哪些人、哪些物是你最需要的,哪些人、哪些物是你不需要的。认清楚这一点是至为关键的,因为你能由此了解到自己对外在的物质的依赖究竟有多深。

"问今是何世。"桃花源中的人只知道秦朝,之后就一无所知。"乃不知有汉,无论魏晋。"换句话说,他们的时间相当于停留在、静止在秦朝。这当然是一个辛辣的讽刺,因为人们不愿再接受任何战争、痛苦与灾难。

"此人一一为具言所闻。"捕鱼人详细地介绍了外面的情形。"皆叹惋。"对于捕鱼人的介绍,桃花源中的人不仅不羡慕,反而摇头叹息。"余人各复延至其家,皆出酒食。"在农业社会,人与人之间很容易成为朋友。"停数日,辞去。此中人语云:'不足为外人道也。'"这里所说的"不足为外人道",可以有多种解释:一是不要在外人面前提到我们;二是不要告诉别人我们的存在和我们的位置;三是我们这里的一切微不足道,就不必让外人知晓了。由于陶渊明采用了白描手法,没有进行任何解释,反而令人读来意味深长。

"既出,得其船。"捕鱼人从桃花源出来了,刚才是舍船,现在则是得船。这就意味着又回到世俗的世界,又恢复本来的职业。"便扶向路,处处志之。"刚才才答应桃花源中的人为他们保密,结果一出来就一路做记号。这其中的心机也太明显了,他很明显还想去桃花源。这个场景描写也极具象征意味,当你致力于做记号的时候,就意味着精神家园已然坍塌、已然消失,做记号也没用。

更糟糕的是,渔人"及郡下,诣太守,说如此"。这段文字极为简洁,却让读者产生紧张之感,唯恐桃花源受到任何伤害。捕鱼人见到太守,就将桃花源的事情全盘托出,完全违背了自己的诺言。

"太守即遣人随其往""寻向所志",跟着捕鱼人之前所作的记号去寻找,却"遂迷,不复得路"。为什么明明做了记号,还会"遂迷,不复得路"呢?道理很简单,当人失去心机时,便"忘路之远近",天机就自然出现。一旦心机呈现,天机就隐匿起来了。

这篇文章越看越有趣,内涵极为丰富。我们不妨转换一个角度,就会发现它其实也是在讲人性。当人性清如止水时,就会欣赏到最美的东西。一旦心机动荡,所有美好的东西就不复存在了。从这个意义上说,文中的"迷"其实是指迷失。之所以迷失,就源于执着。

实际上，进行艺术创作也是这样。例如，最好的写诗和绘画的笔墨，常常来自完全放松的时候。

本来，文章到此结束是顺理成章的，陶渊明却偏偏要增补"南阳刘子骥"这个人物，让这个故事显得十分真实。既然是高士，应当比太守更加聪明，但结果却不了了之。

读到这里，读者往往会产生一种悲哀之感。或许，这个捕鱼人会被人们视为胡言乱语的疯子。然而，我们的心中应当给予桃花源一席之地，因为它寄托着人类的许多美好的理想。然而现实是，刘子骥之后没有人再相信桃花源的存在，再也无人问津，人们都已失去了向往。

回过头来看，陶渊明身处乱世，却特意写出这样一篇文章，实际上寄托了他对心灵世界中的桃花源的无比渴望。

第二节　文学审美的特点

从某种意义上说，审美可以融化生活的一切。尤其是文学审美，最显得丰富、深沉。在文学审美中，审美对象有美有丑、有喜有悲。在这个过程中，人们可以凭借自己的好恶，去喜爱或憎恨、去接纳或排斥。总之，生活中的所有一切都可以变成文学审美的对象。可以毫不夸张地说，文学审美活动的巨大包容性是其他艺术难以企及的，而且文学审美所蕴含的思想深度也往往高于其他艺术。正是在这个意义上，我们强调文学是一种极具思想性的艺术。

一、文学审美的再现性与表现性

文学语言不同于科学语言，不强调抽象性与概括性，而强调形象性与生动性。

有些文学语言表现的是一种难言之情，往往难以捉摸，很不容易做到形象化。但仍有很多文人将这种微妙的感觉形象地展现出来。宋朝秦观的《浣溪沙》："漠漠轻寒上小楼，晓阴无奈似穷秋。淡烟流水画屏幽。自在飞花轻似梦，无边丝雨细如愁，宝帘闲挂小银钩。"作者用的是寻常之语，写的是寻常之事，却透露出一种幽怨与闲愁，如梦幻般轻灵，如飞花般艳丽，如流水般缠绵，如雨丝般细腻，挥之不去，难以排遣。在这里，作者运用文学语言去描绘哀伤的情感，颇有一种冷冷清清而又袅袅婷婷的美。

文学语言的形象性有时也表现在逼真如画上。朱自清的《荷塘月色》所描写的夜景看似平常，却寄托了作者淡淡的哀伤，又赋予其特殊的朦胧之美。朱自清巧妙地将两者联系起来、整合起来，再现了月色下的荷花之美。

二、文学审美的模拟性与创造性

要想实现文学形象的再现，就离不开文学语言、离不开各种修辞手法。但在这个过程中，作者总是借助于独特的感观和想象，对客观形象进行一番加工，创造出全新的、突出的文学形象。

李清照的《如梦令》："昨夜雨疏风骤，浓睡不消残酒。试问卷帘人，却道海棠依旧。知否？知否？应是绿肥红瘦。"一个"肥"字，就再现了海棠的丰润；一个"瘦"字，就再现了风雨的凄惨。于是，雨后海棠的独特形象便在读者心目中更加鲜活起来，作者的伤春之情也被读者深深地接纳。

文学语言必须表现两个世界的东西：一是现实生活的复杂性；二是精神世界的复杂性。配合这样一种特殊的需要，文学语言便逐渐有了多层级的多义性，并呈现于具体的文学语境之中。在文学语言中，"能指"之下并非一成不变的"所指"结构，而是蕴含着无限丰富的意义。对此，语言学家视为"没有底的语言"。所谓"没有底"，实际上就是指文学语言的不确定性。

陈子昂的《登幽州台歌》："前不见古人，后不见来者。念天地之悠悠，独怆然而涕下。"对于这首诗的主旨，众说纷纭：有的读者认为，这是陈子昂厌弃诗坛的萎靡之风，厌弃诗人的卑微人格；有的读者认为，这是对陈子昂自身遭遇的写照，他空有一腔济世热肠，却不为世人所理解，反而处处遭受排挤打压，导致理想破灭，一事无成；有的读者认为，这是陈子昂对人生短促、人生无常的真切感悟，体现了人类固有的迷茫感、孤独感。

事实上，诗歌的丰富内涵之所以被不断创造出来，不仅有作者的功劳，而且也有读者的功劳。凡是伟大的作品，都需要读者的再创造。《红楼梦》是这样，《哈姆雷特》也是这样。

三、文学审美的显示性和隐示性

大千世界是丰富多彩的，文学语言却能成功地再现这一切，不能不令人赞叹。文学语言对于具体的客观形象能够生动地再现，对于抽象的客观形象也能精准地再现。举个例子，有的作家仅用"人如海，花如潮"六个字，就再现了花市夜游的生动场景。在这里，作者与读者的联想起了关键作用。

文学语言往往比较含蓄，需要一定的想象空间，最忌讳平铺直叙。所谓"书不尽言，言不尽意"，就是强调文学语言的含蓄性，贯穿其中的不懈追求始终是"此时无声胜有声"的奇特意境。

宋徽宗时，曾召集一批画家作画，题目是"深山藏古寺"。大多数应考的画家见了，都满心欢喜，认为难度不大，只要突出"深山"与"古寺"就好。于是，有的画家突出深山，在山中画了一个寺庙；有的画家突出古寺，渲染古寺的庄严和周围的苍茫。这些画作都算不了上乘，关键是这些画家都忽视了"藏"这个题眼。最终夺冠的是这样一幅画：群山之中，有半截幡杆，有一个下山的小和尚正在挑水。这幅画妙就妙在含蓄地揭示了"藏"这个题眼，而且完全符合山水画的构图规范。

四、文学审美的节奏性与音乐性

客观形象并非都是静止不动的，往往处于各种变化之中。即使是那些静止的形象，只要变换角度，就能呈现出各自不同的特色。这就是客观形象的节奏性。事实上，文学审美也需要这种节奏性。只不过，这种描摹并非打印机般的简单复制，而是渗透着作者的主观情感。

当文学审美的节奏日趋完善时,就会必然走向音乐化。其中,最典型的例子莫过于诗、词、曲的文学语言的音乐化。

所谓文学语言的音乐性,是指文学语言读来琅琅上口,听来娓娓悦耳,具有李白的《静夜思》采用简洁的语言、明快的节奏、和谐的韵律,给予读者特殊的审美享受。

第三节 文学审美的方法

一、关注文学语言的形象性

文学的形象性是文学最根本的特质。所谓形象性,是指所使用的语言能够把描写的对象具体生动可感地表现出来,使接收者产生可视、可闻、可触的形象性感受。

总体而言,文学语言的形象性大致表现在两个方面:一是再现生活中的形象事物,主要侧重语言描写、动作描写;二是再现思想中的抽象事物,主要侧重心理描写。

马致远的《天净沙·秋思》看似平常,却组合成异常丰富的意境,并统一于"断肠人"这个总体意象之中。"枯藤""老树""昏鸦""小桥""流水""人家""古道""西风""瘦马""夕阳"这十个意象淋漓尽致地揭示了作者的孤独与寂寞,充分体现了文学的形象性。

二、关注文学语言的含蓄性

所谓凝练含蓄,是指语言言简意赅。凝练则精粹,含蓄则不浅露,一能当十,少能胜多,能诱发创造性的心理活动。这种方式能以尽可能少的文字表达尽可能丰富的内容,使读者既感觉到充实饱满,又回味无穷。

如杜甫的《春望》:"感时花溅泪,恨别鸟惊心。"诗人并未明说国破家亡后自己的悲伤,而是通过花和鸟的情态来含蓄婉转地表达自己的哀痛。又如,元稹的《行宫》表面上没有提及哀怨,但自然流露出的寂寞意味却极为深重。正所谓红颜易老,宫女的落寞之感深深地打动了读者。

中国古代文论追求"无言之美""无声之美",这实际上体现了精神世界与文学语言共同具有的模糊性。例如,"红杏枝头春意闹"中的"闹"字形象地再现了春天生机盎然的景象,将主体情感灌注客体之中,令读者如沐春风。

三、关注文学语言的暗示性

在古代,路旁设有各种亭子,专供旅人休息,有时人们也会在这里饯别送行。北周庾信的《哀江南赋》:"十里五里,长亭短亭。谓十里一长亭,五里一短亭。"在这里,"长亭"已经成为依依惜别的意象,极具代表性。

在古诗中,月亮常与人的情感密切相关。例如,如李白在《静夜思》中,就寄托了浓重的思乡之情;苏轼在《水调歌头·明月几时有》中,就寄托了真切的兄弟之情。

四、关注文学语言的情感性

语言浸润着感情的汁液,即所谓"言为心声"。语言学家索绪尔区别了语言与言语两个概念,认为语言是公众的,而言语是个人的。

至于文学语言的情感性,则是指文学语言不可能游离于作者的情感之外,充其量只是表达程度有高低、表达方式有曲直罢了。一般说来,抒情性作品具有极其明显的情感表达,很容易把握;叙事性作品的情感表达则相对隐秘一些,需要仔细体察才能准确捕捉。

五、关注文学语言的内指性

文学语言是一种典型的"内指性"话语,不必完全符合生活实际。如果把客观世界称为第一世界、把情感世界称为第二世界的话,文学语言更多地是在传达第二世界的真实。因此,文学语言有时候违背某些客观事实也并不奇怪。

如李白的《秋浦歌》:"不知明镜里,何处染秋霜。"诗人并不清楚自己的头发为什么花白,只是反问读者来表达自己的主观情感,寄托对年华易逝的无限慨叹。

六、关注文学语言的独创性

新鲜是多样的前提,有创造性才有多样性。语言的多样性是指从不同的角度、层次、特性出发,不仅能表现不同类事物,而且能表现同类事物的差异、同一事物的差异。

所谓"陌生化",就是打破传统的思维惯性,给予读者新鲜、新奇的阅读体验。需要强调的是,"陌生化"并不是通过猎奇来吸引读者的眼球,而是试图引导读者摆脱固有的麻木状态,真正惊醒过来、振作起来。

我们看这句话:"微风拂来,夹岸的柳枝被风剪成丝缕,舞成一片婀娜。"与"春天来了"相比,它更能打动读者的心,因为它巧妙地借助了联想与想象,引导读者获得美的享受。

七、关注文学语言的音乐性

所谓音乐性,是指通过语言音调的高低清浊、节奏安排的长短徐疾、声调配合的亮度色彩等所达到的一种抑扬顿挫的音调和美的听觉效果。

《子夜》中有一段描写:"他眼前是红的,黄的,绿的,黑的,发光的,立方体的,圆锥形的——混杂的一团。在那里跳,在那里转;他耳朵里灌满了轰,轰,轰!轧,轧,轧!嘟,嘟,嘟!"这段描写充分运用了各种表现手法,突出各种声响,淋漓尽致地渲染出夜上海的嘈杂、喧闹、混乱,表现出当事人此时的紧张、焦虑。

思考练习

1. 中国古典文学中的"三美"是指什么?
2. 如何理解文学审美的显示性和隐示性?
3. 文学语言的形象性与含蓄性是否冲突?

第二章 音 乐 美

> **学习目标**
>
> **1. 素质层面**
> 感受音乐的旋律美、内容美、技巧美、民族美、教化美。
> **2. 知识层面**
> (1) 理解音乐的社会价值。
> (2) 认识音乐审美特点。
> **3. 能力层面**
> 掌握音乐的审美方法。
> **4. 思政层面**
> 欣赏优秀音乐作品,感受音乐的时代性,增强对古典音乐、民族音乐的喜爱,自觉坚持文化自信。

第一节 音乐之美

一、音乐美的价值

(一) 音乐是声音符号

一般说来,音乐的主要表现形式是旋律、节奏、复调、和声等。古希腊哲学家柏拉图认为,相比于其他教育,音乐欣赏的作用极为关键。事实证明,学会欣赏音乐,将有助于提升艺术修养,有助于促进身心健康。

(二) 音乐是艺术殿堂

音乐属于典型的听觉艺术,风格丰富多元,有的庄严肃穆,有的轻快热烈,有的沉痛忧郁,有的温婉缠绵。小提琴演奏家盛中国认为,喜爱音乐的人,必定感情丰富,富于正义感。爱因斯坦强调,之所以能在事业上取得一些成绩,与年轻时的音乐教育密切相关。这些科学家都认为,正是借助于音乐,自己的科学研究才取得了突出的成绩,自己的人生才显得更加充实、幸福。因此,大学生理应掌握一些基本的乐理知识,适当培养一点音乐细胞。这对于丰富艺术底蕴、提高审美能力是大有裨益的。

（三）音乐是心灵体操

有人将音乐比作心灵体操，这是非常中肯的。当你沉浸在音乐的优美旋律中而暂时忘却身在何处时，生活中的恩怨情仇、名利得失就自然烟消云散，更不会对你产生任何消极的影响。于是，你的精神更加愉悦，心灵更加纯净，拟于世界的关系开始变得更加和谐。有人曾说过这样一句富于哲理的话："借助体育来锻炼身体，借助音乐来陶冶灵魂。"实践证明，经常欣赏高雅音乐，将有助于对真、善、美的不懈追求，对于调整身心都会起到意想不到的效果。

（四）音乐是战斗号角

音乐有很多种，既有偏于阴柔的音乐，也有偏于阳刚的音乐。这些阳刚的音乐堪称战斗号角，将激励我们在人生的旅途中一往无前。在军队中，音乐一直是一种极具威力的战斗力量，能激励战士冲锋陷阵，战胜强敌。事实上，军旅歌曲、革命歌曲已成为我军极为珍贵的文化软实力。这些歌曲充满战斗激情，恰似战斗号角，催人奋进。即使在和平年代聆听或歌唱这些军旅歌曲、革命歌曲，我们依然心潮澎湃。对于大学生来说，学唱这些歌曲能够增补自己的精神食粮，能够彻底摆脱萎靡不振的精神状态，更好地投入到生活与学习之中。

（五）音乐是保健良方

宋代医学家张子和指出："好药者，与之笙笛不辍。"他认为，乐器演奏具有为观众治疗疾病的奇效。从某种意义上说，音乐近乎免费的理想的"保健品"。从本质上讲，音乐就是最美妙的心灵语言，可以促使人放松身心，调整身心不和谐的状况。医学研究表明，优美的音乐有助于改善患者的精神状态。在治疗忧郁症、神经衰弱症时，音乐也具有显著的疗效。大学生学习、生活压力较大，而高雅的音乐确实具有减压奇效。

二、音乐美的内涵

（一）音乐的旋律之美

音乐讲究高低起伏的变化，注重轻重缓急的节奏，因而具有大自然般的和谐声响。伴随着《二泉映月》抑扬顿挫的音乐声，我们会自然联想到失明的阿炳的悲惨人生，能想象出他在小路上孤独徘徊的身影，能感受到他对光明的无限渴望，令人酸鼻泪目。日本演奏指挥家小泽征尔听了《二泉映月》之后，满含热泪地说："这样的作品，应该跪着听！"

（二）音乐的内容之美

优美的音乐不仅拥有美的内容，而且还拥有美的歌词。20世纪80年代的《在希望的田野上》一直为很多人所喜爱。这首歌清新悦耳，生动地再现了改革开放初期的崭新气象。90年代的《春天的故事》同样让人印象深刻。歌词中，既有叙述，又有描写，讴歌了改革开放对中国的深远影响,让人欢欣鼓舞。

优美的音乐,常常伴随着一个动人的故事。听《梁祝》,我们就会想起生死相随的梁山伯、祝英台,为他们生不能相聚、死而双舞双飞而感动至深。听《葬花吟》,我们不禁为剧中人的悲惨命运而伤感。听《新白娘子传奇》,我们就会想到断桥、雷峰塔。听《钗头凤》,我们便会想到陆游"山盟虽在,锦书难托"的沉痛叹息与唐婉"人成各,今非昨"的诀别之语……

(三)音乐的技巧之美

音乐之美,往往美在歌唱的方法、方式。

从方法上看,美声唱法注重发音精准、气息流畅,算得上是名副其实的阳春白雪;民族唱法的特色则是质朴、亲切;至于通俗唱法,影响极广,堪称无与伦比,更强调真实流露的个性化,凭借其充分的情感、独特的个性来赢得广大的听众。

从方式上看,合唱突出气势,独唱突出自由,重唱突出和谐。如今,又兴起载歌载舞的新形式既能发挥音乐的感染力,又能借助舞蹈的震撼力,其效果不言而喻。在传统音乐中,京剧字正腔圆,时而高亢入云,时而柔情千转。

(四)音乐的民族之美

不同民族的音乐呈现出不同的民族特色:藏族音乐高亢、热烈,恰似蓝天上飘过的白云;新疆音乐欢快、明亮,恰似出类拔萃的百灵;蒙古音乐显得极为粗犷,恰似草原上奔涌的马群;东北二人转幽默、风趣;至于西北音乐,苍凉深邃,荡气回肠。每当听到这些家乡的音乐,人们便像遇到久别重逢的家乡人,倍感亲切、充实、温馨。

(五)音乐的教化之美

音乐具有明显的教化功能。美国小说家欧·亨利笔下的苏比,原本好吃懒做,以至于宁愿寻衅滋事去监狱躲避饥寒,也不愿靠自己的双手养活自己。后来,他听到了《赞美诗》,不禁想起了母亲、朋友……于是,他开始厌恶现在自己的所作所为,决心振作起来,不再过那种行尸走肉的生活。这虽然只是小说家的虚构,却完全符合生活的真实。事实上,音乐就跟书本一样,能让人受到感染、引发触动。在现实生活中,音乐的教化功能随处可见。例如,当体育比赛的现场响起雄壮的国歌声时,身为中国人,自然欢欣鼓舞,甚至热泪盈眶。

第二节 音乐审美的特点

德国音乐家梅亚贝尔与妻子因为一些琐事而激烈争吵。梅亚贝尔愤怒至极,在百无聊赖中随意弹了一首肖邦的夜曲。伴随着优美的旋律,他慢慢沉浸其中,不再为刚才的烦恼而生气。一旁聆听的妻子也被打动了,陶醉在乐曲之中。在音乐的感染下,他们不再争吵,和好如初,却不用任何语言来辩解或表白。

音乐之所以如此受到人们的推崇,是与它所具有的独特的审美特点分不开的。

一、感悟音响之美

音乐离不开物质的属性，离不开声波的功效。这声波看不见、摸不着，却客观存在，还能表现具体或抽象的概念，给予人深刻的影响。从某种意义上说，声波只具有时间上的持续性和变动性，而不具有空间性。

音乐的音响美具有各种类型：有的清脆，声如裂帛；有的高亢，响遏行云；有的纤弱，不堪风雨；有的浑厚，黄钟大吕；有的顺畅，溪流婉转；有的连腔，玉润珠圆。《大刀进行曲》，激越高昂，恰似火山爆发，一往无前；《长城谣》，苍凉悲壮，恰似明月朗照，情深意切。

二、感悟旋律之美

所谓旋律，是指不同乐音所产生的高低、长短、强弱的运动。音乐的旋律能够充分表现音乐的主题、风格、体裁，号称音乐的"灵魂"。音乐的旋律往往具备时间上的连贯性，这也正是音乐被视为时间艺术的原因所在。管弦乐曲《春江花月夜》由十个乐段组成：琵琶奏出的引子营建出"滟滟随波千万里，何处春江无月明"的月夜之境，八个乐章逐次呈现，再现"淙淙流水""蓬蓬远春""悠悠花香"，结尾处则余味无穷。

三、感悟抒情之美

优美的音乐能动人心弦，正因为如此，音乐被称为抒情的艺术。音乐不用借助语言描绘，就能营造诗一般的意境；不用借助色彩涂抹，就能引发海一般的呼啸。恩格斯高度评价贝多芬的第五交响乐，简直废寝忘食。列宁特别欣赏贝多芬的《热情奏鸣曲》，认为这是人间所没有的绝妙音乐。

对于同一首歌，每个人由于自身的生活背景、人生遭遇、文化素养各不相同，往往在理解与感悟时大相径庭。事实上，这也正是音乐抒情美的具体表现。即使是同一首乐曲，如果进行不同的艺术处理，也会产生迥异的艺术效果。以《国际歌》为例，如果给予深沉、悲壮的处理，再配以英雄就义般的场景，就能充分体现对英雄的敬仰之情；但如果给予雄伟、宏大的处理，再配以群众劳动的画面，就能充分体现无产阶级解放全人类的宽广胸襟。

四、感悟结构之美

音乐还具有画面的结构美，难怪有人将它比作"流动的建筑"。但与绘画不同的是，音乐不需要借助线条、色彩、明暗来构图，而是借助声音的高低、强弱、长短来营造视觉世界的不同风格的优美建筑。从本质上说，音乐是一种表现艺术，借助于乐器或歌喉，通过赋予韵律的音响，展现出无与伦比的艺术感染力。音乐的结构形式是非常独特的，这种音乐结构形式必须遵循一定的音乐逻辑规律。

第三节　音乐审美的方法

一、触动心弦

如何欣赏音乐，是一个历久弥新的老话题。对此，众说纷纭，莫衷一是。其实，欣赏音乐既可以说非常复杂，也可以说非常简单。如果简单一点说，欣赏之初，只要喜欢就行。很多人非常苦恼："音乐好是好，就是听不懂。"其实，在欣赏音乐之初，只要觉得好听，能够感动你，那就足够了，暂时不必去琢磨与这首曲子有关的一系列理论与技术问题。所以，先不用管什么曲式、调性、主旨，因为这是今后才需要考虑的。关键在于，你觉得这首歌好听，能够触动自己的心弦。做不到这一点，即使是世界名曲，对你又有什么价值呢？事实上，能被感动就已经很了不起了。你能被一首歌所感动，你就自然会去思考感动你的具体原因。换句话说，你就有了进一步了解音乐的渴望与动力。

当你被一首歌真正打动的时候，那种感染力简直无与伦比。这时候的音乐极为神秘，拥有非凡的魅力，让你欢喜、让你着迷。无论是旋律，还是歌词，抑或是伴奏的和声，都会让人沉浸其中，流连忘返。正因为如此，很多人才会把某一首歌当作自己的寄托、当作自己的理想，甚至当作赠送给别人的礼物。当然，也不乏这样的人：将某一首歌当作自己的幻想世界，当作远离现实的逃避之地。在这个阶段，自己所喜欢的音乐就成为自己心境的真实表现。

二、理解主旨

音乐欣赏是一个相对漫长的过程，或者说有一个阶梯，并不是一步到位的。总体而言，这个过程必定要经历较低层次的感性认识、理性认识、更高层次的感性认识三大阶段。以《蓝色多瑙河》为例，在感性认识阶段，最大的感受就是十分动听。其实，我们的这种感受很可能只是被一些因素所吸引，包括作为世界名曲的名声、优美的旋律等。但是，这个时候的我们并不懂得三拍子的圆舞曲为什么吸引人，也不懂得这首名曲由哪些小圆舞曲组成，更不懂得施特劳斯圆舞曲与其他圆舞曲的本质区别。因此，当我们被音乐所吸引、所感动后，不能万事大吉，还必须深入了解音乐流派、音乐曲式、主旨思想、艺术造诣等。只有这样，你才能拥有比别人更深的感悟。为此，可以参考曲目标题或相关说明。贝多芬的《献给爱丽丝》和罗萨斯的《乘风破浪圆舞曲》，标题文字就揭示了主题。至于克莱斯勒的《中国花鼓》，顾名思义，就能感悟到热烈欢快的情调。对于这些标题性音乐，我们完全可以借助标题来感悟主旨与内容。

音乐欣赏必须理解主旨，这是音乐审美的必经阶段。在聆听音乐时，必须把握音乐的主旨。可以肯定地说，如果你连音乐的主旨形象都把握不住，就谈不上真正意义上的欣赏与理解。当然，音乐主旨往往不像影视作品那样视觉鲜明。影视中的主要人物出场后，你就能通过各种视觉信息去把握人物的个性。小说也是如此,《红楼梦》中的贾宝玉与林黛玉的关系发展贯穿整个小说,这是显而易见的。尽管作者也设计了很多其他人物,但核心人物肯定还是贾宝玉与林黛玉。与之相比,音乐主旨形象就不是那么直观,需要聆听者自己去感悟。只有紧紧把握音乐主旨形象,才能充分领略音乐的神奇魅力。

三、关注体验

音乐欣赏之初,主要凭借感官感受。之后,就要进一步理解音乐的主旨。在此基础上,就要进入关注体验的阶段了。

欣赏音乐时,必须主动积极,追求自身的真实体验。这是至关重要的,不能单纯依靠那些音乐欣赏指南。有些人试图凭借一两本音乐图书就学会欣赏音乐,那是很不现实的。理论知识固然重要,但关键还是要具备基础的音乐体验。单纯只停留于音乐体验是不够的,但离开音乐体验则更无前途。事实上,每个人的文化素养与人生阅历也是决定音乐欣赏的重要因素。有些人觉得恩雅的音乐宛如天籁之音,有些人感受到的却是梦呓和静穆。

毫无疑问,音乐是可以用于气氛调节的。因此,很多地方将音乐视为特殊的调味品,无论什么场合,都习惯选择音乐作为点缀。这当然不是完全不可以,但毕竟说明组织者缺乏对音乐的深刻理解。打个比方,你的居室原本富丽堂皇,却选择一些极为廉价的塑料制品来装饰,就显得不伦不类了。并不是塑料制品不好,而是不合时宜。音乐最起码有雅俗之分,什么场合适合放一首通俗歌曲,什么场合来一段萨克斯,这都是有讲究的,而不能随意安排。

四、积累信息

经过不懈的努力,你将逐渐走入音乐圣殿的理性认识阶段。只有达到这个阶段,你才可以说自己已经超越了被动聆听者的阶段。在这个阶段,你还会去选择、欣赏音乐,但你已不再是被动感受了,而是主动去聆听。说到底,将音乐视为营造气氛、调节情绪的工具,还是没有真正认识音乐的本质。

这时候,你需要做的就是不断积累信息,不断丰富自己的音乐素养。既然已经进入音乐欣赏的理性认识阶段,你的音乐审美就必须变被动为主动。在这个阶段,你应当系统地研究巴赫、莫扎特、贝多芬等人类历史上所有的著名音乐家,从中感悟每个音乐家对于旋律、节奏、音色、和声的独特认识。如果你所掌握的音乐知识极为贫乏,要想深刻理解音乐只能是痴人说梦,就更不用说音乐审美了。如果将音乐比作一幅画的话,那么音色就好比这幅画的颜色。既然对音色都毫无所知,你又怎么可能真正理解音乐本身的奥妙?

在理性认识阶段,我们未必有机会、有时间、有精力去系统地学习音乐理论和音乐历史。但不用灰心丧气,我们可以选择一些专业的音乐书籍加以弥补。就像《名曲赏析》之类的音乐书籍,可以帮助我们学会如何去对比聆听不同的音乐。通过对比,深刻认识主题、内容、结构、技法。久而久之，你就懂得交响曲与协奏曲的结构差异，你就懂得回旋曲与变奏曲的根本区别。到了这个时候，你对音乐的理解就逐渐趋于专业，你的谈吐也变得与众不同。

五、感悟技巧

在音乐审美过程中，必然要关注音乐技巧。除了关注主旨，还要关注旋律、节奏、色彩、曲式、结构、音色等各个方面。在此基础上，我们还要关注作曲家的创作理念、演奏家的表演风格、录音师的录音技术。

这就意味着，我们这里所强调的感悟技巧已经远远超出了单纯的某一个知识点、某一个技能点，是专业化的、整体化的感悟与审美。这个时候，你就不再是普通的音乐爱好者，而是越来越专业的音乐人才。你的音乐审美已经贯穿了感知美、欣赏美、创造美的各个阶段，真正体现出出类拔萃的专业性。

思考练习

1. 如何理解音乐的价值与内涵？
2. 音乐审美具有哪些独特之处？
3. 您最喜欢哪三首歌？为什么？

第三章　绘　画　美

> **学习目标**
>
> **1. 素质层面**
> 提升绘画艺术审美修养。
> **2. 知识层面**
> (1) 了解绘画的社会价值。
> (2) 认识绘画审美的特点。
> **3. 能力层面**
> 掌握绘画审美的方法。
> **4. 思政层面**
> 欣赏优秀绘画艺术作品，感受其精神内涵，弘扬先进文化，增强文化自信。

第一节　绘画之美

一、绘画艺术的特点

总体而言，绘画艺术具有以下特点：

(一) 超越二维

从本质上说，绘画是借助明暗对比与形象结构来营造一种立体幻象，让欣赏者感觉画面是立体的。简单地说，绘画就是在二维上展现三维世界的形象。

(二) 擅长描绘

再现性绘画强调精准，有时甚至可以以假乱真。时至今日，商品广告和工业设计的效果图就继承了这种传统，这当然与实际的需要是息息相关的。

如果说再现性绘画偏重于再现客观世界的话，那么表现性绘画则偏重于表现主观世界。所谓主观世界，涉及的无非是思想哲理、主观心态，甚至包括一些梦境、幻觉。这些东西本身就极具主观特性，更不可能也不需要像再现性绘画那样进行精准的描绘。换句话说，表现形式绘画更侧重于反映"神"而非"形"。

(三)注重构图

所谓构图,就是运用绘画艺术语言,进行绘画各个部位的组织。构图是绘画艺术的基础,也是表达作者构思、产生绘画美感的关键所在。在具体构图时,必须注重以下几个方面:

1. 明确主次关系,妥善安排位置。在油画《开国大典》中,身着深色服装的毛泽东站在人群的正前方,居于核心地位。观众一眼便能关注主要人物,并迅速把握与此相关的重大事件。

2. 构图结构与内容一致。在日本画《白夜光》中,借助长方形与水平线,给予欣赏者宁静、舒展的心理感受。在中国画《太行丰碑》中,借助竖幅构图的黑白对比,形成敦厚、坚实的非凡气势,完全符合抗敌丰碑的立意。

3. 色彩与内容和谐。《开国大典》在色彩上显得富丽堂皇,《白夜光》在色彩上则多选用暗绿,都与内容极为和谐。

总之,绘画构图一定要符合形式美法则,给人以形式美感。

(四)各具风采

不同的绘画类别往往具有不同的艺术美。由于受到工具、材料、技法的影响,不同画种的艺术趣味和不同画家的艺术功底都会有不同的表现。一般说来,中国写意画追求力透纸背与灵活变化;油画追求浑厚、凝重、丰富;版画追求印制美感;水彩画则追求明快、丰润。

二、追求简约之美的中国画家

《道德经》强调"大道至简",绘画界也同样崇尚简约之美,讲究感官上的简洁、品位上的优雅。以下就是其中的五个典型。

(一)八大山人

八大山人是明末清初的画家。作为亡国后裔,他不愿参与新王朝的任何活动。这种风骨体现在作品中,便是借助象征手法来抒写心意。因此,他画中的鱼、鸭、鸟等,无一例外都白眼向天,倔强之气扑面而来。他的《孤禽图》中仅有一只小鸟,但价值6272万。显而易见,这是一只不平凡的鸟。

(二)牧溪

牧溪是南宋画家,是世人眼中谜一般的奇特人物。他最擅长的是山水画、蔬果画、僧道画。在《六柿图》中,画面上摆放着六个柿子,虚实、粗细、浓淡都极为自然、灵活,充分体现了"随处皆真"的意境。《烟寺晚钟》《渔村夕照》《远浦归帆》《平沙落雁》这四幅作品都以夕阳西下为背景,都采用了大量的留白。

(三)倪瓒

倪瓒是元末明初的画家。他的画颇为寂寥,很少出现人,擅画山水、竹、石、枯木等景物。在众多画作中,他的画似乎并不抢眼。但只要端详之后,你就会过目不忘。在疏林坡岸上,居然连一丝云翳、一痕鸟影都不见踪影,笔墨的使用已经到了透明的境界。他的这种简约、疏淡的山水画风影响了董其昌、石涛等一大批明清画家。

(四)齐白石

齐白石不仅擅长绘画,而且还有一句箴言流传极广:"作画妙在似与不似之间。"事实上,齐白石毕生都在追求这种非凡的境界。到了晚年,齐白石的画更突出"神"的主导地位,进而达到"笔愈简而神愈全"的境界。他的作品极为简约,一片树叶,一个瓜果,一只蜻蜓,一枚红柿,一条丝瓜,却无比洋溢着独特的生活情趣与艺术气息。

（五）潘天寿

潘天寿非常注重形式美,在花鸟画的形式结构方面颇有心得。他非常注重画作的疏密虚实,主张重在布虚,也就是多留空白。这也正是他的花鸟作品的独特魅力。

三、超越生命的绘画之美

艺术的美丽是超越生命的。对此,庄子有着极为深厚的人生感悟。庄子认为,仙子之所以成为仙子,是因为她饮露水、采光芒,肌肤冰清玉洁,体态婀娜妖娆。庄子有个弟子叫管艺,得了庄子的真传。论及绘画,管艺亮出了一个千古流传的观点:大道至简。所谓大道至简,管艺这样诠释说,首先要放下。只有彻底放弃圣人大师的所谓教诲和个人自身的所谓智慧,才能避免受到五种欲望、六种尘劳的羁绊,才能避免受到名利富贵的诱惑。如果达不到这一点,要想进入绘画之道的大门就只能是镜花水月。他认为,有太多的人教导人们追名逐利,却很少有人去劝说人们清心寡欲。于是,大道被废弃,小道反而横行于世。人们迷失在漫漫旅途之中,忘记了出发的初衷,也忘记了回家的路径。这样的人做人尚且糊里糊涂,又如何能成为极具人生智慧的画家呢?唯有那些以至诚之心追求绘画大道的人,才会在人天两忘的境界中窥视绘画的道理法术,才能创作出流传千古的上乘画作。

在庄子和管艺看来,艺术是超越生命的,绘画亦然。要创作出好的作品,必先修心,应当依道法而行而不是依技法而行。源于大道,循于真觉,方能明心见性。师法自然,依道而行,方能进入天人合一、悠然沉稳、空灵清澈、无拘无束的境界。言行朴素之后,心灵就归于明净。万念归一之后,就能无为而无不为。

第二节 绘画审美的特点

每个画家都有自己的个性,这种个性也往往体现在他们的绘画作品之中。此外,身处不同的时代、不同的国度,画家的绘画语言也会产生明显的变化。事实上,中国的绘画就与西方国家的绘画有着显著的差异。

一、感悟形体之美

要想感悟绘画中的形体之美,就要充分感悟绘画中的点、线、面、体的特色之美。

（一）点

在绘画语言中,点是最常见的,也是最容易被忽视的。位于平面上的点,由于大小不同、位置有别,常常能产生不同的视觉感受。在中国山水画中,就常常借助各种点来表现山石、地坡、枝干、杂草。这些点能够表现特殊的物象,极具绘画之美。

(二)线

在绘画造型中,线能在一定程度上表现不同的情感。一般说来,水平直线代表宁静、沉稳,垂直线代表挺拔、庄严,自由曲线代表活泼、愉悦。在中国传统绘画中,线条是非常重要的造型手段,可以巧妙地创造出各种各样的艺术形象。

(三)面

在美术的艺术语言中,面是比点、线更能表现具体的形。一般说来,方形代表沉稳、方正,横长方形代表沉重、安谧,竖长方形代表伟岸、高耸,等腰三角形代表均衡、向上。绘画是以造型为主要特征的,在塑形方面是极为重视的。

(四)体

对于欣赏者来说,体积的大与小会产生截然不同的感觉:大的体积意味着沉重、威武;小的体积意味着轻巧、灵活。中国古代的佛塔含有众多的水平线,显得极具张力;欧洲中世纪的哥特式教堂则含有众多的垂直线,给予人宗教情感中的强烈升腾感。

二、感悟明暗之美

自然界处处有明暗对比,也时时有明暗之美。在达·芬奇从自身实践中总结出"明暗转移法"之后,"明暗"就成为西方绘画中最重要的艺术语言之一。达·芬奇特别强调,绘画中的明暗并非截然分开,事实上不应有明确的分界线,而应当逐渐过渡。

三、感悟色彩之美

对于绘画而言,色彩极具感染力。例如,红、橙、黄的色相容易与太阳、火光相联系,进而产生温暖之感,被称为"暖色";青、蓝、绿的色相容易与蓝天、大海相联系,进而产生寒冷之感,因而被称为"冷色"。

四、感悟材质之美

写小说离不开笔、纸和墨水。即使是无纸化办公,也还需要手机、电脑等。显而易见,这些东西并不会制约小说形象。但是,绘画则不同,使用的物质材料很可能会影响画作的质量。中国画、油画、版画之所以存在各种不同,除了绘画理念的区别之外,使用的物质材料的差异也是关键原因。

五、感悟肌理之美

所谓肌理,是指绘画作品表面的质感。在绘画艺术中,专业术语叫作笔触,意为绘画笔法。例如,绸缎的肌理与毛线编织物的肌理截然不同。能否发挥材料的肌理效果,往往会对画作的审美价值产生某些影响。从这个意义上说,肌理也是绘画的艺术语言之一。

第三节　绘画审美的方法

绘画的主要欣赏方式是看,但其实这个看似简单地看却是一个极为复杂的心理活动。即使是诗歌、散文般的美妙文字,也很难真实地再现绘画的妙处。如果只注重对画作局部的条分缕析,又必然会破坏审美的整体感。事实上,绘画审美的难度很大,要求很高。

一、把握绘画发展脉络

历史留存给我们的不仅是绘画作品,而且还有绘画作品背后所蕴藏的人类文化与人类理想。我们面对很多的优秀绘画作品,它们的创作者早已离世。于是,这些优秀绘画作品就成为这些绘画艺术家的思想感情的化石。因此,对于流传至今的各种绘画作品,我们在欣赏的时候,必须结合这些绘画作品所诞生的时代背景进行剖析,找准它在绘画史上的准确位置,才能真正理解其独特的绘画之美。

二、理解作者创作意图

对于任何一幅绘画作品,欣赏者首先要善于理解作者的创作意图。无论这幅绘画作品属于哪种流派、哪种风格,也无论自己是否喜欢,都要在真正欣赏之前确立一个正确的理解态度。所谓理解,这里指的是全面了解绘画作品的诞生背景、创作原因、基本结构、主要形式等。只有真正理解了这些东西,你才有资格与作者或作品平等对话,你才有资格对绘画作品进行相对客观的评判。很多欣赏者或批评者习惯于先入为主,往往只针对自己反感的地方进行批评,却全然不顾绘画作品的创作背景和绘画作者的创作意图。这样的批评不仅无益,而且有害;不仅很难得到他人的接纳,而且还会严重阻碍自身的绘画欣赏能力、绘画审美能力的提高。

三、培养艺术欣赏思维

(一)关注线条

在众多绘画要素中,线条可以说是最生动、最抽象的部分。尤其在中国画中,线条一向被视为营建物象、抒发情感的特殊符号。事实上,不同的线条给予欣赏者得感受是完全不同的:有的好比杨枝柳条,有的好比松柏裂痕;有的极具连绵之感,有的极具坚挺之感。

(二)关注形体

在绘画中,形体代表的是某一具体物象的形貌及其情感倾向。一般说来,"△"形往往表示稳定、均衡,"口"形往往表示有序、静止等。不仅单独的形体可以表情达意,而且这些单独的形体还可以通过某种方式组合起来,表达更为微妙、复杂的情感。事实上,绘画中的形体极具象征意味。在欣赏绘画时,必须注意形体的写实性和象征性的整合问题,才能真正领略绘画作品的丰富内涵。

(三)关注色彩

科学研究表明,不同的色彩会产生不同的心理效应。例如,红色容易与壮烈、勇猛、激奋相联系,蓝色容易与遐想、宽广、舒缓相联系。但需要强调的是,除了注意单一色彩的内涵之外,还要注意色彩组合所蕴含的深意。实际上,当画家描绘一片树林时,并不是只用绿色就万事大吉了,而要采用多种组合,综合使用冷绿、暖绿等系列色调。音乐讲究"乐感"、语言讲究"语感",绘画与绘画欣赏则讲究"色感"。

(四)关注动感

所谓动感,是指构图和造型带来的视觉冲击。古代中国论画,一向强调"气韵生动",认为画面的"活""生""畅"远胜过"滞""板""僵"。这与注重天人合一的哲学倾向、与"天行健,君子以自强不息"的人生态度都是密切相关的。

此外,笔触、质感、体量感等也在绘画中起到重要作用。所有这些要素组合在一起,才构成绘画作品的整体形象。要想成为高层次的绘画欣赏者,不仅应当经常欣赏绘画作品,而且要具备专业化的绘画思维,最好自己也有实际绘画的实践体验。

四、提升欣赏创造能力

毫无疑问,欣赏绘画并没有绝对规范的标准。受到欣赏者的年龄、阅历、修养、爱好的影响,人们从同一幅画中所获得的感悟是完全不同的。严格说来,当欣赏者欣赏绘画作品时,就已经在对绘画作品进行特殊的二次创作或称再创作。每一个人都能给予绘画作品独特的理解,要充分尊重这种理性基础上的直觉,驰骋自己的想象。这个阶段的感受属于我较高层次的感受,不同于最初接触绘画时的那种感受。欣赏者要善于将自身的人生阅历、知识结构、思维方式、审美素养与作品内涵紧密地联系起来,更加深刻、更加全面、更加系统地认识绘画作品、理解绘画作品、欣赏绘画作品。

五、注重审美成果总结

(一)点评画家的绘画功底

艺术是无价的,但书画的艺术水平是有标准的,书画艺术水平的评价是要有依据的。因此,进行绘画审美要懂得衡量画家的绘画功底。

1.看构图是否合理,尤其是章法、构图、布局是否严谨,在笔墨、设色、背景是否恰如其分。要重点关注这个画家是否有所创新、有所突破,掌握与众不同的新方法和新形式。

2. 看造型是否合理。徐悲鸿强调"造型、解剖、结构准确",黄宾虹强调"以不似之似为真似",齐白石强调"太似则媚俗,不似则欺世",其实都是造型问题。

3. 看画家的作品是否气韵生动、意境深邃。所谓气韵生动,是指绘画作品中的山水花鸟都极具灵性,给人一种栩栩如生的感觉。所谓意境深邃,是指一幅画不仅给人留下深刻的印象,而且还能给予人多方面、多层次的感悟。

4. 看画家的画的格调是否高雅。这是一种感觉,无论你是否掌握书画艺术鉴赏知识,一眼就能看出来,这幅画给你的感觉舒服不舒服,是粗俗还是高雅。

(二)剖析作品的专业素养

除了关注画家的绘画功底,我们还要善于剖析作品的专业素养。

1. 了解哪些时期的画注重透视关系,而哪些时期不那么注重。例如:古典主义时期的画特别注重透视。那么,你欣赏画的时候,就应把这一点考虑进去。在那些不注重透视关系的画里面,你就不应用透视来判断画的好坏。

2. 关注光影。通过观察画中光的用法,可以判断出你所欣赏的画作所处的时期,同样也能反映这种风格的特点。例如,印象派的画特别注重光与色的关系,这时候你就必定要把光考虑进来。

3. 关注构图。构图的好坏可以直接体现在画面里。好的构图一般都有构成感上的平衡,作者还可能通过构图来反映更深层次的含义。所以,努力分析构图,对欣赏画作是有帮助的。

4. 关注技法。一幅画往往会用到多种多样的技法。你可以通过细心观察,大胆猜测作者所用的技法是什么。这些技法可能会为你今后的作画带来帮助。

5. 关注题材。绘画的题材有很多种,要善于区别。例如:古典时期的西方油画钟情于画人物,人物往往和宗教相结合。这时候,你就需要了解《希腊神话》《圣经》这两本书了。因为里面大多数是叙事性的故事,如果没读过这两本书,是绝对不知道画中在讲述什么。

思考练习

1. 如何理解绘画中的简约之美?
2. 如何理解绘画中的形体之美?
3. 什么是绘画的艺术欣赏思维?

第四章 书 法 美

学习目标

1. 素质层面
激发书法学习兴趣,提升对书法艺术的审美修养。

2. 知识层面
(1)了解书法社会价值。
(2)认识书法审美的特点。

3. 技能层面
掌握书法审美基本方法。

4. 思政层面
欣赏优秀书法艺术作品,弘扬中国传统书法艺术,增强文化自信。

第一节 书法之美

一、中国书法是世界上最美的艺术

书法是一种真、善、美的艺术。书法创意要靠灵感,而灵感不是神赐,也不是凭空而来。灵感是实践与思考的结果,往往是积累了丰富的经验,冥思苦想之后出现的一种"顿悟"。这种在不经意的情况下突然萌生的"顿悟"是人们在创作高潮阶段出现的一种最富创造性的心态。

纸无声,字有色。字中有画,画中有字。一字多意,一画多思。

书法艺术似乎不如生命重要,但生命却不能失去美与艺术的滋润。没有美,书法艺术就不存在。然而,没有创造也就没有美,美在不懈的创造之中。

书法是科学,内容需要准确而真实;书法是艺术,形式需要形象而生动。只有做到准确而真实、形象而生动,书法才能有磁性与魅力。

书法艺术的审视者要有艺术的眼光,书法艺术的探索者要有艺术的心灵,书法艺术的创造者要有艺术的细胞。画似人、人亦如画。

二、中国书法之美源于汉字之美

(一) 篆书之美

东汉蔡邕《篆势》有云:"或龟文针列,栉比龙鳞;纾体放尾,长短复身;颓若黍稷之垂颖,蕴若虫蛇之焚缊;扬波振撇,鹰跱鸟震;延颈胁翼,势似凌云。或轻笔内投,微本浓末,若绝若连;似水露缘丝,凝垂下端;从者如悬,衡者如编;杳杪邪趣,不方不圆;若行若飞,跂跂翾翾。远而望之,象鸿鹄群游,络绎迁延;迫而视之,端际不可得见,指㧑不可胜原。"篆书之美,美就美在有无相生、曲折盘旋之美。

(二) 隶书之美

蔡邕《隶势》有云:"或穹隆恢廓,或栉比针列,或砥平绳直,或蜿蜒胶戾,或长邪角趣,或规旋矩折。修短相副,异体同势。奋笔轻举,离而不绝。纤波浓点,错落其间。若钟簴设张,庭燎飞烟。崭岩嵯峨,高下属连。似崇台重宇,增云冠山。远而望之,若飞龙在天;近而察之,心乱目眩。奇姿谲诡,不可胜原。"隶书之美,美就美在凝重丰厚、典雅肃穆之美。

(三) 草书之美

东汉崔瑗《草书势》有云:"观其法象,俯仰有仪,方不中矩,圆不副规。抑左扬右,望之若崎。竦企鸟跱,志在飞移;狡兽暴骇,将奔未驰。或点,状似连珠,绝而不离。畜怒怫郁,放逸生奇。或凌遽惴栗,若据槁临危。旁点邪附,似蜩蟟捝枝。绝笔收势,余綖纠结。若杜伯捷毒缘巘;螣蛇赴穴,头没尾垂。是故远而望之,灌焉若沮岑崩崖;就而察之,一画不可移。"草书之美,美就美在顺畅灵变、奇姿异态之美。

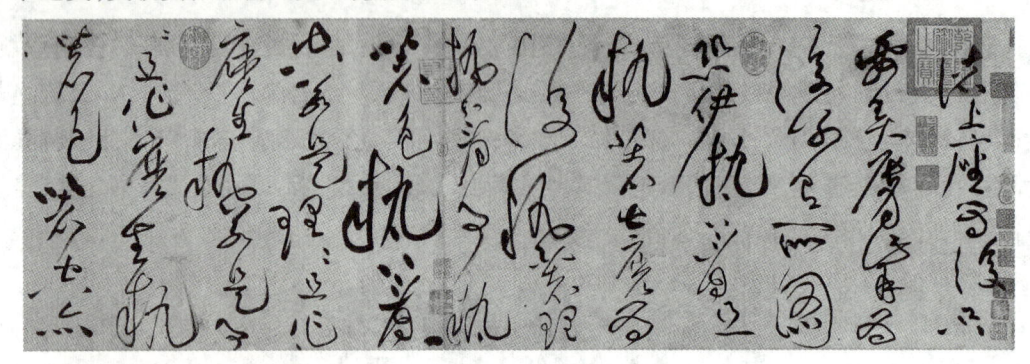

三、中国书法的历史分期

(一)从殷商到秦的古文字时代

在殷商时期,文字主要用于王室占卜的相关记录。由于是刻在甲骨上,所以以直线居多,结构上留存着象形的影子。殷商文字虽然原始,但已具备强烈的艺术气息:在选取物象方面,直接、简明,体现出高度抽象的能力;在应用形式美规律方面,顺畅、自然,体现出明显的艺术思维。

关于西周文字,目前发现的主要是一些青铜器上的铭文,内容多为王侯祭祀。与甲骨文相比,青铜铭文强化了线条粗细与曲直的对比,显得更加丰满、自然。从中,甚至可以看到毛笔书写的影子以及隶书的波磔的轮廓。与此同时,文字逐渐淡化了象形因素,更注重对形式规律的总结与概括。从总体上看,比甲骨文更加稳健、端庄、和谐,依稀透露出西周时期的有序和谐的礼乐文化。

从春秋战国到秦朝,文字适用范围逐渐扩大,并且呈现出两大特点。第一,不同的地域出现各自的书风。相比之下,有的地方甚至出现了文字的美术化倾向。但总体来看,秦国地区基本传承了西周的文字特色,进一步整合成为小篆。第二,文字的笔画日趋复杂。由于普遍使用高质量的毛笔,这就为篆书的线条的复杂化提供了前提条件。这一时期的文字结构不再取象于自然,而是形成了新的排布规律,最终诞生了崭新的字体,书法史上称之为"隶变"。在这个历史变迁的过程中,也逐渐出现了草书、楷书、行书的模糊影子。秦统一中国后,当时文字确定为小篆,而隶书也得到相当程度的推广。

(二)两汉的隶书时代

汉朝基本沿用秦朝的制度,文字也是这样。通用文字是小篆,而隶书也更加普及。西汉宣帝时期,经过长期发展的隶书开始进入成熟阶段。这一时期,章草也趋于成熟并被广泛使用。到了东汉后期,楷书、行书、今草基本成型。

隶书在汉朝趋于完善,形成了最基本的点、横、竖、撇、捺、钩等汉字笔画,在方圆关系、曲直关系、粗细关系上等多有讲究。以撇捺为例,往往是左波右磔,恰似鸟类飞翔的双翼,极具艺术感染力。这时候的隶书既不同于象形文字的呆板,也不同于篆书的纵势。在结构上,隶书依然遵循左右对称、横平竖直的基本构字原则,但具有强烈的疏密对比的韵律感。由于发挥余地较大,不同的隶书作品往往形成各自不同的艺术风格。在汉隶传世作品中,既有简牍,也有石刻。简牍的主要特点是自由活泼,酣畅淋漓,生活气息浓郁。这一时期的石刻堪称中国书法史上百花争艳的第一个高峰:有的端庄高雅,有的灵活机变;有的深沉悠远,有的浅显通俗。

从汉朝开始,越来越多的统治阶层与文人阶层对书法产生了浓厚的兴趣。在当时人们的心目中,书法不仅是一种便利的记录工具,而且也是一种专业的文化艺术。到了东汉后期,出现了"草圣"张芝。在他的影响下,有些书法艺术家开始摒弃注重事功而轻视文艺的价值取向,开始高度关注与现实政治并无直接关联的草书。蔡邕、崔瑗等书法理论家还进行了专业化的理论探索,潜心研究书法艺术的价值取向、审美特质、创新规律。从此,书法开始披上了独立艺术的外衣,在社会上占有一席之地。

(三)从汉末经魏晋南北朝至唐朝的楷行今草时代

建安十年,曹操出于政治的考虑,发布了禁碑令。受此影响,隶书的使用范围明显缩小,取而代之的则是楷书、行书、今草的迅速发展与日趋成熟。北朝地区继续传承注重碑刻的传统,并广泛使用楷书,在形式和风格上均有创新。

东晋时期,玄学大行其道。很多人放浪形骸,或悠游山水之间,或栖心文艺之中,在繁复的现实中寻求精神的寄托。其中,醉心于书法的人也越来越多。王、谢、庾、郗、卫、陆等许多大家族都对书法孜孜以求,形成中国书法艺术的一大高峰。这一时期,最具代表性的是二王的小楷、行书、今草,成为空前巨厚的书法艺术典范。

发展到唐朝,楷书结构逐渐趋于完善。唐朝文化极具包容性,不仅重视书法艺术,而且视之为"不朽之盛事"。盛唐时代,从上到下都具备一种积极奋发的精神状态。表现在书法上,促使书法风格产生了新的风貌。各种书法都得到自由的发展,出现了书法上的百花齐放的美好景象。其中,最能代表唐朝的时代风貌的是张旭的狂草和颜真卿的楷书、行书。张旭的狂草"取会风骚之意,本乎天地之心",以一种恣肆飞扬的姿态呈现在世人面前。至于颜真卿,不仅在书法艺术上融汇了篆意、分韵、草情,而且其道德人格、忠勇风范令世人无比敬仰。因此,在宋朝以后,颜真卿的书法被视为唐朝书法的顶峰,堪与王羲之相提并论。

(四)宋、元及明朝前中期的书法艺术的文人化时代

北宋进入典型的书法艺术的文人化时代。欧阳修与苏轼主张"学书消日",他们坚持"意造无法"的理念,沉浸于书法家的精神世界的构建之中。苏轼、黄庭坚、米芾都是当时的书法家,个性极为鲜明。以苏轼为例,表面上看,苏轼的书法似乎极为随意,导致有的字形过扁、有的字形过宽。但黄庭坚却不以为然,认为这正是苏轼书法的独特之处。就好比美人西

施,一蹙一颦,都极尽妩媚。黄庭坚对于书法艺术的悟性极高,也下了很深的功夫。他借鉴柳公权的《瘗鹤铭》,形成了内紧外放的字形结构。他借鉴船夫荡桨,讲究书法上的擒纵态势。当然,他的书法有时对比过于明显,似乎并不协调。但他依然故我,并不忌讳。米芾擅长学习古代书法家的神韵,并揉进自己的创新发明。他运笔自如,恰似风樯阵马,工拙不论。总体上说,这些书法家都拥有宽广深邃的精神世界,都能人书合一地展现自己的心灵追求。

元朝和明朝前中期,大多数书法家的书法理念都传承了宋朝书法家的书法理念,但在书法技巧上仍有所创新。他们习惯于借鉴古典艺术中的表现技巧,形成了属于自己的艺术规范。当时的著名书法家是赵孟頫与文徵明,他们都全面、系统地研究了古代的各种字体、各种风格,最终锤炼成具有自身风格的笔墨语言。此外,杨维桢、张雨、倪瓒等书法家也致力于形式上的突破,形成特立独行、自成一体的独特气质,不仅打动人心,而且极具审美价值。

(五)从晚明至清朝的古代书法艺术的总结和转型的时代

到了明朝,市民阶层逐渐发展起来。一方面,当时出现了许多高的建筑物,相应地增加了许多大幅书法作品的现实需求。另一方面,统治阶级所实施的思想钳制反而促使书法家在艺术上追求个性解放。尤其在明朝中后期,祝允明与陈淳致力于书法改革,而身为"字林侠客、八法散圣"的徐渭则真正开创了一代新风。晚明的书法家以张瑞图、倪元璐、黄道周、王铎、傅山、朱耷为代表,逐渐形成了崭新的书法艺术理念,开始探索大幅书法的技巧。于是,传统行草得到了很大程度的改良,笔法上日趋激烈,呈现出痛快淋漓的视觉冲击感。董其昌继续传统书法家的审美理念,借助独特的禅学思维,创作出疏朗淡雅的书法字体。

清初,文人学士多推崇董其昌和赵孟頫的书法,并日趋稳健凝重,具有浓厚的馆阁气息。一些书法家的书法延续了晚明的狂放风格,如王铎、傅山、朱耷等都是这样。乾嘉时期,书法界出现了两个显著变化:一是东南地区的书法家更加关注市民阶层,其书法具有浓厚的市民文化气息,其中的典型代表就是将画法引入篆隶书法的"扬州八怪";二是邓石如与伊秉绶潜心研究先秦书法作品,在审美格局上开始转向拙、大、重、厚,形成一种有别于"书卷气"的以"金石气"为特质的审美理念与审美技巧。

晚清以来,书法研究与书法实践领域出现了融会贯通的新趋势。何绍基、赵之谦、杨守敬等书法家深刻地认识到,碑与帖理应相得益彰,而不能两败俱伤。为此,必须取长补短,进而形成一种融会贯通的全新发展道路。

第二节 书法审美的特点

一、以简驭繁

书法艺术在形式上是极为简单的,除了文字,主要是黑白组合,充其量还涉及一点材质、装裱与印章问题。但是,书法形式虽然简单至极,但其中的变化却堪称层出不穷、无限丰富。

第四篇　艺术美与美育

首先，字体的复杂性。汉字的历史形态极为丰富多元：最初是甲骨文，商周是金文，秦汉是篆书、隶书、草书，汉代以后则出现行书、楷书。在这些汉字形态之间，事实上还存在着众多各具特色的过渡样式，彼此之间既相互区别，又相互转化。

其次，结构的可塑性。作为一种记录工具，汉字的结构遵循一些基本的规范，旨在确保字义识读的便利性。但是，汉字的结构并不是僵化的，而是具有很大的灵活性。在保持总体结构的基本稳定的前提下，长与短、方与圆、正与斜都是千变万化的。

再次，点画的多样性。与汉字的结构相似，汉字字体的点画形态也是既有稳定性又有变化性的。由于汉字的主要书写工具是毛笔，这就决定了汉字点画的灵活多变。因此，点画作为汉字书法艺术的基本组成要素，具有无限的多样性。

最后，篇章的综合性。从字到词，从词到句，从句到段，从段到篇，属于不同层次的语言现象问题。既然汉字具有明显的综合性，那么由汉字组成的篇章自然也具有明显的综合性。这种综合性往往表现在无限的组合、无限的可能。

二、以静寓动

中国书法是一种极具视觉冲击力的艺术形式。尽管书法作品是静止、凝固的，但在观赏上却充满了强烈的动感。在书写过程中，汉字的运动性质具有鲜明的指向性，而且不可重复、不可逆转。例如，点画的起承转合的各个环节都必须符合相应的基本规范。至于其运动方向，则需要全面的学习与系统的研究。中国书法的这一特点与音乐、舞蹈极为类似。

从书法欣赏者的角度来看，书法作品呈现出来的是一种独特的运动过程与鲜明的运动节奏。南宋书法家姜夔说："字有藏锋出锋之异，粲然盈楮，欲其首尾相应、上下相接为佳。后学之士皆支离而不相贯穿。余尝历观古之名书，无不点画振动，如见其挥运之时。"他还针对书写速度的快与慢进行了系统的研究，认为"迟以取妍，速以取劲"，主张书法训练应先快后慢。元朝盛熙明也拥有类似的感受与理念，认为真正优秀的书法作品总是充满了节奏上的变化。

在汉字书法中，最具有动感的还要数草书。按照南朝萧衍的说法，草书极具"飞走流注之势"。张旭有一次去观看公孙大娘的剑舞，从中领悟到草书的精意。杜甫还专门为此写诗赞颂，成为书法界的佳话。还有一次，张旭在街上看到两人因为争道而相持不下，从中领悟到草书的诀窍。经过长时间的研究，在张旭的书法中能够感知到天地万物的运动态势。韩愈对此极为赞赏，认为张旭的书法，已经达到了"变动犹鬼神"的高远境界。

但是，能够体现运动之美的并非只是草书。就连看似工稳的楷书，也同样具备显著的动感。清朝书法家刘熙载强调，无论是楷书还是草书，往往动静兼备。

三、纵横有象

汉字是由点线所组成的抽象符号，既有写实的一面，也有务虚的一面。最初，汉字的结构以象形为主。等到草书、隶书、楷书出现之后，原有的那些物象就逐渐消失了，或者说淡化了。

141

但是，这并不意味着汉字就完全抽象化了，它依然存在各种物象，只不过变得更加含蓄罢了。

在中国先民的观念中，汉字是圣人创造的，不仅取象于天，而且取象于地。这一理念对后人影响至深，人们公认书法艺术必须强调以形写象。换句话说，人们希望在看似简单的汉字当中，感悟到大自然的美。

对汉字的自然美，具体表现为两个层次。

第一，经由汉字形体联想到自然实物。蔡邕认为，书法必须入其形。无论是行立坐卧，还是喜怒哀愁，无论是水火日月，还是花鸟虫鱼，都要做到纵横有象，才算是真正入门。据说，《笔阵图》中对汉字的七种笔画规定了象物的具体书写要求，如"横如千里阵云""点如高峰坠石"。显而易见，这里所说的象并非单纯的形似，更多的还是本质上的神似。

第二，直接追求深层次的书法气势之美。楷书与隶书通行后，已经很难从汉字的形体结构中直接感悟到物象之美。于是，书法家们开始注重书法整体气势上的物象之美。张怀瓘的《书议》认为，书法尽管包罗万象，但其实只有"无形之相"这一相。清朝的翁方纲甚至强调，世间无物非草书。由此可见，所谓书法气势之美，更多的还是体现在对自然神意的借鉴之上。

四、书为心画

西汉扬雄一针见血地指出："言，心声也；书，心画也。"他说的这句话原本是阐释文章的意义，后来被借来阐释书法与人的关系。刘熙载的《书概》中强调以书为心画，认为"书也者，心学也"。这就意味着，书法艺术已经被提升到艺术审美的高度了。

所有的艺术都是人创造的，书法艺术自然也不例外。书法艺术充分体现了书法家的心态、心智，充分展示了书法家的修养、修为。对于书法的艺术特质，汉代后期的书法界就已经形成了共识，钟繇在《笔法》中说得非常明确："笔迹者，界也；流美者，人也。"

当然，书法与写作还是存在一些差异的。例如，一篇文章可以反复修改，时间上甚至可以跨越几十年；但一幅书法作品，在一般情况下，往往是一气呵成。即使一幅大型书法作品是一段时间完成的，书法家也很难进行修改，除非重新创作。这与写作的创作过程显然并不相同。因此，书法艺术创作具有明显的不可逆转性、不可重复性。即使是同一个书法家先后两次完成的同一幅作品，也不尽相同。这是因此，除了体现书法家的书法功底之外，更重要的是体现了书法家微妙的即时心态。

第三节 书法审美的方法

一、感知书法艺术的五大妙处

（一）"形""意"之妙

据说，黄帝史官仓颉之所以能够成功造字，就是因为他在观察自然、博采众美时，不仅看到了事物的形象,而且看到了事物的动态。他将"形"与"势"作为美的因素,采集和运用在造字之中。

古人所传的"永字八法"虽不能完全概括书法用笔的全部,但能解决主要用笔及相互之间的关系,明确构成一个完整的、有生命的、有艺术境界的整体。古人对书写美的追求超过了字形规范本身。"形"与"意"的关系首先成为其艺术思辨的重要内容。其中,"形"是书法的外在美,"意"是书法的内在美。尤其是"意",往往涵盖了意境、心态、情调、风度、品格等,构成了书法的独特魅力。

(二)"简""美"之妙

纵观文字的发展史,从甲骨文到金文,到小篆,到隶书、隶草,到楷书、行书、草书,无不体现着人们审美观念的变化,书法艺术由此呈现出"求简""求美"的艺术特性。

简化对整个艺术来说是绝不可少的。离开了必要的简化,艺术就很难真正存在。对于书法艺术来说,所谓简化,就是指从写实到写意、从具象到抽象的发展过程。书法艺术发展到今天,汉字中的一笔一画早已失去了世间万事万物的一一对应关系,体现出抽象艺术的基本特质。但是,既然是一种艺术,汉字这种艺术符号往往通过简化之后的抽象过程,成功地激发观赏者的审美意识。

与此同时,伴随着社会的迅猛发展,身处信息爆炸的现代社会中,出于快速传递信息的考虑,汉字书法也必须最大限度地简化,借助简化来实现美化。事实证明,书法艺术的这种"求美"特质完全符合现代设计理念。

(三)"虚""实"之妙

书法艺术是虚实相生的,这里所说的"虚"与"实"是相对而言的。所谓"实",指的是形质,就是我们常说的外在形态,具体包括笔画、章法等,这是有形的、可见的。所谓"虚",指的是性情,就是我们常说的内在精神,具体包括神韵、意境等,这是无形的、不可见的。书法艺术的"虚"与"实"两方面既相互区别,又相互依存,共同展示出书法艺术独特的审美价值。

古人在书法实践中,讲求书法不仅在有笔墨处求之,更要从无笔墨处求之。清朝的蒋和在《学书杂论》中强调,书法要适当留白,"大抵实处之妙,皆因虚处而生"。这其实就是我们所熟知的虚实相生的艺术原理。在现代设计中,凡是遵循这种"计白守黑"的美学原理的书法作品,都能巧妙处理虚实关系,充分体现作品主题。

(四)色彩之妙

书法的妙处在于用笔和用墨。墨分五色,而且神奇变化。墨色的运用直接关系着笔画美的质感,关系着书法作品的情趣和风韵。此处所谈的书法的色彩,不是指斑斓之色,而是指墨的浓淡、枯湿等变化。墨时浓时淡,可枯可湿。浓者显近,淡者显远,即使是在二维平面上,也能体现出三维立体的效果。对于书法艺术的观赏者来说,浓者感觉热烈,淡者静雅。

在书法家中,苏东坡擅长使用浓墨,显得神采飞扬;董其昌擅长使用淡墨,显得端庄典雅。书法在行笔快慢之间,记录了书写速度,突出了节奏感。清淡的渲润渗化,如春草凄迷,饱含生命的玄机;干裂的枯涩飞白,如千秋古藤,苍劲老辣。有人说,书法艺术是黑白的艺术,但在这黑白之间,色彩又是千变万化的。

(五)章法之妙

在书法艺术中,章法具有相对的独立性,但又与运笔节奏、用墨变化、结构好坏、意境深浅密不可分。书法的章法是一字之间的点画安排,一字与数字之间的布置,字与字之间的连贯,行与行之间呼应的科学设计。当然,对于一幅完整的作品,更不能忽略作者的题款、铃章的点睛之妙。在书写时,要求浑然一气,不只是考虑点画的笔形意势,还要考虑黑色线条对白纸的空间分割。正如在平面设计中,点线、面各种元素无论怎样经营,都是一个整体,并且相互依存、相互影响。我们要求点、线、面在版面的布局上不是孤立的个体,而是在考虑全局的基础上,注重虚实相生、疏密相间,追求书法艺术中的"字里金生,行间玉润"的神奇效果。事实证明,书法艺术的独特的神韵、气势往往不是借助具体物象表现出来的,而是通过高度抽象的精神气场体现出来的。

二、领悟书法审美的五大种境界

(一)简静和谐之境

在这一境界,必须追求刚柔相济、轻重协调、方圆融合、肥瘦适中。总之,既要求个性与对立,又必须将这种个性与对立控制在适当的限度之内,以防破坏书法艺术的整体和谐。正所谓:"文质彬彬,然后君子。"但必须注意,书法艺术中的中庸追求的并不是绝对的平稳,而是相对的平衡。实践证明,简静和谐之境能创造出典雅的书法艺术作品。为此,可以借鉴王羲之的《兰亭集序》和颜真卿的《颜勤礼碑》。

(二)端庄严谨之境

这一境界的特点是一丝不苟,有一点精雕细刻的工匠精神的影子。点画必须周到,结体务必熨贴,用笔追求精严。只有这样,才能产生整体工整、功力深沉的端庄严谨之美。为此,可以借鉴苏轼的《一夜帖》、米芾的《戏成诗帖》、黄庭坚的《松风阁帖》。

(三)方劲峻峭之境

这一境界既不是放肆粗野,也不是紧张压抑,而是给予观赏者积极奋发的阳刚美感。为此,可以细心揣摩颜真卿的《祭侄文稿》、张旭的《古诗四帖》。

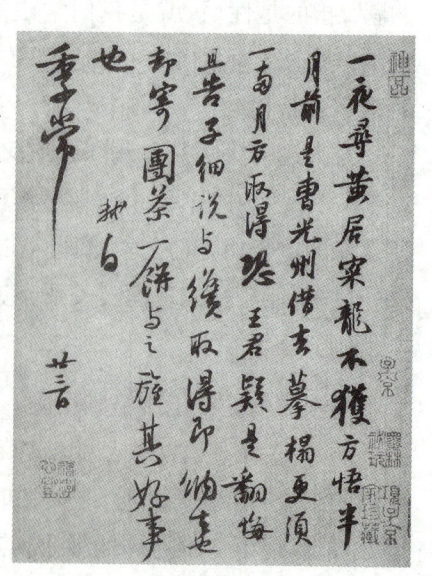

（四）秀逸摇曳之境

这一境界温婉飘逸，优雅丰润，恰似幽花美士，又如波光月影，动人心魄，摇曳多姿。为此，可以细心揣摩米芾、文徵明等的作品。

（五）质朴自然之境

这一境界追求的是质朴之感、自然之气，要求书法艺术作品以厚重替代轻浮、以朴素替代艳丽、以含蓄替代直露，呈现出一种不事雕凿、浑然天成的书法之美。为此，可以借鉴唐朝怀素的《自叙帖》和欧阳询的《九成宫》。

三、把握书法修炼的五大阶段

（一）急进期

书法修炼的第一阶段是急进期。在这个阶段，必须严格按照规范的学习途径，从传统的临摹碑帖入手。至于学习方式，既可以请人单独辅导，又可以参加各种书法学习班。人心往往比较好奇，对于新奇的事物更是这样。因此，书法初学者最初很容易上手，能在较短时间内达到形似的地步，容易获得他人的肯定与自我的满足。这样一来，书法学习的积极性就比较高，大多数人都能每天坚持练习。

这一时期最大的误区就是见异思迁。对于书法艺术爱好者来说，由于刚刚进入书法艺术的大门，一切都感觉那么新鲜，极具吸引力。一旦发现新的碑帖，就很想去尝试。这样一来，就往往改弦易辙，弃旧图新。时间一长，必然缺乏定力，就像蜻蜓点水，浅尝辄止。因此，这一时期必须选准碑帖，持之以恒地学下去。

（二）缓进期

经过急进期的学习，初学者已基本掌握所学碑帖的总体特点，能够达到所谓的"入帖"。但必须清醒地意识到，这种收效是极为粗浅、极为幼稚的。在普通人看来，自己所写的字似乎很有一点味道。但在行家看来，实际上还差得远。因此，学习者还需要花费更多的时间，进入相对艰难的缓进期。

所谓缓进期，顾名思义，就是这一阶段的进展往往比较慢，或者说不够明显。在这一阶段，要熟练把握碑帖的内在规律。即使是碑帖中不存在的字，也同样能够写得规范，能够让人判断出所学碑帖的风格。要达到这一效果，单纯的照猫画虎式的照本临帖是远远不够的。要进一步拓展艺术视野，进一步丰富艺术素养。对于自己所学的碑帖，要进行深入的研究，全面了解碑帖的产生背景、艺术特质、师承渊源。

与此同时，还可以有意识地培养自己对书法艺术的姊妹艺术（如绘画、音乐、舞蹈等）的兴趣，全面提升自己的艺术审美能力。最好花点时间研读中国古典文学，包括诗、词、曲、赋等。这样做，看似会多花一些时间和精力，但却能触类旁通，最终还是得大于失、利大于弊的。

一般学书法的人，经过不懈的努力，都可达到这一水平。此后，便进入一个相对稳定的阶段。

(三)稳定期

在书法训练中,安度稳定期至为关键。大多数书法爱好者都停留在这个阶段,最终处于不尽如人意的地步。如果打个比方,这个时期有点像跳高训练:最初训练进展明显,可以五厘米或十厘米地上升;一旦到了某一高度,就难上加难,每提高一厘米都要付出艰辛的汗水。

从某种意义上说,这种稳定期类似于我们常说的瓶颈期。其主要特点就是:第一,能够基本保持现有的水平与功力;第二,很难再有明显的提高。因此,很多书法爱好者进入稳定期后,要么安于现状,不再孜孜以求;要么陷入迷茫,不甘心就此结束却又不知如何应对。

要想最大限度地缩短稳定期,需要进行两个方面的努力。一方面,克服急躁冒进心态,继续坚持每天下功夫,做好打持久战的准备。另一方面,善于进行理性的分析,重新选择主攻方向,有意识地在提升上做文章。

(四)升华期

进入升华期,不仅要在书法之内下苦功,而且还要在书法之外下苦功。首先,要进一步丰富自己的文学修养,尤其是古典文学修养。事实上,有关书法的大量经典论述采用的都是文言文,没有扎实的古文基础,就无法阅读,更谈不上研究了。此外,大部分书法作品本身就是诗、词、曲、赋,缺乏专业知识就很难理解。这些还是表面的、直接的。其次,要进一步提升自己的人格修养。如果仔细研究历史上的杰出书法家,就会发现,他们都称得上是优秀的文学家,而且绝大多数都具有出类拔萃的非凡人格。

(五)成熟期

经过十几年甚至几十年的不懈努力、勤勉探索,才可能进入成熟期。到了这阶段,书法学习者已经达到"运用尽于精熟,规矩暗于胸襟,自然容于徘徊"的高远境界。换句话说,这是一种"人书俱老"的特殊境界。所谓"人老",指的是人格修养上的日趋成熟。所谓"书老",指的是书法造诣上的日趋高深。需要强调的是,"人老"不是指岁数大,"书老"不是指技法旧。历史上,"书圣"王羲之五十多岁就离开人世,王献之四十多岁也去世了,但他们在书法艺术上的成就和影响堪称空前绝后。

从起步到成熟,必然会经历无数的严寒酷暑,才能从一个书法爱好者最终成长为一个优秀的书法家。这既是一个在艺术的汪洋大海中从此岸向彼岸拼搏的艰辛历程,又是一个在人生的漫长旅途中从必然王国向自由王国进发的幸福历程。

思考练习

1. 书法之美究竟表现在哪里?
2. 书法审美具有哪四大特点?
3. 书法修炼会经历哪些阶段?

第五章 舞 蹈 美

学习目标

1. 素质层面
感悟舞蹈之美,提升对舞蹈艺术的审美修养。
2. 知识层面
(1)了解舞蹈的社会价值。
(2)认识舞蹈的审美特点。
3. 能力层面
掌握舞蹈的审美方法。
4. 思政层面
欣赏优秀舞蹈艺术作品,增强对传统舞蹈艺术的热爱,自觉坚持文化自信。

第一节 舞蹈之美

一、什么是舞蹈

作为历史悠久的人类艺术形式,舞蹈享有"艺术之母"的美誉。从远古开始,舞蹈就与耕作、狩猎、战斗、宗教密切相关。舞蹈能够极为生动地表现其他艺术形式难以充分表现的强烈情感、鲜明个性与特殊心理,并在一定程度上去探索与体现人生的价值。

从观感上说,舞蹈无疑属于人体艺术。但是,这不是一种随意化的普通人体活动,而是经过高度抽象、提炼的舞蹈化的人体动作。就广义的人体动作范畴而言,杂技、哑剧、人体雕塑、韵律操等都属于人体动作。舞蹈的独特之处在于,它是借助舞蹈动作这一主要艺术表现手段,深刻反映其他艺术表现手段所难以充分诠释的人与人之间、人与自然之间、人与社会之间的矛盾冲突,淋漓尽致地体现舞蹈编导的审美理想与舞蹈演员的审美情感。

新编大学美育

舞蹈必须在一定的时空中存在,而且往往需要音乐的伴奏,还要配以特定的服装、特定的道具。如果属于舞台表演,还特别注重灯光和布景。由此可见,舞蹈是一种时空性与综合性极强的动态造型艺术。

从美学的角度来欣赏,舞蹈艺术就是一种生活的艺术,甚至升华为一种生命的艺术。在远古时期,舞蹈的重要性是可想而知的。婚丧嫁娶需要舞蹈,生育献祭需要舞蹈,播种丰收需要舞蹈,驱病除邪需要舞蹈,出征凯旋需要舞蹈,舞蹈已经成为远古先民的生活方式的重要组成部分,也是远古先民感知世界、探索世界的重要手段。

二、舞蹈的起源

据考证,舞蹈是人类最早出现的艺术。早在语言诞生之前,人们就开始借助动作、姿态来传递信息、交流情感。

无论是中国的神话传说,还是古希腊的神话传说,都认为舞蹈是天帝或掌管舞蹈的女神传授给人类的。在远古时期,先民还分不清神与才能超凡的人的本质区别。实际上,不同民族的神话传说中的各种各样的神都是人按照自己的形象,经过想象创造出来的。表面上是神创造了舞蹈,但归根结底是人创造了舞蹈。

所谓舞蹈,是指借助提炼、美化的人体动作,反映社会生活、表达审美情感的一门艺术。针对舞蹈的本质,中外学者阐述了各自的见解。英国舞蹈家认为,舞蹈是一种源自感情的运动。美国舞蹈家认为,舞蹈是一种体现身体节奏的运动。法国舞蹈编导家让·乔治·诺维尔在《舞蹈和舞剧书信集》中强调,当人类的感情发展到语言难以表达的程度时,喊叫就被舞蹈动作所取代。

《毛诗序》深刻地阐释了舞蹈的特征:"情动于中而形于言,言之不足故嗟叹之,嗟叹之不足故歌咏之,歌咏之不足,不知手之舞之,足之蹈之也。"这一见解极为精辟,强调舞蹈是人类感情最充沛、最集中时自然而然产生的。闻一多认为,舞蹈是生命情调最直接、最实质、最强烈、最尖锐、最单纯而又最充足的表现。当代舞蹈家吴晓邦认为,凡是借助人体的组织化、规律化的动作,集中反映某些人物与故事、某些思想与感情的,都可称为舞蹈。

究其本质,舞之美实为人之美。舞蹈既然是一种艺术,自然就是艺术美。但舞蹈的特殊性在于,它所借助的事物不是声、色、字、词,而是人本身的肢体语言。从这个意义上说,舞蹈之美是一种典型的自然之美。当然,除了注重自然美,舞蹈更注重艺术美。这就必然需要衣饰与音乐来加以配合。不过,在这方面,中国舞蹈所使用的衣饰既不同于日常衣饰,也不同于西方的舞蹈衣饰。例如,在西方舞蹈中,小天使往往会在两胁下生出一对肉翅。按照中国舞蹈艺术来看,这显然极为生硬。你看敦煌石窟里的飞天,肩垂飘带,升腾在空中,自有一份独特的轻灵之美。真正的舞蹈,展现的不仅是形、色、物、体,而且还有神、情、韵、气。这是一种飘逸之美,也是一种朦胧之美,更是一种延绵之美。对观众来说,舞蹈不仅要用眼去观看、用耳去凝听,而且要用心去感悟。

舞蹈是一门动态艺术,能给予观赏者不同于物质享受的精神愉悦。舞蹈的美值得每个人去探索,去鉴赏,去发现。要发现舞蹈的艺术之美,就需要一双发现美的眼睛。

事实上,各种类型的舞蹈都有独特的美。芭蕾舞优雅高贵,神圣而不可侵犯;街舞自由随性,追求个性的解放;爵士舞恣肆张扬,有着蛊惑人心的妩媚;华尔兹雍容华贵,富于抒情浪漫的情调……无论哪种类型的舞蹈都有其忠实的拥护者,因为舞蹈的美是共通的,不会因为舞蹈种类的不同而改变。舞蹈艺术的美最直接地表现在其形体美上,用人的躯体去扮演各种生灵,演绎各种心情,诠释真实的生活。

当然,如果舞蹈作品中一味强调形体美而忽视内容,那无疑是失败的。如果说形体美是点,那么内容美就是面,一部优秀的作品必须点面结合。无论多美的舞蹈,只有有了内容之后才会显得更加立体、更加丰满。有人质疑,认为有些舞蹈如爵士、街舞没有什么内容。其实它们当中也不乏好的作品。但这里所说的内容,不仅是舞蹈中的故事情节,还包括舞蹈中对于人类自由及真善美的追求。其实,很多舞蹈中的情节设置归根究底是为了表达对人的精神家园的一种追求。

国画最注重意境,舞蹈也是如此。如果说舞蹈的形体美和内容美是必备品的话,那么意境美就是奢侈品。所谓舞蹈意境,是指舞蹈作品必须注重情景交融,追求一种类似于"象外之象,景外之景"的艺术境界。意境美不仅是舞蹈演员的追求,更是对舞蹈编者的考验。意境的好坏直接影响着舞蹈作品的质量,她是一部舞蹈作品的灵魂。"舞有尽而意无穷"是众多舞者的最高追求。古语有云:"有意境,自成高格。"舞蹈作品也是如此。

意境能对舞蹈作品的优劣起决定性的作用,其原因在于它的严要求。一部作品的意境由诸多因素构成:舞者的造型、基本功底、服装,编者对道具、舞台布景、音乐的选择,以及舞蹈作品本身的内涵。想要创造好的意境,就必须下苦功夫。

时代在发展,历史的车轮正在滚滚向前,舞蹈也不例外。在众多循规蹈矩的舞蹈中,现代舞异军突起,大大颠覆了人们对舞蹈的认识。既不像芭蕾舞那样高贵优美,也不像街舞那样舒展自由,现代舞以一种近乎怪诞的方式演绎当代人们的现实诉求。作为一门艺术,舞蹈具有强大的生命力,舞蹈之美毋庸置疑。

三、舞蹈的类别

根据舞蹈的价值与宗旨,大体可以将舞蹈分为生活舞蹈和艺术舞蹈两大类。

所谓生活舞蹈,是指那些偏重于满足生活需要的舞蹈。生活舞蹈与人们的日常生活息息相关,简单易学,具有广泛的群众基础。事实上,民俗舞蹈、宗教舞蹈、社交舞蹈、健美体育舞蹈等都属于生活舞蹈。

所谓艺术舞蹈,是指专用于舞台表演得更具有舞蹈专业特质的舞蹈。艺术舞蹈需要舞蹈家潜心观察生活,认真搜集素材,不断提炼创意,逐步形成鲜明的主题、具体的内容、完整的形式。艺术舞蹈借助专业化的舞蹈语言与舞蹈技巧,侧重表现人心的深层变化,既反映客观世界的纷繁复杂,又体现心灵世界的隐显变化。

第二节 舞蹈审美的特点

一、舞蹈审美的一般特点

(一)动态性

舞蹈艺术最基本的特性就是动态性。所谓动态性,是指舞蹈借助人体动作,形象地反映客观世界与心灵世界,塑造出感动人心的舞蹈形象。舞蹈中的动作是一种抽象的节律动作,而不是任意动作的简单堆砌。舞蹈正是通过这些动态语言,创造出鲜明、生动的舞蹈形象。由于这个原因,舞蹈艺术也被人们称为"动作的艺术"。

(二)律动性

律动是舞蹈的灵魂。从本质上说,外在的律动显然是内心世界的真实外化。律动赋予生命以原始的躁动,并以某种节奏秩序来体现某种情调。舞蹈的律动样式丰富,堪称千变万化,能够最直观地展现舞蹈演员自身的气质、神韵。

(三)抒情性

正如音乐通过声音来抒情、文学通过文字来抒情、绘画通过线条与色彩来抒情,舞蹈是通过专业化的人体动作来表达人类的深层感情。实际上,原始人之所以习惯于采用舞蹈这种形式,就是为了便于抒发内心的激情,表现生命的活力。

(四)象征性

舞蹈艺术具有明显的象征性。例如,舞蹈中的骑马、划船、坐轿、刺绣、扬鞭等,都是虚拟的,也可以说是带有象征意味。尽管如此,观众却完全接受,而且不会产生误解。究其原因,就是充分运用了象征手法。于是,舞蹈演员表现出一连串的大跳、旋转和翻滚动作,观众就知道这表现的是硝烟弥漫的战场。

(五)造型性

舞蹈动作并不是对生活中自然形态的单纯模拟,而是依据舞蹈艺术的自身规律进行了高度的抽象、提炼、加工。所谓造型性,是指连续流畅的舞蹈动作给予观众的特殊的审美感受,总是在片刻停顿或静止时才呈现出舞蹈的独特韵味。舞蹈的造型性的主要特点是动中有静、静中有动,充分展现人体之美与人心之美。

二、中国舞蹈审美的基本特点

(一) 中国舞蹈的思想渊源

在历史上,影响中国舞蹈发展的学术流派很多,包括儒学、道学、理学、佛学都在不同程度上给予中国舞蹈积极的影响。但相对而言,道家的美学思想在中国舞蹈审美发展方面起着主导性的关键作用。

道家的美学理论崇尚"天人合一",注重"养生之道",尤其强调要妥善处理好人与自然之间的关系。由于儒家所崇尚的理想化的社会与普通百姓的现实生活相距甚远,道家的美学思想就往往成为当时戏曲的主流美学思想。事实上,中国古典舞的很多舞蹈元素就是来自戏曲,突出"拧、倾、圆、曲"的审美特点。汉、唐时期的舞蹈艺术热烈、奔放,在中国舞蹈艺术发展史上独放异彩。不过,受元、明、清时期思想禁锢的制约,戏曲舞蹈的审美风格偏于压抑与内敛。从这个意义上说,戏曲舞蹈还不能完全代表中国古典舞。

(二) 中国舞蹈的民间传承

总体来看,中国舞蹈可大致分为祭祀舞蹈、宫廷舞蹈、民间舞蹈、戏曲舞蹈等。祭祀舞蹈极为程式化,随着祭祀活动的变化,已逐渐趋于消亡。至于宫廷舞蹈,也存在类似的情形。尽管历史上统治者极为重视宫廷舞蹈,而且宫廷舞蹈也确实达到了很高的艺术境界,但在传承上显然并不理想。相比之下,民间舞蹈与戏曲舞蹈却有着顽强的生命力,在缺乏足够的文字记载的情况下,依靠师徒之间的口传心授,逐渐发扬光大。

(三) 中国舞蹈的表演形式

中国最早的成熟舞蹈《九歌》"投足以歌八阕",是在旷野中进行的。西周时期,舞蹈主要在广场上进行,尤其是祭祀舞蹈一直在广场上进行,只不过祭祀舞蹈拥有自己的特定广场罢了。等到女乐、宴乐出现之后,舞蹈的表演场所就发生明显的变化,往往从室外转为室内、从广场转为厅堂。一般情况下,舞蹈演员居中表演,观众则四面围坐。唐代的《坐部伎》与《立部伎》显示,舞蹈演员是在厅堂与广场上表演的。即便是赵飞燕与杨玉环的独舞,也由皇帝专门修建一个亭作为舞蹈场所。

因此,中国自古就没有形成西方那样的舞台概念。至于民间舞蹈,表演场所更是很难固定。有的类似于"踏歌"的民间舞蹈,简直是随时随地可以表演。到了宋朝,民间艺人开始拥有固定的场所,被称为"瓦子"或"游棚"。直到元、明、清出现杂剧戏曲,才有了真正意义上的表演戏台。中国戏台与西方舞台有所不同。西方舞台一般是一个平面,左、右用于上下场。中国戏台是一个向前突出的矩形,舞台后墙的两扇门用于上下场。在中国戏台表演舞蹈有一个很大的难题:既要让正面观众满意,又要让侧面观众满意。换句话说,舞蹈演员的所有造型与动作都要让360度的观众都感觉到美。

(四)中国舞蹈的融合趋势

从西周到汉、唐、宋,中国舞蹈既有雅乐舞,也有俗乐舞。事实上,很多雅乐舞都由俗乐舞转化而来,如汉朝的《大风歌》、唐朝的《九部乐》《十部乐》就是典型的例子。到了汉朝,"女乐"往往被士大夫、官僚阶层所豢养。至于唐朝,民间舞蹈更是长盛不衰。

中国舞蹈的发展也与民族文化的交融息息相关。汉代张骞通西域后,传入许多西域乐舞。汉灵帝酷好胡服、胡帐、胡床、胡饭、胡笛、胡舞,于是全社会就上行下效。究其原因,固然与皇帝的喜好有关,但也得益于西域与中原的频繁交往,由此引发了人们对西北、西南地区独特的乐舞文化的浓厚兴趣。到了唐朝,民族交流与文化融合更趋明显。以《泼寒胡戏》《胡旋舞》《九部乐》《十部乐》为例,除了《宴乐》《清商乐》之外,其余都是少数民族乐舞。毫无疑问,这些新鲜的舞蹈元素给予中国舞蹈旺盛的生命活力。

第三节 舞蹈审美的方法

一、提高舞蹈审美能力的三大途径

(一)深入社会生活

舞蹈既然是反映社会生活的艺术,就必须将社会生活视为舞蹈创作的源泉。舞蹈既源于现实生活,又高于现实生活,因而是一种经过了高度提炼、艺术美化的人体动作艺术。要想提高舞蹈审美能力,必须深入社会生活,积累足够的生活阅历,才能逐渐形成敏锐的审美眼光与专业的审美心态。

(二)强化艺术修养

欣赏舞蹈需要相应的艺术修养,这是不言而喻的。这里所说的艺术修养,不仅包括一般意义上的文化知识的积累,而且包括舞蹈的基本理论的掌握。例如,芭蕾舞、现代舞、中国古典舞、民族民间舞的审美特征各不相同,产生的历史文化背景各具特色。如果不了解这些,舞蹈欣赏也就成了一句空话。更重要的是,我们这里所强调的艺术修养必须是专业化的,绝不是泛泛而知。

(三)感悟舞蹈之美

要想感悟舞蹈之美,就要提高自身的舞蹈欣赏能力。为此,可以首先选择每个历史时期、每个民族、每个舞蹈流派的经典的代表作。这样做,将有助于迅速把握不同历史时期、不同民族、不同舞蹈流派的各自特色,真实感受不同风格特点的舞蹈艺术,对欣赏者迅速入门是极有裨益的。

舞蹈呈现的主要是身体语言。据统计,人类的身体语言多达100多万种信息,在人类交往中起着重要作用。常言说得好:"沉默是金。"需要强调的是,这里所说的"金"传递的是真实的东西。对此,弗洛伊德有句名言:"没有人可以隐藏机密,如果他的嘴不说话,他就会用指尖说话。"实际上,舞蹈之美就充分体现在这些无声的身体语言之中,需要我们借助专业化的眼光与专业化的心态去尽情感知。

1. 关注舞蹈形象

形象性堪称舞蹈的最重要的审美特征。道理很简单,只有通过生动、具体的形象才能给予欣赏者更多的审美感知。任何艺术都通过形象来反映社会生活、表现思想感情,这是所有艺术的共同特点和内在规律。因此,一旦离开了舞蹈形象,就难以真正感受到舞蹈之美。

需要注意的是,舞蹈形象具有自身的特质。不同于其他艺术,舞蹈艺术借助的主要是人体自身,只能充分发挥人的头、躯干、四肢的动作为表现手段。尽管舞蹈艺术在几千年的历史发展中融合了文学、戏剧、音乐、雕塑、绘画、灯光、服装等艺术表现手段,但在表现社会生活方面,确实存在着一定的局限。但是,舞蹈艺术的优势在于,能够淋漓尽致地表现人的思想情感,其直观的深度与广度是其他任何一种艺术所难以匹敌的。

从这个意义上说,舞蹈显然是典型的人的艺术,人尤其是人心才是舞蹈艺术永恒的表现主题。即使那些以自然景物为题材的舞蹈,其舞蹈形象也往往是拟人化的。在这里,自然已经成为人化的自然,真正表现的其实还是人的情感、人的思维、人的意愿,只不过表现形式特殊一点罢了。至于那些直接表现人的生活、劳动、爱情、战斗的舞蹈,就更能显示出舞蹈形象所固有的强烈的感染力与审美力,更容易引发欣赏者的情感共鸣。

离开了对舞蹈作品的欣赏,就很难具体感受舞蹈之美。即使有人用语言文字来淋漓尽致地渲染一个舞蹈作品的优美,我们从中感受的也会与实际欣赏的存在千差万别。看过《荷花舞》的人谈论它的美时,眼前就会显现一群少女,她们发挽双髻、手舞白纱、绿色长裙下挂有荷叶和四枝荷花的造型,她们凭借轻盈的步伐,凭借穿插变化的队形构图,宛如一群荷花仙子在水面上浮游飘动,使人感受到一种和平、顺畅、宁谧的美感。

2. 关注舞蹈活力

从某种意义上说,舞蹈是一种典型的表情艺术,其本质是抒情性。舞蹈能够直接地表现人的情感,或者说,舞蹈是人的内在情感的艺术化的外在表现。事实上,这也正是舞蹈活力的根源所在。

人的情感虽然纷繁复杂,但本质上都是对客观外界事物的心理反应。观众之所以会对一个舞蹈作品产生各种各样的感受,就是因为人们的世界观、人生观、价值观存在各自的好恶倾向、肯否倾向。从这个意义上说,优秀的舞蹈必须引发观众的共鸣,才能产生巨大的震撼力与感染力。

形象性与感染性是舞蹈艺术的审美特征,但需要强调的是,并非所有的具有形象性与感染性的舞蹈都具有审美价值。那些追求感官刺激的舞蹈属于典型的低级趣味,不仅不具备真正的美感,反而令人厌恶。事实上,只有能引发人们的积极情感的舞蹈形象才是真正美的。这种积极情感往往与社会主流的真善美的标准是紧密联系的。

3. 关注舞蹈技艺

所谓舞蹈技艺,主要包括编导技艺与表演技艺两个方面。在编导技艺方面,重点表现在对结构的切分、对场面的调度、对舞蹈语言的运用、对人物心理的刻画上。在表演技艺方面,重点表现在腾空跳跃的跨度、多圈旋转的急速、身体滚翻的柔软、慢动作的控制上。

无论是舞蹈编导,还是舞蹈表演,都需要展现出足够的技艺,才能让观众赏心悦目。可以说,舞蹈编导和舞蹈表演的技艺越高,观众的审美感受就越强。为了达到这一境界,需要舞蹈编导者和舞蹈表演者付出艰辛的、不懈的努力。

4. 关注舞蹈创新

一个舞蹈作品的形成是很不容易的,其间渗透着无数人的智慧与心血。这就在客观上导致舞蹈作品的僵化与凝固。但是,社会生活是随时变化的,生活在社会上的人们的审美需求也会随之发生明显的变化。在这种情况下,如果舞蹈作品不能在题材开拓、主题挖掘、艺术构思、技巧表现上进行创新,就势必淡化舞蹈所固有的审美意味。因此,舞蹈需要传承,更需要创新。

从本质上说,舞蹈之美是人创造的,舞蹈之美的创新也必须由人来完成。因此,离开人的创新活动,就不可能产生舞蹈之美。对于舞蹈的编导者与表演者来说,仅仅具备创新意识还是远远不够的。如果主观上想要创新,实质上却依然在拙劣地模仿他人的理念与技法,是不可能实现舞蹈之美的创新的。戴爱莲在 20 世纪 50 年代创作了《荷花舞》,被公认为优美的舞蹈。究其原因,创新是关键。其中,荷花少女的形象虽然受到陕北民间舞蹈莲花灯的启发,但本身确实进行了重要的创新,完成了内容与形式的质的飞跃,因而极具审美属性。

二、欣赏舞蹈的 10 大要点

(一) 轻

舞者动作要轻柔、轻巧、轻盈,恰似一片羽毛、一缕薄纱、一叶扁舟或一只燕子。

(二) 稳

舞蹈必须稳如泰山,这也是体现舞蹈演员的基本功的重要方面。无论是技巧性动作,还是动作之间的衔接,都要给予欣赏者充分的稳定感。

(三) 准

舞蹈的动作必须正确、准确以至精确。要有足够的分寸感,多一点不行,少一点也不行。

(四) 洁

舞蹈动作必须干干净净,不能拖泥带水。只有切实做到这一点,才能让欣赏者豁然开朗,愉悦舒畅。

(五)敏

与常人相比,舞蹈演员的灵敏度要高得多。显而易见,这是舞蹈演员的基本功。如果动作不敏捷,就会显得动作不利索。真正的舞蹈要像燕子穿帘一样,轻巧敏捷。

(六)柔

舞蹈要柔中有刚,刚中有柔,刚柔相济。即使是柔美,也不是懒散与无力。

(七)健

舞蹈是刚柔并济的,绝非一味的软绵绵。人物的形态、神态都要有相应的支柱,该刚的时候要看到刚的一面。

(八)韵

注重韵律,讲究韵味,追求音乐性、音乐感。

(九)美

毫无疑问,舞蹈是打动人心的美的艺术,动作要美,体态要美。只不过,这里所说的美不仅是指美感,而且是指美育。换句话说,舞蹈不仅能使人感知到美,还能从中受到审美的教育。

(十)情

舞蹈艺术是感情表达的艺术,情是舞蹈当之无愧的核心。正是得益于形神兼备、情景交融的艺术表演,舞蹈才能呈现出令人震撼的审美效果。

思考练习

1. 舞蹈有哪些主要的类别?
2. 中国舞蹈审美有何特点?
3. 如何提高舞蹈审美能力?

第六章　戏　曲　美

学习目标

1. 素质层面

感受中国戏曲之美,提升对戏曲艺术的审美修养。

2. 知识层面

(1) 了解戏曲的社会价值。

(2) 认识戏曲审美特点。

2. 技能层面

掌握戏曲的审美方法。

4. 思政层面

欣赏优秀戏曲艺术,喜爱和弘扬戏曲文化,增强文化自信。

第一节　戏曲之美

一、戏曲概述

历史上最早使用"戏曲"这个名词的是南宋刘埙(1240—1319年)。他在《词人吴用章传》中提出"永嘉戏曲"。他所说的"永嘉戏曲",就是后人所说的"南戏""戏文""永嘉杂剧"。从近代王国维开始,"戏曲"被用来作为中国传统戏剧文化的通称。

戏曲是中国传统艺术之一,剧种繁多,表演形式多样,有说有唱,有文有武,集"唱、念、做、打"于一体,在世界戏剧史上独树一帜。其以集古典戏曲艺术大成的京剧为例,其主要特点包括:一是男扮女;二是划分生、旦、净、丑四大行当;三是有夸张性的化装艺术——脸谱;四是"行头"(戏曲服装和道具)有基本固定的式样和规格;五是利用"程式"进行表演。中国民族戏曲涵盖了先秦的"俳优"、汉代的"百戏"、唐代的"参军戏"、宋代的杂剧、南宋的南戏、元代的杂剧、清代地方戏曲和京剧。

中国戏曲主要是由民间歌舞、说唱、滑稽戏三种不同的艺术形式综合而成。它起源于原始歌舞,是一种历史悠久的综合舞台艺术样式。一直到宋金,中国才形成比较完整的戏曲艺术。这一艺术由文学、音乐、舞蹈、美术、武术、杂技及表演艺术综合而成。中国的戏曲与希腊悲剧和喜剧、印度梵剧并称世界三大古老的戏剧文化。

中国戏曲种类繁多,据不完全统计,各民族地区戏曲剧种有360多种。中国五大戏曲剧种一般表述为京剧、越剧、黄梅戏、评剧、豫剧,也有人表述为京剧、评剧、豫剧、越剧、黄梅戏。

二、中国戏曲的发展历程

（一）先秦（萌芽期）

在原始社会,氏族聚居的村落产生了原始歌舞。随着氏族的壮大,歌舞也逐渐发展与提高。在许多古老的农村,还保持着源远流长的歌舞传统,如"傩戏"。同时,一些新的歌舞如"社火""秧歌"等适应人民的精神需求而诞生。正是这些歌舞演出,造就一批又一批技艺娴熟的民间艺人,并朝着戏曲的方向一点点迈进。《诗经》里的"颂",《楚辞》里的"九歌",就是祭神时歌舞的唱词。从春秋战国到汉代,在娱神的歌舞中逐渐演变出娱人的歌舞。从汉魏到中唐,又先后出现以竞技为主的"角抵"（"百戏"）、以问答方式表演的"参军戏"和扮演生活小故事的歌舞"踏摇娘"等,这些都是萌芽状态的戏剧。

（二）唐朝中后期（形成期）

中唐以后,中国戏剧飞跃发展,戏剧艺术逐渐形成。唐代文学艺术的繁荣是经济高度发展的结果,也促进了戏曲艺术的自立门户,并给予戏曲艺术丰富的养料。诗歌的声律和叙事诗的成熟给予戏曲决定性影响。唐代的音乐舞蹈为戏曲提供了表演、唱腔的基础。教坊的专业性研究、正规化训练,提高了艺人们的艺术水平,使歌舞戏剧化的进程加快,产生了一批用歌舞演故事的戏曲剧目。

（三）宋金（发展期）

宋代的"杂剧"、金代的"院本"和讲唱形式的"诸宫调",从乐曲、结构到内容,都为元代杂剧打下了坚实的基础。

（四）元朝（成熟期）

到了元朝,"杂剧"就在原有基础上大大发展,成为一种新型戏剧。它具备戏剧的基本特点,标志着中国戏剧进入成熟阶段。12世纪中期到13世纪,出现了职业艺术和商业性的演出团体及反映市民生活和观点的元杂剧和金院本,如关汉卿创作的《窦娥冤》、马致远的《汉宫秋》等。这个时期是戏曲舞台的繁荣时期。元杂剧是一种成熟的戏剧形态,因其最富于时代特色、最具有艺术独创性,被视为一代文学的主流。元杂剧最初以大都（今北京）为中心,流行于北方。元灭南宋后,元杂剧发展成为全国性的剧种。元代剧坛群星璀璨、名作如云。元杂剧的剧本体制,绝大多数由"四折一楔"构成。四折是四个情节的段落,就像做文章讲究起承传合一样。楔子篇幅短小,通常放在第一折之前,有点类似于后来的"序幕"。元杂剧是以歌唱为主、结合说白表演。每一折由同一宫调的若干支曲子联成一个套曲,全套只押一个韵,由扮演男主角的正末或扮演女主角的正旦演唱。这种"一人主唱"可以极大地发挥歌唱艺术的特长，酣畅淋漓地塑造主要人物形象。念白部分受"参军戏"的影响，常常插科打诨，富于幽默趣味。音乐结构与戏剧结构的统一，体制上的规整，充分体现了元杂剧的艺术成熟。

(五)明清(繁荣期)

明朝，传奇发展起来了。明传奇的前身是宋元南戏，南戏是南曲戏文的简称，它是以温州为发祥地，在宋代杂剧的基础上，与南方地区曲调结合而发展起来的一种新兴的戏剧形式。南戏在体制上与北杂剧不同，不受四折的限制，经过文人的加工和提高，这种本来不够严整的短小戏曲变成相当完整的长篇剧作。例如：高明的《琵琶记》就是一部由南戏向传奇过渡的作品。这部作品的题材来源于民间传说，比较完整地表现了一个故事，并且有一定的戏剧性，被誉为"南戏中兴之祖"。明朝中叶，传奇作家和剧本大量涌现，其中成就最大的是汤显祖，《牡丹亭》是他的代表作。作品通过杜丽娘和柳梦梅死生离合的故事，歌颂了反对封建礼教，追求幸福爱情，要求个性解放的反抗精神。作者给予爱情起死回生的力量，主人公战胜了封建礼教，取得了最后胜利。这在封建礼教牢固统治的社会里具有深远的社会意义。这个剧作问世以来，一直受到读者和观众的喜爱。直到今天，"闺塾""惊梦"等片段还活跃在戏曲表演的舞台上。同一时期，江南兴起昆腔，出现《十五贯》《占花魁》等戏曲剧目。这一时期受农民欢迎的戏是产生于安徽、江西的弋阳腔，昆腔则受到封建上层人士的欢迎。明后期的舞台开始流行以演折子戏为主的风尚。所谓折子戏，是指从有头有尾的全本传奇剧目中摘选出来的剧目。它只是全剧中相对独立的片段，但这些片段里场面精彩，唱做俱佳。折子戏的脱颖而出，是戏剧表演艺术强劲发展的结果，又是时间与舞台淘洗的必然。观众在熟悉剧情之后，便可尽情地欣赏折子戏的表演技艺了。《牡丹亭》中的"游园""惊梦"、《拜月亭记》中的"踏伞""拜月"、《玉簪记》中的"琴挑""追舟"等众的折子戏，已成为精品。明末清初的作品多是写人民群众心中的英雄，如穆桂英、陶三春、赵匡胤等。这时的地方戏主要有北方梆子和南方皮黄。京剧是在清朝地方戏高度繁荣的基础上产生的。同治、光绪年间，出现了名列"同光十三绝"的第一代京剧表演艺术家及不同流派的宗师，标志着京剧艺术的成熟与兴盛。不久，京剧向全国发展。特别是在上海、天津，京剧成为具有广泛影响的剧种，将中国的戏曲艺术推进到一个新的高度。

(六)近代(革新期)

辛亥革命前后，一批有造诣的戏曲艺术家从事戏曲艺术改良活动，著名的有汪笑侬、潘月樵、夏月珊等，他们为以后的戏曲改良积累了宝贵的经验。从1919年五四运动到中华人民共和国成立,一些有志之士对戏曲进行改革。梅兰芳在"五四"前夕演出了《邓粗姑》《一缕麻》等宣传民主思想的时装新戏,周信芳、程砚秋等也创作了不少作品。袁雪芬则高举越剧改革之大旗,主演鲁迅名著《祥林嫂》,在中国戏曲中率先形成融合编、导、舞、音、美为一体的综合艺术机制。

(七)现代(争辉期)

中华人民共和国成立后,涌现了一批优秀剧目,如京剧《将相和》《白蛇传》、评剧《秦香莲》、越剧《梁山伯与祝英台》、昆剧《十五贯》等,著名历史学家吴晗还撰写了历史京剧《海瑞罢官》。以后,又陆续推出一系列优秀作品,如京剧《白毛女》《红灯记》《奇袭白虎团》、越剧《西厢记》、评剧《刘巧儿》、沪剧《芦荡火种》、豫剧《朝阳沟》等。今天的戏曲艺术不断适应新时代、新观众的需要,保持和发扬民族传统的艺术特色。戏曲界提出的"现代化"与"戏曲化"的问题,已成为新的历史时期积极探讨和积极实践的问题。

三、中国戏曲的艺术特色

(一)综合性

中国戏曲是一种高度综合的民族艺术。这种综合性不仅表现在融汇了各个艺术门类(诸如舞蹈、杂技等)方面,而且体现在精湛涵厚的表演艺术上。各种不同的艺术因素与表演艺术紧密结合,通过演员的表演,实现戏曲的全部功能。其中,唱、念、做、打在演员身上的有机构成,便是戏曲的综合性的最集中、最突出的体现。唱,指唱腔技法,讲究字正腔圆;念,即念白,是朗诵技法,要求严格,所谓"千斤话白四两唱";做,指做功,是身段和表情技法;打,指表演中的武打动作,是在中国传统武术基础上形成的舞蹈化武术技巧组合。这四种表演技法有时相互衔接,有时相互交叉,构成方式视剧情需要而定,但都统一为综合整体,体现出和谐之美,充满着音乐精神。中国戏曲是以唱、念、做、打的综合表演为中心的富有形式美的戏剧形式。

(二)程式性

程式是戏曲反映生活的表现形式,它是指对生活动作的规范化、舞蹈化表演并被重复使用。程式直接或间接来源于生活,但它又是按照一定的规范对生活经过提炼、概括、美化而形成的。此中凝聚着古往今来艺术家们的心血,它又成为新一代演员进行艺术再创造的起点,戏曲表演艺术才得以代代相传。戏曲表演中的关门、推窗、上马、登舟、上楼等,皆有固定的程式。除了表演程式外,戏曲的剧本形式、角色当行、音乐唱腔、化妆服装等各个方面都有一定的程式。优秀的艺术家能够突破程式的某些局限,创造出具有个性化的规范艺术。从本质上讲,程式是一种美的典范。

(三)虚拟性

虚拟是戏曲反映生活的基本手法。它是指以演员的表演,用一种变形的方式来比拟现实环境或对象,借以表现生活。中国戏曲的虚拟性首先表现为对舞台时间和空间处理的灵活性方面,所谓"三五步行遍天下,六七人百万雄兵""顷刻间千秋事业,方丈地万里江山""眨眼间数年光阴,寸柱香千秋万代"。这就突破了西方歌剧的"三一律"与"第四堵墙"的局限。其次是在具体的舞台气氛调度和演员对某些生活动作的模拟方面,诸如刮风下雨、船行马步、穿针引线等,更集中、更鲜明地体现出戏曲的虚拟性。戏曲脸谱也是一种虚拟方式。中国戏曲的虚拟性,既是戏曲舞台简陋、舞美技术落后的局限性带来的结果,也是追求神似、以形写神的民族传统美学思想积淀的产物。这是一种美的创造,极大地解放了作家、舞台艺术家的创造力和观众的艺术想象力,从而使戏曲的审美价值获得极大的提高。

第二节　戏曲审美的特点

戏曲是中国的艺术瑰宝,在历史的长河中焕发出勃勃的生机。在不同的历史时期,戏曲表演形式各异。但是,其蕴含的内在审美特征并没有从中国的传统文化中剥离。中国戏曲的内在审美,从现实的角度来看,通常定位于表演程式化、歌舞技术化、舞台虚拟化。从中国传统文化的角度而言,民族特征孕育于戏曲审美中,使其成为传统的戏曲艺术经久不衰。从艺术的角度对中国戏曲的特征予以定位,主要是寻求其特殊的审美规律,以有别于其他艺术形式。

中国戏曲的艺术表现力很强,综合了文学、舞蹈、音乐、美术等艺术表现形式,将不同艺术表现风格综合为一体,形成独特的戏曲艺术规律。美是中国戏曲的魅力所在,也是戏曲所追求的艺术原则。戏曲审美包括形式和内容两个层面的解读。就形式而言,中国戏曲是以色彩、线条,结合声音和动作展示视觉美。观众在享受美的同时,感觉戏曲的内在意蕴,成为观众需要逐渐领会的内容。

一、感知中国戏曲的审美共性

(一) 中国戏曲的外在审美特征

中国戏曲从艺术的角度被程式化了,但这并不意味着各种艺术元素被完全分割开来,而是从不同的层次予以阐述。戏曲的歌舞化表演手段体现在唱、念、打、做上,以音乐的旋律展示其节奏美和舞蹈的姿态美。在歌舞化的同时,中国戏曲还将对白、写实融入其中,歌唱中融入对白,那种散文体的口语化更接近于日常生活。

戏曲的舞台是虚拟化的环境,舞台效果的程式规范来源于自由的创造。灯光通明的舞台上,演员仍然手持蜡烛,以表示夜晚的舞台情境。演员表演的过程也是自由创造的过程。根据新的戏曲审美要求,梅兰芳将一些舞台戏曲角色的传统演唱风格打破。例如:"抱着肚子傻唱"的青衣的表演形式被其融入花衫、闺门旦和刀马旦,创造了独特的演唱风格。可供戏曲表演者自由创造的动作还包括大唱腔舞姿、长过门及行弦中的哑剧动作等,都可以根据戏曲的内容及审美需求进行创造。舞台调度是通过戏曲表达效果,突出审美特征,动静结合、繁简得当,哪怕是疾驰与缓步的舞台调节,都可以将不同的审美效果呈现出来。

(二) 中国戏曲的内在审美特征

中国戏曲来自民间,具有民俗性。作为戏曲演员,要做到"合乎曲文、恰到好处",做到"和与美"的统一,即和美性。中国戏曲极具感情色彩,注重寓美于情,美的形式与情感的和谐,更突出"自我表现"。

中国戏曲长演不衰,总是在不同的时期焕发出顽强的生命力。其中一个重要原因就在于其具有较强的社会性,在大众中融合。根植于民间的戏曲艺术必然符合群众的审美需求,加之戏曲内容体现的是百姓生活的真情实感,使其更具地域化特点。虽然中国戏曲是一种艺术表现形式,但与社会伦理相融,政治、道德在戏曲的内容中极具表现力,实现善与美的和谐。悲剧的表演要做到"哀而不伤",喜剧的表演要做到"乐而不淫",将个体心理欲望与社会规范和谐,这就是戏曲的审美与和谐的统一。

二、认识中国戏曲的美学价值

中国的戏曲艺术结构具有稳定性,是中国稳定性社会结构的缩影。戏曲艺术是对生活深刻理解基础上的艺术形式的升华,其中积淀着中国传统的艺术价值观。从戏曲美学的角度而言,戏曲的艺术规律、戏曲的创作背景、戏曲的欣赏角度都可以将审美心理揭示出来。要想探索戏曲表演的美学意义,就要在重视戏曲艺术表现形式的同时,重视戏曲艺术本质问题的研究。从中国传统文化的心理结构角度分析戏曲表演,从哲学及伦理学的角度来分析戏曲内容,更有助于体验中国戏曲艺术的美学意义。

中国的审美与西方的审美不同,西方注重的是写实之美,中国注重的是写意之美。中国人在审美时,往往受到环境的感染而融入其中,依赖于丰富的想象力,以直观的形式表达出来,其中渗透着体悟之美和诗性情怀。在中国传统文化中,《周易》可谓是后世思想的源泉,儒家和道家的思想都可以溯源到《周易》。中国千百年来将自然、人生和社会写意式地表现出来,正是一种《周易》的传统思维方式的延续。这也是中国戏曲特征的源头。当中国的戏曲上升到艺术审美层次时,表现为"象征性、表现性、抽象性、时空自由性"的特征,即写意性的扩展和延伸。

中国经历了几千年的农业文明,道德秩序和礼仪规范被建立起来,并植根于人们的意识形态中。"礼乐"被赋予教化的含义。礼乐将社会政治关系通过礼仪的形式渗入人的感性认知,使人的行为被自觉地归纳到社会秩序中,成为道德规范。戏曲艺术的意义正在于此。从其程式化的演出仪式及行当归类、脸谱划分上来看,戏曲的唱腔和曲牌板式所表现的程式化的审美倾向,也是社会伦理秩序的具体体现。

中国人对诗性思维情有独钟,因此就有"情即是景,景即是情,情景交融"的理解。诗歌是中国文化中特有的产物,《诗经》即是中国诗歌的开端。随着诗歌文化的发展、社会意义的改变,戏曲派生出来,在一定意义上表达了"一切景语皆情语"的思维内涵。诗歌创作的原则,体现为艺术欣赏心理的审美定位,诗歌的特征要遵循欣赏原则形成审美意境,并孕育在戏曲艺术之中,使其具有欣赏价值。在这个层面上定位戏曲的意义,将其看作"诗剧",也许是更为贴切的。

受中国农耕文化的影响,人们的生活环境趋于稳定。每天的生活劳作方式都是程序化的,周而复始的。而从农耕的角度观察自然规律,也是"日出而作,日落而息"。审美心理定势由此形成。戏曲艺术那种缓慢的节奏、重复的内容,正是人们思维方式的体现。

就艺术研究的角度而言,一种程式一旦形成,就会根植于意识而传承下去。程式以符号形式作为标志,在一定程度上独立存在,构成人的心理意识,规范着人的行为。这些程式化的行为在生活中有所体现,也成为戏曲艺术结构的参考。这些独立的小单元犹如一行行美丽的诗句,散发着无限的魅力,将人们的生活艺术化。正是由于艺术程式的存在,人们的审美观点才得以定位,戏曲艺术形式才得以传承,并焕发出强大的生命力。

三、领悟中国现代戏曲的审美意蕴

20世纪90年代以来,中国社会的巨大变革将中国戏曲推向现代戏的创作巅峰。一些以人们真实生活为题材的内容被搬上戏曲舞台,艺术样式不断翻新。最为引人瞩目的是反映农村百姓生活的戏曲,突出了农村经历社会的变革而发生的时代变化。比如,《关东雪》《情系中英街》《牌坊村新传》等都是以艺术的形式将农村的生活场面勾勒出来。可以说,戏曲就是社会化的产物。当戏曲随着时代的脚步而发生变革时,其艺术创作手段和其展示出来的文化图景都是为了满足时代的需求。

第三节 戏曲审美的方法

一、感悟中国戏曲之美

(一)意境之美

意境是我国古代美学的独特范畴,艺术的最高境界是"境生于象外"。王国维说:"语明白如画,而言外有无穷之意。"戏曲作为一门艺术,也讲求出于实、表于幻的意境美。意境之所以为意境,就是看情与景、意与境的统一,能否形成特定的审美机制,能否显现特定的审美形态。

唱作为戏曲表演的主要手段之一,基本含义是交代情节,揭示人物内心矛盾,刻画人物性格,正所谓"曲也者,达其心而为言者也"。

例如,昆曲的《牡丹亭·惊梦》的唱词:"原来姹紫嫣红开遍,似这般都付与断井残垣。良辰美景奈何天,赏心乐事谁家院……朝飞暮卷,云霞翠轩;雨丝风片,烟波画船……锦屏人忒看这韶光贱。"这首曲子,可看作是一首情景交融的小诗。实的部分是姹紫嫣红、云霞翠轩、雨丝风片、烟波画船等。这些是实的客观存在，是意境的稳定部分。

又如《西厢记》中"长亭"一折："碧云天，黄花地，西风紧，北雁南飞。晓来谁染霜林醉，总是离人泪。"情绪是看不见摸不着的东西，此折却用少而精的导向力极强的画面传达出一种广阔的、朦胧的、邈远而感伤的、愁肠万种的情绪。这就是意境美的魅力所在。凡被寓于有意境的戏曲作品，都是可以让观众回味无穷的。

在昆剧《牡丹亭》中，杜丽娘和柳梦梅幽会时，舞台上出现的十二月花神撒花的舞蹈场面，表现了封建的礼教抑制不住人的正常情感要求。即使是在梦幻中，也要冲破藩篱，体现了汤显祖"情之至，是生者可以死，死者可以生"的主题。

(二) 空灵之美

戏曲表演讲求"生活真实"和"艺术真实"，即虚与实的高度统一。戏曲舞台艺术以音乐、舞蹈为主要元素，其节奏性、程式性是生活的变形，是在真与非真、似与非似之间讲求"神似"而不是力求"形似"。丢弃写意的美学精神，直接写实，反而显得很假，也不符合观众的审美。例如：在表演过程中，几个龙套就可代表千军万马，一个圆场就可表现行千里路。这种纵马千里、行舟百程、兵发燕赵、阵布吴越，都在大小圆场中完成。

戏曲的虚拟既有以上谈到的对地域、空间转换的虚拟，也有对自然环境的虚拟；既有象征性虚拟，也有对时间形态的虚拟，即域象、景象、喻象与时象。喻象即象征、引申、比喻之象。昆曲《桃花扇》中，用水旗表现人在水中，用马鞭的扬动表示策马前行。《牡丹亭》中，用手托额头，表示正在熟睡。对景的虚拟即景象。京剧《三岔口》中，两个人物在灯光如昼的舞台上，以摸黑打斗的身段表现当时正处于伸手不见五指的黑夜。

戏曲当中的虚拟，有时还通过夸张、变形等手段，为的是表现人物内心的情绪和心理活动。如在昆曲《桃花扇》中，侯方域与李香君一见钟情，观众可以通过演员的表演来体会他们之间那种喜悦、娇羞。这都是戏曲的虚实结合所体现出来的美。

(三) 中和之美

所谓中和，中是指心无偏奇，和是指和谐、中节、合乎节度。孔子以他的"中庸"哲学思想为基础，提出了艺术的最高审美理想——中和美。他认为，文艺的最高审美理想就是能使人内心趋于平静，并唤起庄敬和睦与仁爱的感情，从而对恢复周礼、协调人际关系、维护社会的法度和秩序产生巨大作用。孔子强调"《关雎》乐而不淫，哀而不伤"，就是指的"和"。这种审美理想要求中国的戏曲讲适度、讲和谐，不走极端，喜怒哀乐皆有节制，悲欢离合相反相成。中和体现在戏曲表演中，则要求演员的表演"合于雍容度""举步发音，一钗横，一带场，无不曲尽其致……其浓淡简繁，折衷合度"。总之，艺术包含的情感必须是一种有节制的、有限度的情感。过分刺激感官的图景，在台上都要尽量避免。如表演悲哀的哭，演员只需眼中噙泪，用水袖把脸一挡就可以了，不必真的涕流满面。表现喜悦的笑也一样，嘴微微一动就行了，略一开合，立刻用手捂住，自然就美了。演员在舞台上的感情必须有节制，要转化为艺术的感情,要做到"乐而不淫,哀而不伤",从而显示出一种温柔敦厚、和谐宁静之美。中和还是一种重在协同的哲学,它是对立中的统一。

二、欣赏戏曲的具体步骤

作为戏曲审美的新手,我们该如何领略戏剧的魅力?

(一)转换思维

对于戏曲,很多新手最爱问的一个问题是:这个作品到底想表达什么?应当说,这是关于戏曲欣赏乃至戏曲审美的误区。究其原因,大概和我们小时候语文考试里的"归纳段落大意",追求标准答案有关。为此,我们必须从现在开始转换思维,将这个问题转换为:我从中感受到了什么?

打个比方,你的妈妈、男(女)朋友同时问你"吃饭了吗",你的感受是不一样的。妈妈问你,你的体验可能主要落在吃饭本身。而当男(女)朋友问你时,你的体验可能会更多,也许会转化为另一个问题,"亲爱的,你想我了吗?"

实际上,任何一种艺术欣赏都是在寻求这种"更多的个人体验"。能感受到就能,不能感受到就不能。这的确像"谈恋爱"的体验,每个人的审美感受是不一样的。

在追寻艺术体验时,这恰恰是最有趣的部分。所以,有些人喜欢音乐,有些人喜欢绘画,有些人喜欢雕塑。而戏剧不同于别的艺术形式,它更多的是在探讨人性、价值观与灵魂,所以给你的感受会比纯视觉艺术、纯听觉艺术更深。

(二)注重理性

戏曲体验必须注重理性,切忌急功近利。打个比方,我们在学校里所学的一些诗句,尽管当时也能背诵,但真正理解也需要到成年之后。很多人都观赏过皮娜鲍什的舞蹈剧《穆勒咖啡馆》,但多数感觉很费解,不知所云。剧中有这样一个令人印象深刻的片段:女主角被男主角反复地摔打,一次又一次。对此,大多数观众都认为导演有病!可是,当他们遭遇人生的诸多挫折之后,整个人非常纠结难熬。这时,他们的脑子里也许就会出现那个摔墙画面,觉得自己就是剧里的女主角,被现实使劲地往墙上摔。在戏剧画面的催情下,一些悲观的情绪被加倍放大,而他本能的求生欲在这种极端的情况下被挖掘出来:"不行,我要赶紧振作起来!"由此可见,很多深刻的戏剧体验并不是立竿见影的。

戏剧体验究竟有什么作用?上面的例子说明,戏曲体验会对人产生积极的影响。当然,不可否认,也有人会走火入魔,但这种情况更多地源于这种人自身的病态心理,与他接触何种艺术并无必然的联系。

(三)提高层级

要想提高层级,就要尽可能多地了解戏曲知识。除了国内的戏曲,也可以关注莎士比亚的戏剧。具体怎么做呢?我们以研究、感悟莎士比亚为例,进行简要说明。你可以先看一些由莎士比亚剧本改编的影视作品,明白莎士比亚戏剧在西方的地位,了解一些剧本改编的常识。如《狮子王》是根据《哈姆雷特》改编的,《纸牌屋》更是一部典型地向莎士比亚致敬的作品,里面很多细节完全照着《麦克白》《理查三世》而来。《纸牌屋》的男主角之所以能当上男主角,恰恰是因为他成功出演过舞台戏剧《理查三世》。巧的是,早期 BBC 版的《纸牌屋》的男主角也成功演出过《理查三世》。再比如百老汇的经典音乐剧《西区故事》就是根据《罗密欧与朱丽叶》改编的。这样的案例还有很多。在此基础上,你就可以潜心研读莎士比亚的剧本了。

(四) 登堂入室

进入高级后,我们可以回到最初提出的那个问题:"你感受到了什么?"在高级阶段,个人经验产生的感受会越来越多,更多艺术门类上的感受也被徐徐打通。这感受就像一幅达利的画,声东击西,你的个人经历被不断地调动起来。你看到的东西与你感受到的东西在客观上也许是毫无关联的,但恰恰是因为你独一无二的个体经验,把这些内容链接起来,有了一千个观众一千个哈姆雷特的感觉。这些独特的审美感受,能帮助你发现生活中的各个事物之间的理性的关联。

思考练习

1. 中国戏曲具有哪三大艺术特色?
2. 如何认识中国戏曲的美学价值?
3. 欣赏戏曲时,有哪些具体步骤?

第七章　影　视　美

> **学习目标**
>
> **1. 素质层面**
> 领悟影视作品美,提升对影视艺术的审美修养。
> **2. 知识层面**
> (1)了解影视的社会价值。
> (2)认识影视审美的特点。
> **3. 技能层面**
> 掌握影视审美基本方法。
> **4. 思政层面**
> 欣赏优秀影视作品,传播先进文化,增强文化自信。

第一节　影视之美

一、影视艺术的时空复合

在影视艺术创作中,强调影视艺术作为时间艺术的观点一直影响着我们的创作方法。法国电影理论家马塞尔·马尔丹说:"在作为电影世界支架的空间—时间复合体(或空间—时间连续)中,只有时间才是电影故事的根本的、起决定作用的构件,空间始终是一种次要的、附属的参考范围。"在这种观点的指导下,长期以来,我国的故事片大多以叙述故事情节的发展来构建影视。这是一种线性的思维方式,是按故事情节开展的环境背景来考虑空间的。但影视故事与一般的故事不同,它必须以造型—空间的形式呈现出来,通过造型表现手段—光影、色彩和线条所组成的构图、色调和影调来叙述故事,抒发情感,阐述哲理。因此,更确切地说,影视艺术应是一种时空综合艺术。影视艺术是传统艺术资源与现代艺术技术充分交融的结果,是多种时间和艺术的有机综合。在人类艺术史上,影视艺术已是最年轻的成熟稳定的艺术样式。

苏联的瓦斯菲尔德说:"电影艺术作品中的时间—无论是天文学的时间或形象的、蒙太奇的时间—总是在空间里,在一定的纪实性的或假定的环境里实现的,影片的结构便是一个空间—时间的范畴。"一部影视作品的空间营造应从整体上把握环境的氛围,选择典型的富有视觉冲击力的形象元素来构建一个具有整体感的空间构架。如影片《金色池塘》的外景环境造型，一所坐落在湖滨的别墅，风和日丽，绿林清幽，景色迷人，湖面上洒满金色的阳光，这种和谐的美极富地域特征。这一环境的选择，揭示了现代生活中老年人应该怎样面对新生活的问题——是向生活举手投降，还是与生活进行抗争，振作起精神，应对死亡的挑战。美国影片《鸟人》的环境造型也具有典型意义。"鸟人"用不愿与人交谈的方式来作为一种对社会的抗争而被关在精神病院治疗，被安排在一间带铁窗的病房，窗外是广阔的蓝天、自由飞翔的白鸽。而"鸟人"身处的现实困顿和他向往的自由天地通过环境造型鲜明的对比出来，环境造型具有象征意味。环境空间的营造要给人以物化情感的可能，空间环境能与人的情绪、心境吻合，人物的情绪就会自然而贴切地找到情感的外在物，内在的情绪便能在环境中延伸开来。影片《出租汽车司机》一开始拍摄了查尔斯的一双清澈明亮、闪着青春和纯真但并不快乐的眼睛。坐在车厢里的主人公查尔斯与川流不息、五颜六色的汽车，路旁不断闪逝的五光十色的纽约夜间街景，构成一组组色调反差极大、光彩夺目的画面。通过这些美丽动人的画面空间营造，影片把观众带进主人公的内心世界，一个既单纯、质朴、孤独又勇敢、执着、坚定的世界，把当代人的迷茫和追求的"组合性格"极好地表现出来。

影视摄影区别于其他艺术的主要特点就在于它首先是造型的，以艺术的造型贯穿始终。那么，在造型中，影视如何在二维平面上创造三维空间？在这方面，影视摄影的先驱已积累了不少经验与理论。例如：利用人的视觉生理映象的特点，强化线条透视和影调透视现象，利用斜线及斜向排列的物体向远处伸展和会聚来显示空间，利用多层次景物的逆光照明形成丰富的影调层次来展示空间，并通过影视特有的手段——运动摄影来改变空间的结构和位置，创造出一种真实动人的现场感，开拓了空间的视野。影片《小兵张嘎》中有一场戏，伪装成汉奸模样的罗金保带着嘎子走进院落（镜头中景跟拉）。他们钻到葡萄树下（镜头跟移），然后曲里拐弯走到小栅里，罗金保挪开堵在门上的一捆草，从一道门钻进去（镜头拉开成全景），他们爬上房顶，再从梯子爬到另一个院落里（镜头随之降下）……这一连串的运动镜头既揭示了神出鬼没的抗日游击队的一种神秘传奇感，又较好地再现了一种空间的真实感。

在扩展空间方面，中国古代画论总结了三个字。一是"隔"，就是利用前景以及安排较多的景物层次，在选景时尽可能利用门窗、篱笆、建筑物的局部做前景，使景物有递进关系，在多层景物间弥漫烟雾，加强空间透视现象。二是"借"，就是背景的选择，拍室内场景，背景处应有门窗透进光线或通过它看到远处景物。在室外，则让背景中有远处的山峰、塔、建筑等成点状嵌在背景中。三是"引"，即利用线条向画面深处伸展和指引，如向远方伸展的道路、河流、水渠，成行的树木、电线杆等。它们在视觉上做斜向安排，在视觉上就有模拟第三空间的作用。如果它们向画面的对角线方向伸展，而消失点又在画面内，就更有效地形成纵深的三度空间的幻觉。在画面上真实地再现空间，对表达情节内容、表现人物的活动及心理状态提供了可信的依据。

如影片《公民凯恩》用了诸多纵深镜头来再现空间。正如影片导演威尔斯所说："在生活中，你看到的东西是同时尽收眼底，在电影里为什么不能这样呢?"影片中，当苏珊演出又一次失败后企图自杀时，画面空间造型是这样安排的：前景是一只玻璃杯和一瓶毒药，中景是枕头上苏珊的面部，后景是房门和门下透过来的一线亮光。与此同时，我们听到苏珊的喘息声和凯恩在门外拼命敲门的声音。这一空间的创造给我们一种既紧张又担心的心理感受，产生一种非同寻常的奇特效果。

摄影画面并不只是以再现真实的空间为目的。创作者为了表现某种主观情绪，为了创造内心的视觉意象，还会有意识地利用各种摄影技巧改变人们对真实空间的印象，进行空间的变形，压缩多重空间的画面组合，来达到空间的表现性目的。空间变形拥有很大的表现性和情绪意蕴。如影片《黄土地》曾多次以画面展现翠巧在河边担着水桶向画面走过来，通过长焦镜头对空间的压缩，使人感到翠巧身后始终有黄河之水，感到黄河的温暖柔和以及她对翠巧的宠爱与主宰，使人物深深嵌入黄河。影片《死神与少女》中的一场产房戏，摄影师运用小景深拍摄一排排刚刚降生的小生命，通过调节焦点，使画面的清晰点由第一个婴儿逐次转向最远的一名，产生一种飘浮感，犹如嫩芽破土而出。摄影造型空间表现手段还能构成意象性和抽象性的影像形态，利用这种影像形态，主旨不在表现对象，而在描写心意，在"神"与"形"的关系上，是舍"形"求"神"，即"舍像求意"来表现强烈的主观情意，同时还渗透了创作者的主观情感判断。如美国著名影片《现代启示录》，影片一开头就用了一组意向性的镜头，黎明前的越南丛林，天有一丝亮光，静静的、伤感的男声独唱和伴奏的琴声从远处飘来。从远处传来直升机马达声，随后两架直升机的滑橇徐徐掠过画面。这一"造型—空间"语汇给人的情感刺激是异常强烈的，我们感到丛林曾经被毁灭或者将要遭到毁灭，或者丛林里藏着人类的噩梦。这里没有情节，没有动作，也不是故事将要展开的具体地点，而是通过摄影手段的隐喻性体现出创作者对人类命运的担忧和伤感，以及对大自然抱着的怜悯之心。画面随后是直升机叠印上尉的头部，头顶冲着银幕下方，好像整个人类世界都颠倒了，上尉的眼睛一开一闭注视着画外的人类世界，这究竟代表了谁的眼睛呢？是剧中人上尉的，还是创作者的，抑或是观众的，仿佛都是又都不是。总之，这是一对注视着全人类的眼睛，再配以飞机的马达声，组成了一组极有抽象意味的造型——空间形象。这形象一经出现，就预示了影片的宏观视点。空间的变形实际上已经改变了物与人一般的空间比例，达到某种视觉上的强调和暗示。

同一画面的不同空间组合是现代影视摄影画面空间表现的一种方式，也是画面内部蒙

太奇构建的一种方式。这种组合的艺术韵味带给人一个复合的视像,使画面信息在同一欣赏时间内感受到不同空间的变化所展现的立体化、多元化。如在电视画面上处理一个歌唱演员的表演,同一屏幕画幅出现一个全景和一个远景,将演员的姿态、风度和面部表情同时展现给观众。又如在电视中将人物的现实空间与幻想空间结合到一起,一幅画幅中容纳多幅画面,包容几个不同的空间,将会给影视空间带来一个新的纪元。

影视摄影在处理空间客体上有两种形式:或是如实地再现空间原貌,或是艺术地虚构空间,使空间夸张、变形。前者是保持"空间真实",通过移动摄影的仿生眼,给我们以身临其境的感觉。后者则通过镜头的分切,组合创造一个新的综合的整体空间。这个空间也许在观众眼里是统一的,其实是毫不相干的异时异地镜头的组接。库里肖夫的"创造的地理试验"便是典型的例子。

影视空间和时间并存就如天秤中的砝码,应使两者配重同等。只有这样,我们才能在今后的艺术创作中发挥出强大的震撼力。

二、影视艺术的叙事要求

影视艺术对叙事要求很高,影视叙事要注意故事与情节。故事主要是指事件的发生或产生的行为被讲述出来成为结果。而情节即人物之间的联系、矛盾、同情、反感和一般的互相关系。只有搞清楚二者,才能很好地把握叙事。叙事还要注意细节。所谓细节,就是指影视作品中的某种能够集中反映事物本质特征、揭示作品内涵的特写,是硬实作品对特定信息元素的着意刻画和突出表达。除了细节,还有冲突。冲突不仅强调事件的因果联系,强调事件的发展要由一定的原因来推动,而且强调时间的产生、发展和最后的结局都是人物之间矛盾冲突带来的。此外,在叙事时,还应该注意时空、人物和主题,注重叙事模式,采用修辞与悬念,使叙事文本更受欢迎。

影视艺术发展的原动力在于人类亘古以来试图超越时空局限的强烈愿望。科技的进步使人类终于获得征服时空局限的物质手段。同时,电影的发明不仅诞生了一门新的艺术形式,也深刻影响着人们传统的思维形式。电影是通过摄影机或其他视听信息记录手段,将活动影像记录在胶片或其他载体上,然后通过放映机或其他放映设备,将这些活动影像映射于银幕或其他观赏载体上的过程。当电影诞生之后,人们在摆弄这个玩具时,发现它不仅能记录一个简单的动作,而且可以记录有含义的事实、重大的历史事件,还可以通过记录来叙事。由此,电影便被纳入人类交流思想感情的语言符号范畴。

除了电影,还有电视的影响。电视艺术的内涵,至今在理论界仍没有得到统一认识。在《广播电视词典》中,对电视艺术有狭义和广义的两种解释。狭义的解释认为,电视艺术包括一切艺术类节目,如电视戏曲、电视歌曲、专题文艺节目、电视剧等。广义的解释认为,一切的电视节目都含有一定的艺术性,所以电视艺术即泛指一切电视节目。作为一种新的文化形态,它不但拥有一个强大的遍布社会各个角落的电视传播网络系统,搜集、加工、生产制作各种视听兼备的信息,而且还以特有的表现形式和表现手段,创造出独树一帜的电视文化产品。同时,以其视听兼备、表现逼真,以及时空自如的传播功效,形成一个前所未有的庞大的接受群体。

影视文化凭借其卓越的表现和传播手段,能最广泛地普及文化,对人类社会产生广泛而深刻的影响,使社会文化的总体结构和比重发生重大变化。影视文化受众面广,能够广泛影响不同层次的观众,因而大大改变了人类的认知方式,提高了人类对新鲜事物的感知能力,提高了文化的渗透性,扩大了文化的参照系,在很大程度上打破了国家、民族和语言的界限,是一种世界性文化现象。

三、影视艺术的发展方位

影视艺术是艺术,是人类以审美方式去把握世界的独特形式。人类究竟为什么在以政治的、经济的、历史的、哲学的诸种方式把握世界之外,还要以审美方式去把握世界?当代人为什么在丰富多样的文化生活中还需要观赏电影、电视艺术节目?原因很简单,但也很深刻。那就是人之所以为人,乃是区别于其他动物的一种高级形态的理性情感动物,有着独特的精神家园需要坚守。艺术是人类情感的载体,唯有通过审美方式把握世界,唯有通过文艺创作、鉴赏和批评活动,才能陶冶情感,净化灵魂,升华人格,从而坚守人类神圣的精神家园,促进人与社会的自由全面发展。文艺历来是陶冶人们道德情操、抒发人类美好情感、丰富人们艺术享受、推动社会发展进步的一个重要领域。当代影视艺术创作必须旗帜鲜明地坚持繁荣先进文化,建设和谐文化,促进人与社会自由、全面发展,坚持以"以人为本"的美学理想。

第二节 影视审美的特点

一、感悟影视审美的综合性

(一) 影视是多种艺术元素的综合

影视从文学艺术中学到了表现复杂社会生活的叙事手段,在绘画、建筑和雕塑中学会造型结构和技巧,在音乐艺术中学会在时间流程中展示各种音效的节奏感,从戏剧中吸取它通过调动系列影视手段展现的戏剧冲突,同时吸取了戏剧演员的表演艺术特长等。影视艺术是集造型、表演和语言等诸艺术因素于一身,并包容摄影、剪辑、录音等的新艺术,如《白雪公主和七个小矮人》这部动画片进一步利用多种综合艺术元素,有意识地将公众对动画的认识引领到前所未有的高度。

(二) 影视是艺术和科技的综合

纵观影视艺术的发展史,不难发现,实际上这就是一部影视科技的发展史。从无声到有声、从黑白到彩色、从传统摄影到电脑动画,每一步发展和飞越都与科技的发展息息相关。拟音、数字式录音、变焦组合镜头、高科技仿真技术等成果的诞生都是影视艺术中不可或缺的组成部分。科技的进步为影视艺术的发展提供了物质条件,并不断开拓影视艺术新的表现领域,丰富其表现能力。据介绍,美国的皮克斯、梦工场、蓝天工作室等动画界的领头羊,无一不是依靠自主研发的动画渲染系统软件而获得稳固的领先地位。借助于长期的三维技术研发,这些公司将3D动画迅速转换为立体电影。目前在世界电影史上票房排在前几名的影片,如《阿凡达》《泰坦尼克号》《指环王》等,都成功运用了大量数字科技技术。

二、感悟影视审美的视觉性

(一)影视艺术的视觉性特点

影视可以通过动作来表现人物的内心世界,这是影视的视觉性的一大特点。戏剧中可通过动作来表现人物的内心世界,但由于观众与舞台的距离和视角相对固定,存在很多限制。为了让后排观众看得更清楚,演员的肢体动作往往有些夸张,而有些细小却又极其重要的动作,观众稍不留神就忽略了。如在朝鲜影片《卖花姑娘》中,双目失明的妹妹在得知母亲死去时,从外面回来连跌几跤,跌散了药包,最后跌倒在地,双手还在向前抓的一个动作,把其对母亲的爱、失去母亲的悲痛表现得很有感染力和震撼力。在这方面,影视具备天然的优势。

(二)影视艺术的视觉性情感

影视还可以通过镜头,放大脸部表情、眼神和细节,揭示人物的内心世界,这就是影视的视觉性中的又一大特点。影视中人物的表情、眼神、细节,比其他艺术都更细致入微,更接近生活原貌,其表现力也更强。影视可以用特写、大特写等镜头来表现,而其他艺术却很难做到。如国产影片《归心似箭》中玉贞送给魏得胜那管小烟袋,就是以物托情。因此,影视艺术善于借助物件展现人物形象的思想感情。这种以物托情的艺术手法,最能引起观众的浓厚兴趣。

三、感悟影视审美的真实性

(一)影视的真实性来自纪实摄影

影视是一门从摄影发展而来的艺术,能够直接记录现实世界的人和事物的状貌。德国电影理论家克拉考尔在他的《电影的本性——物质现实的复原》中说:"电影按其本质来说是摄影的一次外延,因而也跟摄影手段一样,跟我们的周围世界有一种显而易见的近亲性。"他又说:"电影的基本特性是跟照相的特性相同的。"如1988年上映的动画片《龙猫》带有制作人一贯的魔幻现实主义风格,利用一些自然景物切入主角的意识流,让观者的心得到最真切的共鸣。

(二)影视的真实性来自连续运动

所谓逼真性,是指影视逼真地记录、传真并复制显现与存储活动对象的性质。这是现代科学技术为它提供的便利。影视具有通过不断变换的画面表现人和事物的运动特性,运动使影视具有连续吸引观众的特殊魅力。影视画面的运动在延续时间中获得叙事性功能,反映丰富的社会生活,表现复杂多变的社会关系,表现多种矛盾纠葛的发展,从而多方面展示人物的命运和个性。

(三)影视的真实性来自声色特质

科技的发展又使影视能再现事物的声音和色彩。解决了录音还原等问题,电影就从无声过渡到有声。解决了色彩,影视就从黑白过渡到彩色。影视剧的导演立足于真实,利用一切造型手段,力求缩短银幕和生活的距离。声音这个维度的增加,使得影视更为真实可信、生动自然。因此,影视的逼真性具有很大的认识价值。尤其是优秀的影视艺术,能以非常真实感人的形象帮助我们深入认识自然宇宙,了解世道人心。

第三节 影视审美的方法

一、影视审美的基本策略

(一)心理调适

现在观看影视存在一种隐性的礼仪感,观众总是按照个人的喜好或情感平衡进行选择。但从市场调查结果来看,目前绝大多数观众观赏影视作品主要还是停留在强调影视的娱乐功能上,于是消遣、调节就成为观看影视的主要目的。事实上,影视审美者明显区别于一般的影视观众,因为他们具备更为强烈、更为鲜明的目标感,并且为了实现这一目标,积极获取各种影视信息,在思维上也显得更为活跃,往往会出现至少两种思维:一种思维是将自己同化、融入作品;另一种思维则是呈现一种游离状态,会一举打破原先剧本的叙述模式,不断思考、联想、分析、判断、推理,从而挖掘出影视的艺术蕴涵。

(二)信息储备

要想进行影视审美,就需要在平时对影视作品的相关信息进行必要的储备。影视作品的信息面很广,包括故事梗概、人物简介、时代背景、主创人员的特点和风格等。这一切资料可以通过媒体的各种渠道获得,鉴赏者可以借助它来准确把握,以便多方位、多角度地了解、认识影视作品。所以,艺术价值较高的作品,在缺乏准备的观众那里,其价值往往会大打折扣。因此,为深入鉴赏影视艺术,鉴赏者就必须利用各种渠道搜集相关的信息,以备不时之需。事实证明,这种持之以恒的信息储备工作在进行影视审美时具有极为突出的作用。

二、影视审美的主要方法

(一)内容鉴赏

从宏观上看,以关注文学内容的方式进行影视鉴赏之所以成为最一般、最普遍的方法,与影视艺术和文学的根本联系有关,与影视领域的专业理念有关,也与鉴赏者的知识储备有关。对主要以故事情节为叙事框架和表情达意的影视作品,不妨借助文学的方式进行影视作品的鉴赏。

借助微观角度,鉴赏者可以抓住人物活动的有关事件,仔细领会该事件表现了人物何种性格特点或思想境界。如我国影片《长恨歌》是一部很有影响的作品,对于主人公王琦瑶这一形象,观众由于文化修养、审美趣味、知识储备等的不同,对她的看法各不相同,人物评价也存在显著差异。但毫无疑问,观赏者都是通过事件去评价人物的,其鉴赏作品的方法是基本一致的。

此外,鉴赏者也可以从情节和人物的安排中寻求导演的创作思想及作品主题。但需要注意,有的影视,由于艺术家创作心态的多元化、审美视角的多面化、创作手法的多样化,影片的思想内涵趋于复杂化,主题指向趋于多元化。如谢晋导演的《清凉寺的钟声》是一部极富蕴涵的影片,其主题相当丰富。它既表现了人道主义的精神,又宣传对生命的热爱,呼唤和平,还有深层民族情感和民族文化的交流等。对于类似的影视的鉴赏,虽然也可以通过故事情节、人物活动、细节等安排来分析,但要仔细地琢磨体会导演的创作意图,特别注意其主题思想寓意的丰富性和复杂性。

(二)形式鉴赏

形式鉴赏主要从视觉元素、听觉元素及综合元素鉴赏入手。视觉元素的鉴赏主要指和美术密切相关的一些艺术元素,即画面上呈现的一切,包括镜头、服装、化妆、道具、场景、特技等。听觉元素鉴赏主要指声音的鉴赏。影视作品中的声音包括音乐、音效、语言三部分。合理、巧妙的音效对影视的造型表意具有重要作用。综合元素鉴赏是指综合运用各种元素来造型表意,包括形式与内容的融合、艺术与科技的融合、各职能部门之间智慧的融合。

三、影视解读的具体技巧

下面是有关影视解读的提示,来自影视界资深人士的多年心得。其基本思路就是带着不同的问题反复观看,从中得出相应的感悟。

每个镜头是怎样使用光的?连续的镜头中的光出现哪些变化?是否存在昼夜的变化、阴晴的变化?

空间是否出现变化?是否存在大小房间、室内室外的变化?

声音是同期声音还是后期声音?每个镜头是否表现出足够的声音空间?

影视背景是什么?这种背景与前景之间存在什么关系?

影视中的运动,究竟拍摄对象的运动还是摄影机的运动?这种运动究竟是水平运动还是纵深运动?

影视中是否采用了变焦?使用频率究竟有多大?

能否判断出剪辑点在哪里?起幅与落幅的画面各是怎样的?

是否有主题歌？主题歌与人物表演之间存在着什么关系？

故事情节的转折点采用了哪些表现手段？是有声还是无声？

画外空间是如何运用的？是作为画面内的空间的延伸，还是另外一个非叙事的空间？

影视中的对话是否生活化？好念吗？

人物服装的颜色有何特点？彼此之间是否进行了色彩的调度？

影视中的道具是否精准地体现了时代、地域、民族、文化？

影视中的人声是否存在搭配？属于什么样的搭配？

影视的声画结合是否成功？有何值得借鉴之处？

……

上面的做法看似烦琐，但关键是把握其中的思路。大家不妨举一反三，以期触类旁通。事实上，上面这几点所提及的问题还只是影视专业问题的一小部分，远非全部。可想而知，要真正在影视审美领域取得出类拔萃的成绩，必须付出多少艰辛的努力。不过，带着具体问题去观看、揣摩、感悟、总结反而是速度最快的一条路，有心者不妨一试。

思考练习

1. 如何理解影视艺术的时空复合？
2. 进行影视审美时，有哪些方法？
3. 选择一部影视作品，进行赏析。

第八章 雕 塑 美

学习目标

1. 素质层面
扩大对艺术领域的认知,提升对雕塑艺术的审美修养。
2. 知识层面
(1)雕塑的社会价值。
(2)认识雕塑审美特点。
3. 技能层面
掌握雕塑审美的方法。
4. 思政层面
欣赏雕塑艺术作品,感悟雕塑艺术的时代精神,增强文化自信。

第一节 雕塑之美

一、雕塑艺术的定义

雕塑艺术属于广义的造型艺术,简称为雕刻,实际上涵盖了雕、刻、塑三种创制方法。所谓雕塑艺术,是指用各种可塑、可雕、可刻的材料创造出立体的空间艺术形象,借以反映社会生活、表达审美感受的一种造型艺术。

二、雕塑的类别

(一)按材料划分

1. 圆雕

所谓圆雕,是指便于全方位、多角度欣赏的一种三维立体雕塑。圆雕的范围极广,既有写实性的,也有装饰性的;既有具体的,也有抽象的;既有户内的,也有户外的;既有着色的,也有非着色的。圆雕所表现的内容极为丰富,既可以是人物,也可以是动物,还可以是静物。在材质上,圆雕多选取石质、木质、金属、泥塑、纺织物、纸张、植物、橡胶等。

2. 浮雕

所谓浮雕,是指借助压缩的办法、透视的技巧来表现三维立体空间,但只供一面或两面观看的雕塑。浮雕往往附属于某一个平面上，多用于建筑，也常见于用具器物。浮雕占用的空间较小，非常适合各种环境的装饰，在美化城市环境方面大显身手。在形式上，浮雕主要分为神龛式、高浮雕、浅浮雕、线刻等。例如，中国古代的石窟雕塑就属于神龛雕塑。在技术上，浮雕大致分为写实性、装饰性、抽象性三种。

3. 透雕

所谓透雕，是指去掉底板的浮雕。浮雕去掉底板之后，会产生视觉上的负空间，获得奇妙的审美感受。正空间与负空间之间存在着轮廓线，会给观赏者一种循环转换的错觉。过去，这种技法多用于门窗栏杆上，有的还设计了正反两面。

（二）按功能划分

1. 纪念性雕塑

所谓纪念性雕塑，是指以需要纪念的历史上或现实中的人或事为主题的雕塑。纪念性雕塑一般放置在户外，但也有放置在户内的，如毛主席纪念堂中的主席像。放置在户外的纪念性雕塑往往与碑体搭配，有的纪念性雕塑本身就是一种碑体。如《红军长征纪念碑》，堪称我国规模最大的纪念性雕塑。

2. 主题性雕塑

所谓主题性雕塑，是指某个特定时空或建筑的主题说明。主题性雕塑必须符合所处环境的特点，充分发挥纪念、教育等意义。敦煌的标志性雕塑"反弹琵琶"，就取材于敦煌壁画中的飞天像，再现了古代"丝绸之路"的独特风韵，也突出了当地莫高窟的鲜明特色。这类雕塑与所在城市的环境和历史密切相关，在一定意义上成为所在城市的身世说明与精神名片。

3. 装饰性雕塑

所谓装饰性雕塑，是指能给予人美的享受的雕塑小品。在城市雕塑中，装饰性雕塑的数量是最多的。之所以能够单独出现，是因为装饰性雕塑在现实生活中的美化作用日趋重要。无论是生活用具，还是街头雕塑，装饰性雕塑不仅内容丰富，而且形式多元。例如，我们常说的园林小品绝大多数都属于装饰性雕塑。

4. 功能性雕塑

所谓功能性雕塑，是指将艺术特质与使用功能有机融合的一种实用雕塑。功能性雕塑广泛出现在公共场合与私人空间，小到台灯座、垃圾箱，大到游乐场，简直无所不在。功能性雕塑在美化环境的同时，也能启迪我们的思维，让我们深切地感受到现实生活中的美。

5. 陈列性雕塑

所谓陈列性雕塑，又称架上雕塑，是指尺寸不大的用于陈列的雕塑。陈列雕塑既有室内的，也有室外的，但都以雕塑为主体，充分体现创作者的理念、见解、感受、个性。陈列性雕塑在手法上极为丰富,在题材上极为宽泛,在材质上极为新颖。

三、中国雕塑艺术的发展历史

(一)原始社会

从某种意义上说,原始社会的石器和陶器称得上是最初的雕塑。尤其是造型丰富的陶器,在多样性上为中国雕塑的发展奠定了必要的基础。在新石器时代的黄河流域及东北地区,开始出现更为专业化的雕塑作品。

在新石器时代的后期,陶器出现了。这些陶器既是生活必需品,又是艺术欣赏品。就本质而言,这个时期的陶器仍属于典型的实用物品,但相关技术显然对后期的青铜器影响深远。

(二)夏商周

严格说来,商周时期的青铜器不属于真正意义上的雕塑作品,而是一种实物器具,主要功能包括祭祀、生活、作战等。在史学界,一般将夏、商、周称为"青铜时代"。

商代的青铜器端庄、稳健,气宇不凡。在西周的前期和中期,青铜器偏于华丽,具有一种神秘色彩。到了西周晚期,青铜器偏于写实,风格上相对温和,装饰上相对简洁。

在春秋晚期的墓葬中,普遍采用陶俑来代人殉葬。山东临淄出土的彩绘陶俑极为生动,但仅有10厘米。在湖南、河南、湖北的楚墓中,出土了一些木雕人俑,注重整体形象,局部细节则不大重视。

(三)春秋战国

关于雕塑,春秋战国时期的文献记载并不多,实物更是难以寻找。在这个时期,建筑所需的各种配件或装饰给人留下深刻的印象。其中,最常见的是瓦当,多以动物、云气等为内容的浮雕。伴随着手工业的发达,春秋战国时期对铜、玉、石、古、木的专业加工更加成熟,出现了与"百工"相关的管理机构。

(四)秦朝

秦朝的雕塑作品中,最成功的无疑是大型陶兵马俑和铜车马。秦朝的雕塑,在题材上更贴近生活,在功能上更趋于独立,在风格上更注重气势。

毫不夸张地说,兵马俑是中国雕塑史上的重要篇章。兵马俑最早出土于1974年,既有兵俑,也有马俑。兵俑的体态神似真人,数量众多,关键是神态各异。其中,有站与跪之分,有驭手与射手、军官与士兵之别。马俑极为写实,证明雕塑者不仅善于观察,而且塑造技术已经炉火纯青。兵马俑实际上是秦始皇百万大军的一个缩影的兵马,无论是造型,还是塑造,抑或是烧制,都是难以想象的巨大工程。据说,这所有的兵马俑就没有两个是完全一样的,的确令人赞叹不已。

铜马车与秦俑同时发现,形体上比秦俑小一些,但都是铸铜而成,而且在做工上更为精细、考究。这在世界范围内,都是空前的。

我们常说的"秦砖汉瓦"中的"秦砖",就是指秦代的空心陶砖。这些陶砖往往附有龙凤图案、狩猎图案、农耕图案。

(五)汉朝

在西汉霍去病墓中,至今留存着一大批优秀的石雕艺术作品。其中,"马踏匈奴"高190厘米,战马极为威武,象征着霍去病杰出的战功。整个雕塑浑然一体,给予欣赏者体、量上的沉重感。

在中外雕塑史上,霍去病墓石雕群都占据重要的一席之地。石雕选取巨大的整体石块,巧妙地进行艺术加工,灵活运用圆雕、浮雕等表现手法。以"卧虎"为例,简单的几条阴刻线就传递出极为丰富的精神内涵。

西汉留存下来大量的陶俑陪葬,如陕西杨家湾出土的彩绘陶俑就多达数千件。不过,这些陶俑的体积往往偏小,做工也无法与秦俑相提并论。我们常常说"汉承秦制",但必须承认,汉朝的厚葬之风确实有所减弱。汉朝的明器雕塑极多,包括粮仓、猪圈、锅灶、房屋以及极具生活情趣的动物明器。

西汉的工艺装饰性雕塑十分发达,如铜镜装饰。除了云雷纹、蟠龙纹,最流行的图案就是吉祥语,包括"长相思""毋相忘""常富贵""乐未央"等。西汉时期,金银嵌镶工艺得到进一步发展。在铜制器物上嵌镶金、银、松石,再填以黑漆,号称"错金银"。其中,最有名的是"错金银"博山炉,看似平常,却极具艺术造诣。

河南南阳是东汉皇帝刘秀的老家,至今依然保存着上千件墓石壁雕。南阳汉墓浮雕的时代性非常明显,早期以粗犷为特色,中期以熟练为特色,晚期则逐渐趋于软弱。此外,四川岷江、江苏徐州、陕西绥德都有汉朝墓石雕刻出土。

四川成都出土了一个说书俑,神态夸张,还配以丰富的肢体动作,再现了说书艺人的风采。1969年,甘肃武威出土了"马踏飞燕",轰动全世界。

(六)三国两晋南北朝

三国时期的雕塑多为墓葬明器。安徽亳县的曹魏宗室墓葬中就有极为珍贵的砖雕,造型简洁明快,刀法已相当成熟。

山西大同的云冈石窟最早开凿于北魏时期,其雕塑巧妙利用当地石材的特点,佛像的体量感和空间感都极为震撼人心。

河南洛阳城南的龙门石窟历经各个朝代的开凿,留存作品极为丰富。其中,宾阳中洞的形制结构与云冈昙曜五窟极为相似,图案丰富,纹饰华丽。在龙门石窟中,古阳洞极具特色,连壁面上都雕满小佛龛,并配有造像题记。中国书法碑帖一向有"龙门二十品"之说,其中的十九品都在古阳洞。

南北朝时期,人们习惯于在墓前设置神兽。这种神兽一般被认为是麒麟,有的形似狮虎,却多了一对翅膀,被称为"辟邪"。这类石雕体型庞大,气度不凡。

(七)隋唐

在隋唐时期,雕塑艺术取得长足的进步。究其原因,一是得益于南北朝时期南北方雕塑艺术的交融,二是得益于对国外雕塑艺术养分的汲取。于是,隋唐时期出现了众多杰出的作品。其中最具代表性的,就是帝王陵墓前的大型纪念性群雕。

隋唐雕塑作品大多数属于陵墓雕刻、随葬俑群,也有不少宗教造像及小型雕塑艺术品。隋唐雕塑特别是宗教雕塑,对日本、朝鲜的古代雕塑产生了深远的影响。

(八)宋朝

宋朝雕塑已经丧失了前朝的宏伟气概,只是在样式、手法上有所创新。宋俑集中反映了社会现实,但其数量与质量已无法与前朝相比。这一时期,最值得关注的现象是出现了各种小型雕塑作品。

中国现代的彩塑和石、牙等工艺雕刻,多起源于宋朝,这与当时的手工业的快速发展密切相关。无论是陵墓石雕、砖雕,还是佛教石窟雕像,都集中反映了这一时期特有的精神风貌与艺术水准。

(九)元朝

元代的政府部门设有专门的机构管理建筑工程,名为"匠作院",包揽的工作有原材料采办、泥、瓦、木等工艺制作。元政府还设有玉局、石局,专门从事雕刻装饰,供皇室奢侈豪华生活之所需。在雕漆、玉雕、石雕、瓷雕等方面,元朝取得了较高的成就。

到了元朝,雕漆工艺已经达到极高的艺术成就。在元朝晚期,出现两位掌握雕漆艺术最高水平的巨匠。张成的作品既气势非凡,又气韵静穆。杨茂的作品则极为清新、精妙。

元朝也出现大量的雕漆作品,绝大部分来自民间作坊或个体艺人。这些雕漆作品中,文房用品是供士大夫欣赏的,小雕塑则是供儿童玩耍的。所选材质中,既有贵重的金、银、玉、玛瑙,也有普通的铜、陶、瓷、竹、木、石、泥等。题材丰富多彩,显示出从宗教转向现实生活的审美变化趋势。

(十)明朝

明太祖朱元璋即位后,采取了"明承宋制"的措施。这样做,一方面能激发汉人的民族自豪感,另一方面也有利于自身统治。明朝陵寝在形式上深受汉人的影响,于是就有了皖南凤阳县皇陵、江淮泗洪县祖陵、北京昌平区十三陵、南京市孝陵、湖北省钟祥市显陵,其陵寝石雕多有遗存。

一般的明朝皇帝陵寝都有两对独角瑞兽、八对石狮、两对华表、两组石马与驭手(一马两人)、四对石虎石羊、两对文官武将内臣。这些都排列于一条近五百米长的神道两侧,具有强烈的感染力。

(十一)清朝

清朝是我国小型彩塑发展的鼎盛时期。宫廷内专设造办处，集中全国民间工匠，专为皇家制作工艺用品。清朝出现了按皇家要求制作的工艺雕塑，许多工艺品造型严谨、手法精湛，保留了皇家工艺风采。

清朝时期，一些画家也开始创作雕塑。他们以独特的眼光观察世界，创作出一批不受束缚，形式独特的作品，开启了雕塑的新纪元。

第二节 雕塑审美的特点

如何判断雕塑作品的优与劣呢？一般可以从"三性"入手。所谓"三性"，即思想性、观赏性、艺术性。所谓思想性，就是要体现在创作者的理念，要注重文化传承。所谓观赏性，是指雕塑作品能够给予观赏者诸多的启示，甚至产生强烈的心灵共鸣。所谓艺术性，是指雕塑创作必须具备独特的个性，能在众多作品中出类拔萃、脱颖而出。三者相辅相成，缺一不可，共同支撑起雕塑作品的灵魂。

一、雕塑审美的立体性

雕塑艺术是在三度空间里造像或造型，具有真实的立体感，既具有视觉的冲击性，又能进行触觉感知。因此，其艺术感染力是十分强烈而深刻的。但立体造型也有其局限性，它所反映和再现的题材不如绘画艺术来得广泛和自由。例如：圆雕的主要对象是人或动物，一般没有背景，也较难表现众多人物之间的关系。

二、雕塑审美的单纯性

所谓单纯性，是指雕塑以表现人体美为主。雕塑艺术的语言是体积，以体积来说话。雕塑家表现人体美，就是以人体的某一特定姿势、体型、态度、表情，来表现某种神情、某种韵律，表达某种特定的思想感情。例如，米洛的"维纳斯"主要表现爱，米开朗琪罗的"被缚的奴隶"主要表现挣扎与反抗，罗丹的"思想者"主要表现痛苦与沉思，洛阳奉先寺的"大卢舍那佛"主要表现盛唐时代所追求的雍容端丽的审美情趣。此外，单纯性还表现在雕塑所使用的材料上。用青铜制作的雕塑作品显得古朴、浑厚、庄重，用白色大理石制作的雕塑作品显得细腻、高雅，用黏土制作的雕塑作品显得朴拙、敦厚、无华。

三、雕塑审美的凝练性

所谓凝练性，是指雕塑艺术家在原始的生活素材的基础上提炼、加工，进行去粗取精、去伪存真的抽象概括。艺术造型要含蓄，而不是简单直露；要删繁就简，而不是包罗万象；要高度集中，以一当十，而不是分散罗列，抓不住要害。简而言之，就是要从单纯中见丰富，在有限的空间造型中表现无限的空间内容；在人体的瞬间姿态中，表现复杂的心灵世界。雕塑在表现人与社会、人与自然的关系时，会充分借助象征、暗示等手法，为欣赏者提供足够的联想空间。

四、雕塑审美的固定性

雕塑一旦落成，就定格不变。它不像舞蹈、电影和戏剧那样，能表现人物在时空中的运动和变化。它是静止的舞蹈，具有凝固不变的永恒性。虽然雕塑艺术属于静态的美，但它把分散的美集中起来，显得更鲜明、更强烈。它把粗糙的美冶炼得更精粹；把原始的朴素的美，加工改造为理想的美；把美丑混杂、文野不分的事物形象，经过去伪存真，变得更纯净、更完美。它寓动于静，以静示动，抓住一瞬，展示永恒。因此，它具有永恒的艺术魅力。

五、雕塑审美的节奏性

雕塑家必须对雕塑具有高度的敏感性，这是显而易见的。在此基础上，雕塑家应当借助体积的组合变化，营造出雕塑作品所特有的节奏感和韵律感。事实上，无论是选用雕塑的材质，还是在具体的雕与塑的过程中，都能集中体现雕塑作品的节奏与韵律。因此，在进行雕塑审美时，必须高度重视雕塑的节奏性。

六、雕塑审美的象征性

雕塑往往借助象征化、寓意化的特征，淋漓尽致地表现创作者对生命的敬畏、对世界的关注。作为静态空间形象艺术，雕塑也存在自身的局限，只能表现某一个特定瞬间，难以全面、深刻地展示人物的性格、命运和环境。正因为如此，静态的雕塑作品必须借助于象征来表现某些运动特性。

七、雕塑审美的综合性

在审美上，雕塑具有一种由自然美与艺术美整合而成的综合美。雕塑艺术之所以具有生命力，主要源于作品中所蕴含的某种寓意化的情感。要真正达到这种化静为动、起死复生的艺术效果，就需要雕塑艺术家善于利用体积的组合变化，赋予原本不具备生命的石头、金属以艺术生命，成为灵气飞扬的雕塑艺术品。雕塑艺术将自然的形式美与加工的艺术美融合在一起，充分体现出了雕塑作品固有的审美价值。需要强调的是，雕塑所使用的材质是多样化的，不同的材质在质感上有着明显的区别，如大理石细腻润滑、花岗岩坚硬粗糙、木料质朴多纹。这些材料能够细腻地塑造雕塑作品的审美特性，最大限度地增强雕塑作品的艺术感染力。

八、雕塑审美的平衡性

雕塑是一种塑造静态空间形象的艺术，必须高度浓缩生活素材，在有限的空间形象里尽可能丰富的内容。一方面,雕塑具有相对的稳固性,呈现出静态特征。另一方面,雕塑又能化静为动、静中求动,引导观赏者从静态形象中想象出过去和未来。雕塑家罗丹认为,雕塑要表现运动,就要表现出"从一个姿态到另一个姿态的转变"。从这个意义上说,雕塑真正要表现的是动态。实际上,雕塑是艺术化地再现了动态变化的那一瞬间,用冷冰冰的物质材料塑造丰富多彩的艺术形象。由于巧妙地实现了静态与动态的有机结合,雕塑又被称为"凝固的舞蹈"。这就意味着,雕塑艺术不仅要体现形体的美感,而且要体现精神的美感。这才是雕塑真正的艺术生命力。从这个意义上说,雕塑审美具有动静相兼的平衡性。

第三节 雕塑审美的方法

一、理解"雕"与"塑"

通俗一点说,雕塑的概念可以转化为两个字,即"加"和"减":所谓"雕"就是"减",采用削、刻、凿等方法删除没有价值的部分;所谓"塑"就是"加",采用堆积、浇注、揉捏等方法进行立体形象的塑造。

二、认识雕塑艺术的总体特质

从根本上说,雕塑艺术属于三维立体艺术,往往借助三维空间的体积,来充分表现某种形象、韵律或情感。

如果将雕塑比作"诗",那么雕塑属于抒情诗,而不属于叙事诗。雕塑借助象征,特别擅长概括,能够起到以少胜多的奇效。所以,人们将雕塑视为造型艺术中的诗。

三、关注雕塑艺术的主题

作为一种艺术,自然存在中心,需要妥善安排主次。在绘画中,对于核心部分,往往采用红色、白色等。即使是素描,也会选择极为醒目的线条,形成一种事实上的明暗对比。一般说来,雕塑很难借助颜色来强调,而是借助体积来强调。米开朗琪罗的"挣扎的奴隶"是这样,中国佛像中的手部与埃及法老的头部也是这样。

四、关注雕塑艺术的语言

常见的雕塑主要是圆雕和浮雕。所谓圆雕,是指一种立体化的雕塑,可进行多方位的观赏。所谓浮雕,则是指一种平面化的雕塑。

雕塑与绘画、摄影存在一定的相似处,但也存在明显的区别。如果将绘画、摄影视为二维空间所创造的平面形象,那么雕塑就是在三维空间创造的实体形象。因此,我们在欣赏绘画作品和摄影作品时,主要凭借视觉感官。雕塑作品则不然,由于是典型的立体形象,除了观看,还可以触摸,这对于激发欣赏者的艺术想象大有裨益。欣赏者甚至可以选择不同的角度,进行各种各样的观察与欣赏。总体上看,雕塑作品更加集中、更加概括、更加凝练。

五、关注雕塑艺术的体积

从某种意义上说,雕塑艺术属于体积艺术,因而具有明显的体积之美。一般说来,雕塑往往借助体积语言、体积分量,来充分展示三维空间的美。这是雕塑艺术的一个重要特质。

六、关注雕塑艺术的影像

远远地观看雕塑,特别是在阳光下和月光下,会留下截然不同的深刻印象。这些雕塑身处大庭广众面前,当周围的光线发生变化时,很多细节确实不容易被察觉,真正会引起欣赏者关注的还是那些大的轮廓。从这个意义上说,我们必须高度关注雕塑的影像。

七、关注雕塑艺术的韵律

任何雕塑都不是一种简单的模仿艺术,而是给予了创作者想要表达的某种韵律感、分量感。因此,欣赏雕塑时必须关注体积之间的相互关系及其蕴含的特殊韵律。要清楚地意识到,这才是雕塑艺术的基本语言。

八、关注中西雕塑艺术的差异

(一)中西雕塑的鼎盛时期

隋唐时期,中国雕塑艺术进入鼎盛时期。至于西方雕塑艺术,则先后出现四个高峰。一是古希腊罗马时期,代表人物主要有菲狄亚斯、米隆。二是欧洲文艺复兴时期,代表人物主要有米开朗琪罗。三是19世纪的法国雕塑,代表人物主要有罗丹、吕德。四是20世纪的西方雕塑,代表人物主要有亨利·摩尔、马约尔。

(二)中西雕塑的题材与形式

从古至今,东西方的雕塑就存在着显著差异。一般说来,古希腊雕塑主要以人体、人像为主题,除了单一的,组合的也不少。相比之下,中国古代雕塑范围极广,包括真实的或虚拟的人物、动物,以及神话传说、历史故事及器物造型。中西方雕塑都注重作品的文化内涵,但中国雕塑显然更胜一筹。

即使是以人像为主题的雕塑艺术,中西方雕塑的差异还是非常明显的。西方的人像雕塑始终以人体为主。究其原因,既与古希腊的地理环境、气候条件有关,也与古希腊的哲学思想、思维模式有关。出于军事、政治的需要,也出于宗教观念,古希腊便形成了人体雕塑。相比之下,中国雕塑就基本没有裸体雕塑。在中国,裸体雕塑与传统道德伦理多有冲突。中国古代的人像雕刻对人像的表现充分反映了中国古代雕塑在气韵方面所下的深厚功夫。西方雕塑注重的是比例、结构、转折,中国雕塑则强调整体的精、气、神。换句话说,西方雕塑偏重于写实,中国雕塑偏重于写意。

中西方雕塑在表现形式上也存在明显区别。在中国,陵墓雕塑往往反映的是封建宗法和礼乐文化,自然形成了封闭特征,并且摆放在帝王陵墓中。在西方,比如古希腊、古罗马时代,人像雕塑普遍摆放在街道和广场上,具有典型的公共特征。相对而言,封闭的中国古代陵墓雕塑属于为逝者服务的艺术,公共的西方人像雕塑属于为活者欣赏的艺术。

(三)中西雕塑的写意与写实

追根溯源,中国古代造型艺术起源于彩陶文饰、青铜文样。在具体制作的过程中,往往侧重于意象的传达,突出了文化的内涵。以塑造人物与动物为例,中国雕塑最注重的是情感体验。至于外形的酷似,则是第二位的。换句话说,核心的关注点是审美韵味上,而不是对象和实体。总之,中国的雕塑着重体现的就是一个"意"字,体现雕塑家最本真的态度。

形态是西方造型艺术的基本概念和外在可视性标准,而形与神的关系则是中国造型艺术的重要问题。西方的雕塑讲究几何形的类型化,以此来指导形体的变化与运动。在古希腊和文艺复兴时期,特别关注形似问题。而在中国,早在魏晋南北朝时期,就已经从"形"的概念转向"神"的揭示,追求真正意义上的"神似"。这就促使顾恺之的"以形写神"的理念具有深刻而丰富的美学意义,进而形成了中国古代美学与西方美学关于造型理论的差异。

(四)中西雕塑的社会功能

中西雕塑都注重雕塑的社会功能,都突出三大作用。一是认识作用。由于雕塑艺术能够借助瞬间形象来反映生活,欣赏者就能从雕塑作品中感知到不同时代、不同地区、不同民族的生活场景。二是教育作用。毫无疑问,优秀的雕塑作品能够借助艺术的形式去进行特殊的思想道德教育。三是审美作用。优秀的雕塑作品具有非凡的魅力,能让欣赏者沉浸其中,流连忘返,进而获得难以言喻的审美享受。

思考练习

1. 如何理解雕塑艺术的"雕"与"塑"?
2. 雕塑有哪些类别?各按什么标准划分?
3. 在进行雕塑审美时,应把握哪些特点?

第九章 饮 食 美

学习目标

1. 素质层面
感受中国饮食文化,提升对饮食文化的审美修养。
2. 知识层面
(1) 了解饮食的社会价值。
(2) 认识饮食的审美特点。
2. 技能层面
掌握饮食文化的审美方法。
4. 思政层面
深入了解中国饮食文化,增强文化自信,共建美好生活。

第一节 饮食之美

中国饮食文化

一、中国的饮食文化

中国的饮食文化至今已有170多万年的历史,堪称源远流长。总体而言,追求"色香味俱全"。所谓"色",主要是指品相好。所谓"香"和"味",则强调食物的香气与口感。由此可见,在中国的饮食文化里,食品不仅能解决饥饿问题,而且还能满足精神享受。

食品的样子未必会影响口感,却会影响人的食欲。雕成牡丹的红萝卜,让整盘菜尽显高贵;刻成飞鸟的冬瓜,让人心情雀跃;切成细丝的各色果蔬,让人尽享自然之美……同时,中国饮食之美还体现在名称上。美妙的菜名,既有广告的价值,也让菜品的魅力更上一层。例如:"年年有余""龙凤呈祥""红烧狮子头""蚂蚁上树""霸王别姬"等,这些菜名让食客食欲大增。

调味技法的变化多样又决定于烹调技法

185

的不同。在中国饮食文化中,基本的烹调技法有炒、煎、蒸、炸、煮、烩、烧、烤、卤、熏、冻、拌等30多种。不同的烹调方法在保留食材特质的同时,又让食物呈现不同的境界。中国的饮食文化讲究"中和之美",就是恰到好处,不偏不倚。具体说来,就是不能太甜,不能太咸,不能太酸,不能太辣,不能太麻。

中国的饮食文化大致可分为三个发展阶段:一是生食阶段;二是熟食阶段;三是自然烹饪阶段;四是科学烹饪阶段。据不完全统计,中国的传统菜点有6万多种、工业食品2万多种。中国的地方菜系也各具特色,比较有名的包括闽菜、川菜、粤菜、京菜、鲁菜、苏菜、湘菜、徽菜、沪菜、鄂菜、辽菜、豫菜等。毫无疑问,称中国为"烹饪王国"是实至名归的。

中国的饮食文化既有狭义的饮食文化,也有广义的饮食文化。就广义的饮食文化而言,涉及食源与食具的创新、食品与餐饮的管理、饮食与文学艺术、饮食与人生境界、饮食与国计民生等。

二、中国古诗词中的饮食之美

民以食为天,中国人更是讲究吃。下面,我们不妨研究一下古人诗词中的饮食理念与饮食习惯。

渔 歌 子
唐 张志和

西塞山前白鹭飞,桃花流水鳜鱼肥。
青箬笠,绿蓑衣,斜风细雨不须归。

鳜鱼不仅味美,而且刺少。一般说来,最适合吃鳜鱼的时间是农历三月。鳜鱼有各种食法,最有名的当属安徽徽州的臭鳜鱼。臭鳜鱼之所以臭,主要是源于发酵的工艺。这有点类似于泡菜,撒上一层薄盐,密封。几天之后,臭鳜鱼的独特臭味就出来了。由于获得了充分的发酵,臭鳜鱼的鱼肉十分滑嫩,也便于身体吸收。更重要的是,臭鳜鱼几乎没什么刺,这对于想吃鱼肉又怕鱼刺的老人与小孩来说,简直就是一个福音。

猪 肉 颂
宋 苏轼

净洗铛,少著水,柴头罨烟焰不起。
待他自熟莫催他,火候足时他自美。
黄州好猪肉,价贱如泥土。
贵者不肯吃,贫者不解煮。
早晨起来打两碗,饱得自家君莫管。

这首诗介绍了红烧肉的具体做法。首先,要将锅洗干净。其次,稍微放一点点水,放上猪肉,慢慢地煮。最后,等到猪肉彻底煮烂了,就可以吃了。苏轼专门强调,黄州这个地方的猪肉真是物美价廉。每天早上起来连吃两碗,简直比神仙还快乐。

惠崇春江晚景
宋 苏轼

竹外桃花三两枝,春江水暖鸭先知。

蒌蒿满地芦芽短,正是河豚欲上时。

苏轼这首诗中提到的鸭子也是传统食材,鸭肉最适合中老年人。鸭肉最好在夏、秋两季食用,能收到清凉败火的奇效。当然,对于体弱多病的人来说,鸭肉也可以在冬天进补。与猪肉相比,鸭肉的脂肪构成堪称理想,对身体健康十分有利。在做法上,鸭肉既可以煮汤,也可以入菜。

江上渔者
宋 范仲淹

江上往来人,但爱鲈鱼美。

君看一叶舟,出没风波里。

很多中国人都喜欢吃鲈鱼。据说,鲈鱼还有一个典故。《晋书》中记载,吴郡的张翰在洛阳做官,每到秋天,他就会不由自主地想念家乡,尤其是想念家乡的鲈鱼脍。为此,他多次感叹:"与其离家千里来这里当官,还不如回家享受鲈鱼的美味!"于是,酷爱鲈鱼和思乡心切的他终于辞官回家,享受美味的鲈鱼去了。

赞豆腐
元 郑允端

种豆南山下,霜风老荚鲜。

磨砻流玉乳,蒸煮结清泉。

色比土酥净,香逾石髓坚。

味之有余美,五食勿与传。

据说,西汉淮南王刘安最早发明了豆腐。经过历代厨师的精心改良,号称"植物肉"的豆腐成了餐桌上的美味佳肴。在生产上,豆腐没有季节方面的限制。尤其在蔬菜生产淡季,豆腐的使用率明显提升。事实上,豆腐不仅味美,而且也有养生的功效。

三、中国饮食文化与哲学

中国饮食文化历史悠久,甚至无法查考最初的情形。在神话传说中,有巢氏时期的人们习惯于茹毛饮血,燧人氏时期的人们开始学会吃熟食,伏羲氏时期的人们掌握了烹饪、结网、饲养等技能,神农氏时期的人们开始发掘草蔬……至于后稷传授稼穑技术、尧创制饼面、彭祖精通饮食养生、伊尹潜心研究美食、袁枚系统论述烹饪之道,更令后人叹服。事实上,历朝历代的统治者几乎都是饮食文化的爱好者、传承者。与此同时,文人墨客则以文学的形式创作了大量以饮食为主题或内容的作品,显示了中国饮食文化的深厚底蕴。

关于烹调,中国历代典籍均有提及。《道德经》说:"治大国,若烹小鲜。"《新唐书》说:

"光禄少卿杨均善烹调。"宋朝陆游《种菜》诗云:"菜把青青间药苗,豉香盐白自烹调。"《东周列国志》说:"御庖将野味烹调以进,襄王颁赐群臣,欢饮而散。"《孽海花》说:"召集了她的心腹女门徒,有替她裁缝的,有替她烹调的,有替她奔走的。"

中国饮食文化是建立在几千年的实践基础之上的。中国人借助自身的独特思维方式,将饮食文化提升到了哲学的高度,并从中总结出三条基本原则:第一,精准掌握火候;第二,注重阴阳平衡;第三,崇尚食物本味。

实际上,我们常说的食物的口味是视觉、触觉、嗅觉、听觉的综合感受。其中,至关重要的是味感和嗅感,其次是触感和温感。另外,风味有着强烈的个人、地区、民族等方面的差异,与一个人生理和心理状况、生活方式、文化修养,甚至经济地位、意识形态等都有关系。不同地区、民族的饮食习惯不同,风味在很大程度上也不同。

如果通俗一点解释,中国的饮食文化也可以简化为"烹调"二字。不过,这里的"烹调"是指两个方面,不能混为一谈。

所谓"烹",主要是指烹饪。烹最注重火候,讲究用火时间的长短、用火火力的大小。当然,也与食材质地的老嫩、食材形状的大小密切相关。

所谓"调",主要是指调味。调则强调善均五味,并突出本味。中国饮食界有一句话,叫作:"民以食为天,食以味为先,味以鲜为先。"美味佳肴之所以吸引人,除了基础的烹饪功夫,关键就看调味手段了。相比之下,烹饪的所有环节都是为调味服务的。

在中国饮食文化中,最能体现儒家倡导的中庸之道,强调过犹不及,追求一个"和"字。事实上,这个"和"既是中国文化、中国文明的"魂",也是炎黄子孙为人处世的"魂",更是中国饮食文化的"魂"。

第二节 饮食审美的特点

一、认识中国饮食文化的特点

中国是历史悠久的饮食文化之地,其饮食文化具有以下六个显著特点。

(一)四季有别

在中国的饮食文化中,一年四季的饮食是有明显区别的。或者说,是有明显讲究的。古往今来,中国人总是习惯于按照季节的变迁来选菜、调味。以最冷的冬天与最热的夏天进行对比,冬天讲究醇厚,夏天讲究清爽;冬天选择炖焖,夏天选择凉拌。

(二)风味多样

中国地大物博,这就意味着不同地域的地理、气候、物产、风俗差异明显。因此,饮食上的不同风味就极具地域特色。例如,就食物而言,强调"南米北面";就口味而言,强调"南甜、北咸、东酸、西辣"。

(三) 注重情趣

中国的烹饪不仅是为了饱腹,而且也是为了增添生活情趣。因此,中国的菜肴不仅注重色、香、味俱全,而且还有许多约定俗成的习惯,诸如:菜肴名称一定要富有意境;品味方式一定要适应场合;进餐节奏一定要符合规范等。单就菜肴名称来说,就有各种命名的思路。其中,最主要的有两种命名方式:一是根据主食与辅食、单一调料与综合调料来命名;二是根据历史传说、名人轶事、菜肴形象来命名,如"东坡肉""全家福""叫花鸡""鸿门宴"等。

(四) 讲究美感

中国饮食文化中的美有狭义与广义之分。就狭义的美来说,主要是指菜肴的形。即使是一个萝卜心,也可以雕刻出各种各样的造型。这时候,原本简单的食物就已成为一种特殊的艺术品了。至于广义的美,涵盖的范围就极为宽泛了。例如,器具、餐桌甚至餐厅的形状之美;又如,服务流程与服务质量的美。因此,在中国饮食文化中,真正的美感既包括物质范畴的美,也包括精神范畴的美,应当是两者高度统一、高度和谐的特殊享受。

(五) 食医结合

古人早就发现,饮食具有预防和治疗某些疾病的功效,这与今天所说的"食疗"有异曲同工之妙。中国几千年前,就流传着"医食同源"与"药膳同功"的理念。不了解这一点,对中国饮食文化就缺乏深刻的理解。古代中国人通过长期不懈的努力,基本研究清楚了不同食物的药用价值。在此基础上,不断进行抽象、概括、提升,形成一些独特的理论与技术。因此,真正的中国饮食是具备防治某些疾病的功能的。为什么要强调一年四季、一日早晚进食必须遵循不同的原则?其实,关键就是为了让进食这一特殊活动与宇宙节律协调同步。事实上,这些至今还称得上先进的饮食理念早在先秦时期就逐渐形成了,《礼记·月令》中就有详细的记载。从这个意义上看,古人反对颠倒季节进食并非迷信。如果春行夏令、春行秋令、春行冬令,就等于违背了自然规律,当然就可能出现危害健康的事情。孔子就强调"不食不时"。这里所说的"不食不时"有两个含义:一是定时吃饭;二是不吃反季节食品。这种强调"天人合一""食医结合"的饮食理念无疑是中国饮食文化所独有的。

(六) 中和自然

中和之美原本是中国的哲学理念,但用在中国饮食文化却毫无违和之感。事实上,中国哲人始终认为,人世间的万事万物都应追求一种"中和"的状态。按照《礼记》的说法,所谓"中",就是恰到好处。只有中和自然,才是"天下之大本""天下之达者"。其实,"和"也是中国饮食文化中极为重要的烹饪理念。《古文尚书》中还有"若作和羹,尔惟盐梅"的说法。在这里,有两层意思:第一层是狭义,专指烹饪,要想羹汤味道好,就必须注重咸(盐)与酸(梅)二味的调和;第二层是广义,以此比喻修身齐家治国平天下。

二、把握中西饮食文化的区别

(一)饮食观念的差异

中华民族的典型思维就是"天人合一",表现在饮食上,往往注重"以食表意、以物传情"。对于中国人来说,吃饭是人生大事。每逢过年过节,亲朋好友相聚,往往要大吃一顿。红白喜事也好,饯行接风也罢,都离不开饮食。以至于在语言表达上,都强调"家的味道"。在烹饪中,中国人既注重食材的内在品质,也注重菜式的外在美观。中国人一向主张"和为贵",这与饮食制作中的"五味调和"是一脉相承的。在用餐礼仪方面,中国人喜欢让菜、劝酒,惯用圆桌,并规定了严格的座次。一般说来,德高望重、名高位显、辈高年大者多居于主位,这与中华民族几千年来的尊卑观念是完全一致的。

西方人崇尚自由,注重个性并趋于理性化,因而更强调食物的营养及其搭配。在很多西方人的观念中,饮食主要是用来饱腹的,充其量只是一种生存手段和交际方式。西方人讲究平等,家庭结构相对简单,用餐时习惯使用长方桌,且座次随意,没有严格的顺序。西方人在饮食中往往偏于安静,少言寡语,与平时完全不同。

(二)菜式种类的差异

中餐习惯上将食物分为主食和菜类。根据食材的不同,主食分成很多种,如米类、面类、粗粮类等。本来,主食主要用于饱腹,理应简单。但中国人出于对美食的追求,在主食的制作上极为精心,使得主食五花八门、丰富多彩。至于菜类,则包括肉菜、素菜,各自的分类更为细致。

西餐的主食很简单,主要以面食为主,如面包、面条、比萨饼等,但没有米饭的影子。在西餐的主食中,牛排最具特色。由于火候不同、时间不同,牛排的成熟程度也不同。制作牛排并不像看起来那么简单,非常注重技巧。

中餐的菜式极为繁复。从宏观上讲,由于地域不同、民族不同、风俗不同,特色菜式也截然不同。从微观上讲,每个家庭的菜式也往往各具特色。经过几千年的持续发展,中国的菜式逐步形成了鲁菜、川菜、苏菜、粤菜、闽菜、浙菜、湘菜、徽菜八大菜系。当然,中餐的菜式远远不止这些。

西餐的菜式相对简单,主要有蔬菜、禽肉、水果甜点等。西餐的每道菜都有相对固定的做法,学习起来也相对容易。其中,头菜是生鲜制品,目的是激发食客的食欲;汤有浓汤、蔬菜汤、特色汤、冷汤等;沙拉是为主菜做铺垫;主菜包括禽肉类、海鲜类、Pasta等;甜品包括慕斯、果冻、果肉派、冰淇淋等。西方国家在文化上形似度较高,这就导致各国菜式大同小异。

(三)烹饪方法的差异

为了制作出美味佳肴,中国人在实践中发明了炒、煎、蒸、炸、煮、烩、烧、烤、卤、熏、冻、拌等30多种烹饪方法,每一种还可以分为更多的细类。例如,炒可分为生炒、滑炒、熟炒、干炒等,炸可分为清炸、干炸、软炸、酥炸等。在中餐中,每一种食物都有不同的制作方法。例如,光是鱼就有清蒸、红焖、炖、煮等各种制作方法。中国菜的辅料极多,最常用的包括葱、姜、蒜、白糖、味精、盐、酱油、醋、花椒、胡椒等。另外,在中餐中,很少有一道菜是只使用一种食材的,大部分菜都会使用两种或两种以上食材。在实际烹饪中,中餐的厨师往往随心所欲,食材、佐料的用量也很模糊,而且个性化的倾向非常明显。

西餐的烹饪方法非常简单,主要包括生吃、煎、炸、烩、炖、烧烤等。西方人崇尚饮食的规范化与科学性,在饮食制作中要求遵循规范、科学的流程。为此,西方人特别看重菜谱,无论是购买还是制作,都要按照菜谱的规定。甚至连调料添加的数量、烹饪时间的长短,都要完全按照菜谱标注的规定,不能随意更改。因此,这就造成西餐的制作偏于机械化,缺少创造性。

(四) 用餐器具的差异

中餐的用餐器具很多,最典型的就是筷子。从中意义上说,筷子是中国传统文化的智慧结晶。一方面,使用两根细长的木棍夹取食物,充分体现了中国人注重合作的文化理念。另一方面,使用筷子要比使用刀叉的难度大得多,需要掌握足够的平衡。从未使用过的筷子的西方人要学会使用筷子,往往需要一段时间。中国人吃饭时喜欢围成一桌,每个人都用一只手拿一双筷子,几双筷子能够一齐夹取同一盘中的食物。据说,曾经有个举重冠军,第一次拿起筷子,却夹不起一只烧鸡。

西餐的用餐器具主要是刀叉。用餐时,左手用叉按住食物,右手用刀切食物,再用叉叉住食物。换句话说,西餐的进食是需要双手合作才能完成的。与中餐的用餐方式不同,西餐用餐时是每人使用一套餐具,不能吃别人的餐盘中的食物。

(五) 上菜顺序的差异

一般而言,中餐在上菜时,没有固定的顺序,往往是哪个菜做完就先上哪个菜。

西餐非常注重上菜顺序,而且上菜的顺序始终是固定的:第一道菜是开胃菜或称头菜;第二道菜是汤;第三道菜是沙拉;第四道菜是主菜;最后一道菜是甜品。

第三节 饮食审美的方法

一、关注中国饮食中的文化观

在世界范围内,中国的餐饮习惯上被称为中餐。中餐主要以大米和面食为主食,追求饮食的色、香、味。相对而言,中餐更注重赏心悦目的审美意识,西餐更注重食物营养的合理摄取。

在食物制作方面,中国饮食特别讲究刀工与火候。《道德经》说:"治大国,如烹小鲜。"

这句话借助饮食之道来宣传治国之道,证明世间万事万物都有着相通的规律。尤其在中国传统文化背景下,正心、诚意、修正、齐家、治国、平天下都具有相同的思维方式、行为方式与表达方式,只不过层级不同罢了。

二、关注中国饮食中的国民性

(一)素食文化中的"以和为贵"

"素食"之说,古已有之。《诗经·伐檀》中,就有"彼君子兮,不素食兮"。当然,诗中的"素食"的含义与现在的含义不同。

中国是典型的农业大国,也是公认的礼仪之邦。中国农业的发展为中国的素食文化的产生与发展奠定了坚实的基础。中国历史悠久、地大物博,各个地区都充分发展了具有自身特色的饮食资源。中国的南方一向以山水著称,这里气温偏高、雨水充足,非常适合水稻的生长。中国的北方比较干旱,四季变化十分明显,非常适合小麦的生长。实际上,这里所说的南方稻米与北方小麦都属于广义的素食文化。中国的素食文化的最大特点就是充分体现中国人亲近自然、追求和谐的个性特质。

最初的素食习惯的形成,是与客观环境的巨大压力密不可分的。在地广人稀的现实条件下,为了维持基本的生活所需,人们只能用心种植五谷。随着农业生产的逐步发展,人们在素食方面逐渐变得主动起来。对于动物,人们开始充满怜悯之心,不到万不得已,尽量不去伤害它们。统治阶层和文化阶层更加懂得食素的价值,认为人与自然的和谐相处是促进人类健康、快乐生活的基础。于是,这种"天人合一"的和谐理念开始深入人心,形成了中国人特有的"以和为贵"的性格。

(二)茶文化中的"和谐宁静"

古时候的"饮食"的含义与今天稍有不同。其中,"饮"专指"喝",后引申为"饮料"。《孟子·告子上》强调:"冬日则饮汤,夏日则饮水。"贾思勰的《齐民要术》指出:"折米白煮,取汁为白饮。"几千年来,最具中国特色的饮料恐怕非茶莫属。

作为茶的故乡,中国在世界上最早发现茶树、最早利用茶叶、最早栽培茶树。按照史书记载,茶闻于周公,兴于唐朝,盛在宋代。据说,早在魏晋时期,中国人就已经养成了饮茶的习惯。最初,中国人是将茶作为药物而非饮料来使用的。伴随着茶文化的兴起,各种饮茶活动层出不穷。与此同时,儒、释、道三家对茶道也进行了各具特色的诠释,在很大程度上扩大了茶的影响力。

儒、释、道的茶文化既有共通之处,也有独到之处。就共通之处而言,都是高雅、深沉、博大,都是追求和谐、崇尚宁静。要想研究中、西方人的性格,不妨用饮料来对比。西方人的性格恰似酒,热烈、奔放、好走极端,一旦遇到矛盾,往往针锋相对,甚至水火不容。中国人的性格恰似茶,强调友好、和谐,注重秩序、中庸,一旦遇到矛盾,总是主张"大事化小,小事化了"。在这方面,儒、释、道三家具有相似的文化理念。

儒家的茶文化追求雅致,注重情调。儒家偏于入世,提倡"修身、齐家、治国、平天下"。儒士饮茶时,外表优雅安逸,内心却如临深渊、如履薄冰。这是一种喜怒不形于色的防患于未然的特殊心态,更能体现出讲道德、重人伦的个性特质。

道家的茶文化具有浓厚的超尘思想。道家既有出世之心,也有入世之心,但往往出世思想浓重。道家崇尚无为,具有退隐清修的思想。这并不意味着逃避职责,关键在于不苟同于俗世。即使功成名就了,也依然洁身自爱。

佛家的茶文化旨在追求明心见性,具有开悟的显著特点。虽然也与儒、道一样追求静谧、豁达,但不同于儒家失意时的片刻忘我、不同于道家随意化的闲逸散漫,佛家对于开悟的全身心的追求始终是孜孜不倦、持之以恒的。

(三)筷子文化中的"质朴尚实"

中国饮食文化的特色不仅表现在食源的开发上,而且表现在食具的研制上。从某种意义上说,筷子文化属于中国饮食文化的食具研制的典型代表。"筷"字的结构是上形下声,由"竹"和"快"组成。顾名思义,竹子是制作筷子的主要材料。当然,随着科技的发展,"筷子"的制作原料也更加丰富,出现了玉石、金属及其他稀有材料制作的筷子。

中国的筷子究竟起源于何时,这个学术问题至今还没有准确的答案。现在能够肯定的是,筷子的产生源于中国影视的特殊需要。据考证,中国先民多以素食为主。在这种情况下,使用构造简单、功能多样的筷子就是很自然的事情。从筷子的产生、构造与使用可以看出,中国文化具有极其质朴的特色,中国人民具有极其质朴的个性。正如筷子外表简易却功能繁多,中国文化与中国人民有着无华的外表与深邃的灵魂。

三、关注中国饮食"十美"

(一)质之美

食材的品质之美是饮食之美的前提与基础。对于中国饮食来说,质之美是其他诸美的核心与灵魂。

(二)色之美

饮食之美,首先注重色之美。所谓色之美,既是指食材的自然本色之美,也是指不同食材之间的后天搭配之美。这种色之美既是一种恰到好处之美,也是一种交相辉映之美。

(三)形之美

中国饮食的形之美最直观地体现了美食效果,促使饮食具有艺术化的美感造型。按照

193

中国饮食审美理念,讲究饮食的形之美有助于充分体现饮食的形态美与意境美的有机结合。

(四)香之美

香是中国饮食中判断食物美的关键标志,有助于鉴别饮食的美质、美味。对于中国饮食来说,香也是衡量一个厨师的烹调技艺的重要指标。

(五)器之美

饮食器具的范围很广,既包括肴馔盛器、茶酒饮器、箸匙,也包括餐桌餐椅。饮食器具之美不仅是中国饮食之美的重要组成部分,而且具有独特的鉴赏标准。

(六)味之美

中国饮食非常注重味美。所谓味美,实际上是指一种复合的味美:一方面是指食材的先天之美;另一方面是指"五味调和"的后天之美。味之美既涉及生理感受,又涉及饮食文化审美能力。

(七)适之美

中国饮食注重舒适的口感。在这方面,中国饮食最讲究的就是"滑"与"脆"。当然,还有一个重要指标,就是温度上的"冷"与"热"。由适宜的滑、脆、热、冷所引发的美感会给予人愉悦的惬意感受。

(八)序之美

在中国饮食中,始终追求"序之美"。其具体内涵包括:烹饪的方法必须规范;调味的顺序必须合理;食材的色、香、味、形必须和谐;服务的流程必须专业。当然,更多的时候,饮食的"序之美"也取决于食客自己。在整个饮食的过程中,如何进食、如何说话、如何敬酒等,都是有一系列规范的,都是讲究相应的序列的。

(九)境之美

中国饮食讲究优雅和谐而又陶情冶性的宴饮环境。饮食既然能够成为一种特殊的文化审美活动,就不得不考虑环境问题,就不能不追求"境之美"。在这方面,无论是家庭环境还是参观环境,都讲究浓郁的审美色彩。

(十)趣之美

中国饮食不仅追求物质享受,而且注重精神享受。在古代的宴饮中,总会按照惯例组织一些相关的文化活动,诸如唱歌、跳舞、游戏、书画、辩论等。例如,袁宏道的《觞政》中就对宴饮的"欢之候"开列了13条标准,并指出败坏情趣的16种弊端。

思考练习

1. 中国饮食文化蕴含哪些哲学理念?
2. 中西饮食文化的异同是什么?
3. 如何评价"茶文化"与"筷文化"?

第十章 服饰美

> **学习目标**
>
> **1. 素质层面**
> 树立正确的中国传统服饰文化理念,提升对服饰艺术的审美修养。
> **2. 知识层面**
> (1)了解服饰的社会价值。
> (2)认识服饰审美的特点。
> **3. 技能层面**
> 掌握服饰审美的方法。
> **4. 思政层面**
> 欣赏服饰美,增强对中国传统服饰的了解,激发家国情怀,自觉坚持文化自信。

第一节 服饰之美

一、华夏衣冠与家国情怀

服饰是一个人表达自我的方式之一,体现了一个人的精神和价值观。其实,服饰不仅表现个人,还表现了不同历史时期的文化风貌。从这个意义上说,服饰是文化的载体之一。

千百年来,中华民族一向怀有强烈的民族情感,并寄托于很多方面。其中,极具传统文化底蕴的华夏衣冠的演变历程就充分证明了这一点。

二、中华传统服饰之美

(一)春秋战国时期

在春秋战国时期,最典型的服饰主要有两种:一是深衣;二是胡服。前者可以说是中原汉族的传统服装,后者则是北方少数民族的传统服装。

春秋战国时期,受当时政治、文化的整体影响,出现了百家争鸣的局面。这种百家争鸣也集中体现在服饰审美之上。儒家追求的服饰应当是体现礼仪规范的"文质彬彬"的服装。道家则从修炼角度,强调"甘其食,美其服"。墨家一向崇尚"节用",故而主张服饰首先要解决保暖的问题,才谈得上色彩、款式。法家提倡服饰以自然为本,反对过分修饰。

在春秋战国之前,上衣与下裳是严格区分的,不能混为一谈。到了春秋战国,深衣出现了。这是服饰上的一大进步,主要体现在两个方面:一是更为简洁;二是整合了衣与裳。从此,衣与裳就成为一个整体,不再严格区分。

规范的深衣具有几大特点:第一,领口选择直角相交,这与方正的地道是完全符合的;第二,袖根较大,袖口偏小,这与圆满的天道是完全符合的;第三,深衣的背后直通上下,这与正直的人道是完全符合的;第四,要求使用12块布,以便与12个月相符合。

不过,真正的深衣后来逐渐失传了。据说到了宋朝,就已经无法还原深衣的具体制作了。为了复兴儒教,朱熹则解读过《礼记·深衣》,按照自己的理解,制作出一种"朱子深衣"。"朱子深衣"端庄典雅,颇能体现儒士的翩翩风度。

(二)秦汉魏晋南北朝时期

秦初,在服饰上也进行了某种程度的统一规范。无论男女,服饰上都是交领右衽,衣袖、腰带等处还会有一些装饰,基本保持深衣的形制。

到了汉朝,衣幅开始明显增大,腰间往往设计有束带。细分起来,汉朝的服饰具体包括袍、襜褕、襦、裙。伴随着汉朝织绣业的迅速发展,富贵人家往往选择绫罗绸缎。普通人家多穿短衣长裤,穷人则主要穿短褐。

魏初,确定了九品中正制,等级理念主要以服饰颜色作为标志。这种做法对后世影响深远。到了晋朝,宽衣博带蔚然成风。在这一时期,汉族与北方游牧民族之间出现了融合趋势,这种融合趋势也直接体现在服饰上。在北魏时期,上朝的大臣往往在里面穿着汉族的宽衣大袖,而在外面则搭配少数民族的披风和皮帽。

(三)隋唐宋时期

隋唐时期,与前代相比,经济文化日趋繁荣。于是,统治者对前朝服饰进行了系统改良。无论是皇帝还是大臣,从服饰上就能区分出高低贵贱。至于大臣的官阶,可以从服饰上的某些特殊花纹上进行推断。就颜色而言,隋朝的朝服以红色为主,戎服则以黄色为主;唐朝则崇尚黄色,然后依次是红紫、蓝绿、黑褐等。相对而言,唐朝的服饰更加开放,也显得更加华丽。

宋朝官服主要是模仿唐朝官服,且明确规定:九品以上可以穿青色官服,七品以上可以穿绿色官服,五品以上可以穿红色官服,三品以上可以

穿紫色官服。高级别的官员的服饰中,还设计一些适合佩戴在腰间的配鱼袋。从这些袋中的金鱼、银鱼、铜鱼中,可判断相应的品级。无论是权贵还是平民百姓,宋朝时期的服饰都具有直领、对襟的特点。

(四)元明清时期

元朝以蒙古服饰为主,交领左衽,戴四方瓦楞帽。元朝服装以长袍为主,只是袖口普遍较窄。下层多穿腰间多褶的辫线袄子,戴笠子帽。另外,在元朝大宴活动中,天子百官要穿统一颜色的服装,号称"质孙服"。这种服装的特点就是比较紧,也比较窄,便于上马下马。在贵族妇女中,普遍喜欢戴一顶高帽子。

明朝有意识地消除元朝服饰的影响,尽可能恢复汉服。明朝皇帝姓朱,所以推崇朱色,官服中已不再有紫色、玄色,甚至黄色。明朝官服与唐朝官服相近,但明显多了"摆"。明朝规定,从低到高,官服颜色依次为绿色、青色、绯色。为了显示品级,明朝官服还设计有用补子。就文官系列而言,从低到高,依次为鹌鹑、黄鹂、鸂鶒、鹭鸶、白鹇、云雁、孔雀、锦鸡、仙鹤;就武官系列而言,从低到高,依次为海马、犀牛、彪、熊罴、虎豹、狮子。明朝的贵妇人最喜欢穿的是大袖红袍,普通妇女则只能穿桃红、紫绿等颜色的服饰。

清朝服饰多为满族服饰。男子常穿腰身与袖管偏窄的高领长衫,外配短褂背心与坎肩,头上还常常戴一顶瓜皮小帽。满族女性一般穿直通旗装,在衣襟位置常挂一些小物件,如链饰、耳挖、牙签等。汉族女性的服饰类似于明朝女性服饰,以小袖衣和长裙为主。从乾隆开始,清朝的服饰逐渐开始宽大起来,袖口最宽可达一尺多。每到冬季,皇帝会赏赐很多东西给大臣,其中就有耳暖、端罩。根据身份地位的不同,端罩的材质也不尽相同。到了咸丰、同治时期,京城贵妇人的服饰开始追求镶滚花边,而且道数越多越尊贵,以至于达到"十八镶"。这种服饰习惯对民国的影响非常显著。

第二节 服饰审美的特点

服饰审美的客观共性

一、服饰审美的客观共性

在服饰文化中,外观上的典型标志就是造型与色彩的设计。服饰审美具有一些客观共性。进行服饰审美必须关注服饰设计的五项原则。

(一) 统一原则

在服饰设计中,必须注重整体感,不能违背统一原则。具体说来,就是服饰的整体与局部之间、局部与局部之间都要注重协调。无论是材质、色彩,还是款式、线条,都应具有某种一致性,切忌为了追求局部的醒目而破坏整体的和谐之美。要想营造统一的效果,最简单的办法就是重复,如材质的重复、色彩的重复、款式的重复、线条的重复等。

(二) 加重原则

加重原则实际上就是强调原则,其内涵就是进行专业化的重点设计。虽然服饰设计必须遵循统一原则,但在统一之中也应当有所变化,以免过于单调、贫乏。为此,可以在某一局部适当强调一下,令观者耳目一新。具体做法包括:一是借助色彩对比,如选择一种与整体颜色不同的腰带;二是借助材质搭配,如给毛呢大衣搭配毛皮领子;三是借助饰物点缀,如给旗袍点缀一条项链。但必须注意,加重原则不得违背统一原则,而且一般也不能同时采用以上做法。

(三) 平衡原则

之所以要遵守平衡原则,就是为了营造一种稳重感、端庄感。这里所说的平衡主要有两种:既有对称性的平衡,也有非对称性的平衡。相比之下,前者更显得稳重,不足之处在于稍显呆板;后者看似打破平衡,其实仍属于广义的平衡范畴,优点就在于优雅、灵动。需要注意的是,不能将服饰的平衡仅仅理解为左右之间的平衡。事实上,上下之间的平衡甚至前后之间的平衡都是需要关注的。

(四) 比例原则

所谓比例原则,强调的是服饰上的各种比例必须恰到好处。在长期的实践中,人们已经发现:黄金分割比例完全适用于服饰设计,能够最大限度地体现出服饰美感。至于比例涉及的内容,那是非常多的,如口袋与整体的比例、衣领与整体的比例、饰物与整体的比例等。

(五) 韵律原则

所谓韵律原则,是指服饰设计必须给人一种有规律的流动感。例如,色彩上的逐渐过渡就会形成一种由静转动的审美效果。此外,形状上的由大到小、飘带的巧妙设计等也有类似的审美效果。

二、服饰审美的主观个性

服饰审美具有主观化、个性化的特点。不同对象在面对同一服饰形象时,也会有不同的审美判断。这是源于个人不同的心境、不同的阅历、不同的才学、不同的情感个性。

(一) 个性化的审美修养

服饰审美离不开时代背景。由于受所处的社会环境、历史年代、政治文化等方方面面的制约,每个人的审美理念、审美趣味都不相同,呈现出明显的差异性。个人的审美修养不能脱离时代背景而独立存在。在不同时代背景下,不同的人往往具有不同的服饰审美标准。

即使是同一个人,在不同的时期,其服饰审美的衡量标准也会存在很大的差异。很多人有这样的经验,当打开自己过去某一阶段的照片时,会觉得当时自己的服饰很"土"。由此可见,同一个个体在不同的阶段对于服饰美的认识也会随着时间的变化而变化,服饰美和其他所有的美一样依托时代背景而存在。

不同的时代、社会、国家、民族和社会阶层的历史背景,造就了服饰美的不同形式与不同内容。从人类拥有服饰文明开始至今已有数千年的历史,探析服饰沿革的脉络,东西方现今的服饰都与过去有了巨大的变化,这也是人类服饰审美标准不断变化的有力佐证。西方18世纪时期的洛克克式女装,极尽奢华,装饰繁复,紧束胸衣的使用甚至背离了人体基本的生理舒适的要求,仅仅追求形式上的美观。而在20世纪90年代,服饰界掀起了崇尚自然的潮流,宽松、休闲的服饰流行一时。从中西方服饰风尚的演变可以看出,服饰审美观念是有历史阶段性的,它受到时代审美趣味等因素的影响。从某种意义上讲,我们可以透过服饰去感知历史的影子和时代的变迁。

时代不同、地域不同,人们便拥有大相径庭的服饰审美理念。因此,农村与城市、南方与北方,人们的服饰审美理念都不尽相同。龙是我国的吉祥物,炎黄子孙都为自己是龙的传人而骄傲。但在西方国家,龙却是一个丑恶、凶狠的负面形象。在汉语中,蝙蝠的"蝠"与"福"同音,蝙蝠也因此成为吉祥物。但在西方国家,蝙蝠却被视为吸血鬼。如此种种,不胜枚举。所以,在服饰审美的观念上,应该打破传统美学的一些形而上的观点,转而从变化、运动和多层次的结构中对服饰美加以解读。

我国地域辽阔,南北地理条件、气候条件有很大的差异,人们对于服饰的喜好也有很大的偏差。如在西北黄土高原地区,一眼望去是成片的黄土,色调单一,这一地区的人们就偏爱鲜艳的色彩;而江南地区,山清水秀,人们就相对偏好淡雅一些的色彩……地理的差异造成民族文化的差异,民族文化的差异造成民族心理的差异,进而造成民族审美的差异。

综上所述,在服饰审美方面,由于受到历史、地域、心理的影响,由于受到政治、经济、文化的影响,审美修养都趋于个性化,很难千篇一律。

(二)个性化的服饰理念

服饰理念往往因人而异,呈现出明显的个性化。人们对服饰美的认识往往因个人的喜好、年龄、性别、职业、社会地位、文化素养的不同而出现各种差异。

不同的社会阶层对服饰美的认知是大不相同的。究其原因,主要是不同的社会阶层的身心需要各不相同。这就是社会阶层对美的欣赏层次的制约。在服饰设计中,必须对设计对象进行定位,以便符合不同年龄、不同收入的阶层的实际需要。服饰设计作为具有艺术创造特点的实践活动,必须研究不同的社会阶层的服饰审美情趣、生活背景及生活方式,以真正做到有的放矢。

事实上,个人衡量服饰美的标准往往具有相对性。即使在同一个社会阶层,消费能力相当,但每一个人的生活经历、生存环境、文化修养各不相同,这些差异决定了各人服饰审美的差异。英国的休谟第一个建立美学中的相对主义。他否认美的客观标准,认为美不是事物本身的一种绝对性质,而仅存于观赏者的心里。不同的人能够看到不同的美,某人认为是美的,另一人可能认为是丑的。美是相对于人的特殊心理结构而言的。美丑是从事物内部各部分之间和不同事物之间的比较关系中看出的,任何一种事物都可以在与其他事物的比较中或显得美,或显得丑。个人的审美标准具有主观性。时代背景对于个人审美观点的影响,个人喜好、年龄、性别、职业及文化修养对个人审美标准的影响,也说明了服饰美具有主观性的特点。

第三节　服饰审美的方法

一、关注服饰构造

人们欣赏服饰,首先会关注整体造型,大致分为三种模式,即单体式、连体式、复合式。

(一) 单体式

单体式服饰为单件,如一件上衣、一条牛仔、一件外套。这类衣服最需要强调的就是独立性,无论放在什么地方、什么环境下,都能自成一家,有自身的美感。它不同于一般的外饰搭件,只是为了配合主体衣饰而存在,其本身就是一个主体构成。所以,在服饰审美过程中一定要看它是否自成体系。同时,服饰为单体时,还要考虑是否与其他服饰协调搭配。所以,该类服饰在设计过程中,尽可能追求简约、可塑造性强、变化少,颜色也以单色或少量颜色组合为主。

(二) 连体式

连体式服饰首要强调的就是整体感。与单体式不同,连体式服饰不用考虑搭配问题,因为从上到下就是一整套。所以,这类服饰在设计上特别强调一致性,颜色上尽量做到统一,以单色系为主。外观设计上,连体式和单体式不同,可以追求简约,也可适当变化,增加层次感,以便破除连体式服饰在人们眼中的单调古板的形象。为此,可以加入一些特别的设计,来达到与众不同的效果。例如:增加圆领花边,突出腰间的镂空效果等。

(三) 复合式

复合式服饰特别注重搭配组合。所谓复合式,顾名思义就是在组合搭配的基础上进行服饰设计。所以,在服饰欣赏的过程中,要看服饰各部分衔接是否紧密,设计思路是否一致,或者两部分是否有反差效应。这些都是欣赏者必须观察体会的。而在颜色、外饰等方面,复合式设计上相对自由,没有特别的制约。

二、关注服饰面料

(一) 服饰面料的类型

1. 柔软型面料

柔软型面料往往比较轻薄,轮廓舒展,感观良好。常见的柔软型面料有三种:一是丝绸面料;二是针织面料;三是麻纱面料。针对这三种面料,造型也多有讲究。丝绸面料和麻纱面料适合松散型,针织面料适合直线型。

2. 挺爽型面料

挺爽型面料的范围较广,主要包括棉布、灯芯绒、亚麻布等。这种面料有三个主要优点:一是线条清晰;二是轮廓丰满;三是造型精确。一般说来,挺爽型面料最适合制作西服和套装。

3. 光泽型面料

顾名思义,光泽型面料至少具有两大优点:一是光滑;二是并反射光亮。这类面料最适合制作各类礼服、表演服,有助于营造一种略显夸张的视觉冲击效果。

4. 厚重型面料

厚重型面料的最大特点就是厚实,有助于营造稳重、端庄的造型。无论是厚型呢绒还是绗缝织物,都具备扩张形体的功效。但也正因为如此,一般不能过多采用褶裥。

5. 透明型面料

透明型面料极为轻薄,视觉通透,颇具艺术氛围。棉、丝、乔其纱、缎条绢等都属于透明型面料。为了确保透明度,一般适合采用圆台型设计造型。

(二)服饰面料的特性

下面对常见的服饰面料的特性分别做一些简单的介绍。

1. 棉布

各类棉纺织品总称棉布,适合制作各类时装、休闲装。棉布的主要优点有三个:一是轻柔保暖;二是便于透气;三是吸湿性较强。棉布的主要缺点有三个:一是容易起皱;二是容易收缩;三是挺括度偏低。

2. 麻布

麻布是对用各种麻类植物纤维(如大麻、亚麻、苎麻、黄麻、剑麻、蕉麻等)制成的布料的统称。麻布既适合制作工作装、休闲装,也适合夏装。麻布的主要优点有三个:一是吸湿导热;二是便于透气;三是强度较高。麻布的主要缺点有两个:一是相对粗糙;二是舒适度较差。

3. 丝绸

丝绸品种很多,但都以蚕丝为基本原料纺织而成。丝绸的适应性较强,可以制作各种服饰,尤其受到女性的喜爱。丝绸的主要优点有三个:一是柔爽轻薄;二是绚丽多姿;三是典雅端庄。丝绸的主要缺点有三个:一是容易起皱;二是容易褪色;三是结实度偏低。

4. 呢绒

羊毛、羊绒的织成物,泛称呢绒。呢绒适合制作正规服饰,如西装、礼服等。呢绒的优缺点也是非常明显的。主要优点有三个:一是经久耐磨;二是不易起皱;三是便于保暖。主要缺点有两个:一是不易洗涤;二是难以制作夏装。

5. 皮革

皮革主要有两种:一是进行去毛处理的皮革,也就是俗称的"革皮";二是连皮带毛的皮革,也就是俗称的"裘皮"。一般说来,皮革最适合制作时装、冬装。主要优点有两个:一是端庄大方;二是轻盈保暖。主要缺点有两个:一是价格昂贵;二是护理难度较高。

6. 化纤

化纤的全称是化学纤维,主要由人工纤维与合成纤维组成。化纤的优点有三个:一是鲜艳夺目;二是质地柔软;三是挺括滑爽。化纤的缺点有三个:一是不耐磨、不耐热;二是透气性能差;三是容易变形。

7. 混纺

将化学纤维与天然纤维按比例混合纺织成的织物就叫混纺,适用于各种服装制作。混纺的主要优点有三个:一是价格低廉;二是兼具棉、麻、丝、毛、化纤的优点;三是不存在棉、麻、丝、毛、化纤的缺点。

三、关注服饰色彩

色彩的合理搭配也是服饰欣赏的又一重点。不同的颜色代表不同的季节,代表不同的性格,而不同的颜色组合又代表着不同的情感主题。对于颜色的欣赏,主要体现在两个方面:一是颜色的使用;二是配色的方式。

(一)颜色内涵

1. 暖与冷

暖色一般包括红色、橙色、黄色,多与阳光、火焰相联系。

冷色一般包括绿色、蓝色、黑色,多与大海、蓝天相联系。

中间色一般包括灰色、紫色、白色。

2. 动与静

能够营造动态的色彩主要是红色、黄色、橙色,能够营造静态的色彩主要是青色、青绿色、青紫色。

3. 进与退

比较而言,黄色有引领进取的效果,青色有促使退缩的效果。具体排列是:红色>黄色≈橙色>紫色>绿色>青色。

进一步总结,暖色属于典型的前进色,冷色属于典型的后退色。

4. 轻与重

一般而言,白色和黄色的视觉效果较轻,红色和黑色的视觉效果较重。

5. 柔与刚

相对而言,要想营造柔和感,就应采用暖色;要想营造刚强感,就应采用冷色。当然,也可以适当采用中间过渡色。

(二)配色方式

色彩的搭配方式大致分为以下三种。

1. 同种色搭配

在所有的配色方法中,同种色搭配是常见的。实践证明,同种色搭配最适合成熟女性,有助于营造稳重、端庄的形象。不过,在具体处理明度差异时,必须恰到好处:如果差异较小,色调就容易失去层次感;如果差异较大,强烈对比的色调反而会影响整体效果。为此,在实际搭配时,可以有意识地进行深、中、浅三层变化。

2. 相似色搭配

所谓相似色,一般是指色环小于90度的邻近色。实践证明,采用相似色进行服饰搭配,整体效果很好,深受女性朋友的青睐。

3. 主体色搭配

在实际配色中,可以采用各种对比色,但必须有一种主导色。这种主导色就是我们所说的主体色。主体色确定之后,也要考虑辅色是否与主体色存在冲突。为此,必须从整体和谐上进行判断和选择。

四、关注服饰搭配

在这里,我们以男士服饰为例予以说明。

(一)套装

在正规场合,最好首选深色套装。退而求其次,则可以选择中灰或褐色。如果有意追求休闲效果,也可以选择颜色较淡的服饰。不过,即使你选择的是深色套装,只要配上格子衬衫,同样能够营造出轻松的氛围。

(二)衬衫

按照惯例,男士衬衫应选择白色、淡蓝或中蓝。一般说来,要想突出商务感,就可以选择白色衬衫。如果是在休闲场合,就可以选择深色衬衫。至于短袖与长袖的问题,一般中下阶层适合穿短袖衬衫,中上阶层适合穿长袖衬衫。

(三)领带

男士的领带一般选择蓝色、棕色、栗色,夏天则最好选择淡灰色和白色领带。选配领带时,最好与外衣属于同一色系,会显得比较庄重。如果与外衣形成对比色,会显得年轻一些,但必须慎重。

(四)鞋袜

一般都选择黑色或棕色皮鞋,关键是要考虑场合。袜子应与裤子属于同一色系。在礼仪场合,正规的做法是穿黑袜。如果你穿的是白裤子、白皮鞋,才可以穿白袜子。

> **思考练习**
> 1. 如何理解华夏衣冠与家国情怀?
> 2. 服饰审美存在着哪些客观共性?
> 3. 关于服饰搭配,你有哪些心得?

参考文献

[1] 赵士林. 美学十讲[M]. 人民出版社, 2013.

[2] 张家平. 新媒体广告经典评析[M]. 上海: 学林出版社, 2010.

[3] 李霞. 影视广告作品赏析[M]. 上海: 上海交通大学出版社, 2009.

[4] 宗白华. 美学与意境[M]. 人民出版社, 2009.

[5] 叶朗. 中国美学史大纲[M]. 上海: 上海人民出版社, 1985.

[6] 张书深. 探索价值产生奥秘的理论——价值发生论[M]. 广州: 广东人民出版社, 2006.

[7] 杨恩寰. 美学引论[M]. 北京: 人民出版社, 2004.

[8] 顾建华. 艺术设计审美基础[M]. 北京: 高等教育出版社, 2004.

[9] 袁行霈. 中国文学史: 第一卷[M]. 高等教育出版社, 1999.

[10] 朱光潜. 美学: 第一卷[M]. 商务印书馆, 1997.

[11] 列斯托洛维奇. 审美价值的本质[M]. 凌继尧, 译. 北京: 马克思恩格斯选集: 第1卷. 北京: 人民出版社, 1995.

[12] 李德顺. 价值论[M]. 北京: 中国人民大学出版社, 1987.

[13] 文艺美学丛书编辑委员会. 蔡元培美学文选[M]. 北京大学出版社, 1983.

[14] 史可扬. 数字技术对电影美学的冲击及辨析[J]. 艺术百家, 2012(1).

[15] 廖奔. 中华戏曲文化美学及其现代转型[J]. 文化艺术研究, 2010(3).

[16] 刘宇. 美育的功能与运用[J]. 中国培训, 2010(9).

[17] 任志宏, 单建鑫. 中国戏曲表演意境审美构成浅析[J]. 河北师范大学学报(哲学社会科学版), 2009(32).

[18] 刘丽. 影视艺术鉴赏的路径及美学价值研究[J]. 辽宁师专学报: 社会科学版, 2009(5).

[19] 王儒. 谈美育与现代科技[J]. 内蒙古师范大学学报(哲学社会科学版), 2007(S1).

[20] 张杰. 中国戏曲审美特征"三尽之"[J]. 对曲艺术, 2005.(4).

[21] 王汶成. 从精英美育到大众美育: 两种美育范式的并存与共生[J]. 山东社会科学, 2005(11).

[22] 颜全毅. 转型社会的现实写真和审美意味——20世纪90年代的戏曲现代戏创作研究[J]. 艺术百家, 2004(2).

[23] 顾兆贵. 戏曲艺术的审美特征与欣赏[J]. 戏曲艺术, 2004(4).

[24]周茂丽.论美育对个体成长的功能[J].辽宁教育行政学院学报,2004(12).

[25]牟兰,冯水陆.美育与素质教育[J].泸州职业教育技术学院学报,2003(04).

[26]施江斌.试论美育的现代功能[J].邢台学院学报,2003(3).

[27]刘野,刘红.美育功能与愉快教学实施[J].辽宁教育研究,2003(3).

[28]刘天赋.校园环境的美学意义及美育功能浅析[J].重庆工业高等专科学校学报,2002(3).

[29]姚全兴.我国近10年美育研究述略[J].学术月刊,2001(5).

[30]宿志华.音乐在美育中的作用[J].天津成人高等学校联合学报,2000(4).